소명과 용기

Courage and Calling: Third Edition
by Gordon T. Smith

Copyright ⓒ 2024 by Gordon T. Smith
Originally published by InterVarsity Press,
P. O. Box 1400 Downers Grove, IL 60515, USA.
www.ivpress.com

This Korean edition copyright ⓒ 2008, 2025 by Word of Life Press, Seoul, Korea.
Translated and published by permission.
All rights reserved.

소명과 용기(개정증보판)

ⓒ 생명의말씀사 2008, 2025

2008년 11월 5일 1판 1쇄 발행
2025년 7월 25일 2판 1쇄 발행

펴낸이 | 김창영
펴낸곳 | 생명의말씀사

등록 | 1962. 1. 10. No.300-1962-1
주소 | 서울시 종로구 경희궁1길 6 (03176)
전화 | 02)738-6555(본사) · 02)3159-7979(영업)
팩스 | 02)739-3824(본사) · 080-022-8585(영업)

기획편집 | 유영란
디자인 | 김혜진
인쇄 | 영진문원
제본 | 보경문화사

ISBN 978-89-04-16928-3 (03230)

저작권자의 허락 없이 이 책의 일부 또는 전체를
무단 복제, 전재, 발췌하면 저작권법에 의해 처벌을 받습니다.

소명과 용기

COURAGE AND CALLING

생명의말씀사

추천하는 글

"이 책은 리더로서, 그리고 하나님 나라 사역에 동참하는 사람으로서 자신의 소명을 깊이 고민하도록 돕는 최고의 자료이다. 고든 스미스는 어떻게 섬겨야 하며, 얼마나 오래 섬겨야 하는지 우리가 반드시 생각해야 할 요소와 질문을 짚어 준다. 이 책은 내 인생을 바꾸어 놓았다. 여러분의 삶도 바꿀 수 있을 것이다."

설리 후그스트라(Shirley V. Hoogstra), 크리스천칼리지 및 대학위원회(CCCU) 회장

"소명에 대한 고든 스미스의 지혜롭고 철저한 탐구는 하나님의 뜻을 찾고자 하는 모든 그리스도인에게 꼭 필요한 자원이다. 스미스는 복잡한 문제를 쉽게 풀어내는 탁월한 재능을 가졌다. 앞으로 나아갈 수 있는 일관된 길을 제시하며 독자에게 깊은 영감을 준다. 그의 지혜, 흥미로운 일화, 성경에 충실한 관점이 어우러져 믿음직한 친구와 대화하는 느낌이 든다. 이 개정판은 이전보다 더 많은 통찰을 담고 있어, 독자에게 매우 가치 있는 책이 될 것이다."

J. L. 밀러(J. L. Miller), 호턴대학교 종교학과 학과장

"고든 스미스는 소명에 관한 자신의 대표 저작을 새롭게 개정했다. 소명에 관한 그의 이해는 자기 삶의 여정, 성경에 대한 깊은 통찰을 바탕으로 다양한 사상가의 기여를 너그럽게 수용한다. 그의 관점은 언제나 실천적이며, 개인의 자기 인식과 현재 삶의 맥락과 연결되어 있다. 이 책은 시간의 시험을 견딘 고전이며, 기독교적 소명을 이해하도록 돕는 필독서이다."

루크 페터스(Luke S. Fetters), 헌팅턴대학교 학사부 부총장 겸 교수부 학장

"『소명과 용기』는 수년간 우리 대학과 신학교 학생에게 큰 도움이 되었다. 이번 개정판에서 추가된 '기독교 공동체가 소명을 이해하는 데 어떤 역할을 하는가'에 대한 논의는 매우 중요하다. 소명은 개인이 혼자서 발견하는 것이 아니다. 교회와 학문 공동체가 이 여정에서 중요한 역할을 한다. 나는 이 책을 앞으로 만날 학생과 나눌 날이 기대된다."

조너선 그렌츠(Jonathan Grenz), 팜비치애틀랜틱대학교 미니스트리학부 학장

"『소명과 용기』는 모든 세대와 삶의 단계에 있는 그리스도인을, 인생 여정 전반에서 하나님의 부르심에 민감하게 반응하며 목적 있는 삶을 살도록 초대한다. 고든 스미스는 성경적 지혜와 실제적인 통찰, 그리고 사례를 적절히 조화시켜, 매우 읽기 쉽고 포괄적인 소명 안내서를 만들었다. 공동체가 함께 읽고 나눌 만한 훌륭한 지침서이다."

론다 매큐언(Rhonda McEwen), 밴쿠버 리젠트칼리지 교육 및 문화학 부교수

"나는 『소명과 용기』를 수년간 청년 인턴십 프로그램의 핵심 교재로 사용했는데, 다음 세대를 위한 이 개정판이 출간되어 매우 기쁘다. 이 책은 기독교적 소명과 부르심에 대해 진지하게 고민하는 이에게 큰 도움이 될 것이다."

밥 라이트(Bob Wriedt), 실비치 그레이스커뮤니티교회 담임 목사

CONTENTS

추천하는 글 ___ 4

01 우리는 자기 삶의 청지기 ___ 10
: 은혜와 용기로 유연하게 사는 삶

02 우리가 하는 일의 의미 ___ 40
: 소명을 살아내기 위한 신학적 비전

03 마음과 행위의 일치 ___ 70
: 참된 소명의 특징, 진실성

04 삶의 단계별로 보는 소명 ___ 112
: 성년기, 중년기, 노년기에서

05 소명을 추구하는 네 가지 자세 ___ 156
: 탁월함, 진리, 성실함 그리고 관대함

06 소명을 방해하는 요소 ___ 182
: 소명을 실천하기 위한 지혜

07 네 가지 유형으로 보는 소명 ___ 212
: 사업가, 예술가, 교육가 그리고 종교 지도자

08 **소명을 살아내는 용기** __ **254**
: 우리를 얽매는 두려움에서 벗어나기

09 **늘 배우며 나아가는 삶** __ **274**
: 소명에 헌신하며 살아가기

10 **소명과 함께 짊어지는 십자가** __ **300**
: 그 여정의 어려움과 정서적 성숙

11 **조직 안에서 실현되는 소명** __ **332**
: 타인과 연계하며 시너지 창출하기

12 **개인과 공동체 사이, 중심 잡기** __ **366**
: 소명을 위한 질서 있는 삶의 모습

13 **개인의 소명을 위한 공동의 비전** __ **386**
: 공동체 안에서 확인되는 소명

주 __ 402

소명과 용기
COURAGE AND CALLING

01

우리는 자기 삶의 청지기

은혜와 용기로 유연하게 사는 삶

하나님은 사람을 부르신다.

갈대아 우르를 떠나 미지의 땅을 향해 가라는 아브라함의 소명이든, 불 붙은 떨기나무 앞에서 이루어진 모세의 소명이든, 하나님의 영광을 목격했던 이스라엘 백성의 소명이든, 이방인에게 복음을 전하라는 사도 바울의 소명이든, 소명은 늘 신비하고 강력하게 다가온다. 소명의 주도권은 하나님께 있고, 소명에는 항상 그분의 사랑이 드러난다. 무엇보다도 소명은 하나님이 우리에게 진지한 관심을 기울이신다는 사실을 일깨운다.

소명은 세 가지 차원에서 이해할 수 있다.

첫째는 신자가 되라는 부르심이다. 창조주 하나님은 우리가 그분의 사랑에 응답하기를 원하신다. 이 소명은 예수님을 통해 온다. 예수님은 우리를 제자로 부르시고 자기를 통해 성부 하나님을 알게 하신다. 신자가 된다는 것은 하나님을 알고 사랑함과 동시에 이웃을 사랑으로 섬기라는 부르심에 복종하는 것이다.

이 소명은 우리 삶의 근간을 이룬다. 우리는 이 소명에 근거해 모든 것을 이해한다. 삶을 구성하는 요소가 모두 여기에서 비롯하며, 우리가 부름받은 백성, 즉 교회라는 사실에서 그 의미가 발견된다.

우리가 부름받았다는 사실보다 더 중요한 것은 없다. 소명은 하나님의 선물이다. 하나님은 자비로 우리를 부르시고, 믿음으로 살게 하시며, 말씀에 복종하게 하신다. 한마디로 이는 구원의 소명이다.

둘째는 각자에게 특정하게 주어지는 소명, 즉 각 개인의 뚜렷한 목적이나 사명 또는 존재의 이유를 말한다. 각 개인은 주어진 역할을 통해 세상에서 하나님의 부르심에 응답한다.

그런데 오직 첫 번째 소명에 근거할 때만 두 번째 소명의 의미를 이해할 수 있다. 각자에게 구체적으로 주어진 소명을 이행한다는 것은 곧 예수님을 따르는 삶에 담긴 의미를 모두 성취한다는 뜻이다. 우리 모두에게는 하나님과 이웃을 사랑하라는 명령이 주어졌다. 하지만 우리는 각자 다른 방법으로 주님을 섬긴다. 주님은 자기를 따르라고 부르셨다. 그 부르심을 받아들이는 순간, 우리는 그분을 따르는 삶에 담긴 의미를 각자의 위치에서 이루어 나가게 된다.

셋째는 일상에서 부딪히는 다양한 의무와 책임을 이행하는 일이다. 시간을 내어 운동 경기에 참가한 자녀를 지켜보는 일, 교회에서 봉사하는 일, 그 밖에 그때그때 주어지는 중요하고 구체적인 일을 하는 것이 여기에 해당한다. 그런 일은 나에게 주어진 귀찮은 짐이 아니라 하나님이 부여하신 오늘의 과제다.

예를 들면 아들의 자전거 수리를 도와주는 간단한 일일 수도 있다. 하지만 그런 간단한 일이 하나님이 오늘 내게 요구하시는 소명일 수 있다. 학생을 가르치는 일, 위원회 모임에 참석하는 일 등도 마찬가지다.

이런 일상의 과제가 두 번째 소명과 비슷한 의미를 지녔다고 말하기는 어렵지만, 그럼에도 불구하고 하나님이 오늘 내게 요구하시는 의무와 책임이 될 수 있다.

세 가지 소명을 간략히 요약하면 다음과 같다.

1. 일반 소명 : 예수님을 믿고 신자가 되라는 소명.
2. 고유 소명 : 각 사람에게 구체적으로 주어지는 소명, 즉 세상에서 이루어야 할 개인의 사명.
3. 일상 소명 : 하나님이 순간순간 요구하시는 의무나 과제.

본서의 초점은 두 번째 소명에 맞춰져 있다. 본서에 사용된 '소명'이란 말은 단지 '직업'만을 의미하지 않는다. 오히려 세상에서 하나님의 부르심에 반응하는 우리의 총체적인 행위를 뜻한다. 이 두 번째 소명의 의미는 앞에서 언급한 다른 두 소명에 비추어 이해해야 한다. 우리의 소명은 예수님의 제자가 되라는 부르심에 복종하기 위한 중요한 수단이다.

아울러 우리는 가족의 일원이요, 배우자요, 친구로서 일상의 의무와 책임을 이행해야 한다. 일상의 요구가 우리의 고유 소명에 위협을 가한다고 생각할 필요는 없다. 그것들 모두가 하나님의 부르심에 담긴 의미를 구성하는 요소다. 그리스도를 따른다는 것은 곧 우리 삶에 대한 그분의 구체적이고 독특한 부르심을 받아들이는 것을 의미한다.

두 번째 소명은 신자가 되라는 일반 소명과 밀접한 관계를 맺고 있다. 우리는 각자의 고유 소명을 신자가 되라는 소명에 비추어 생각해야 한다. 그러려면 양자의 상호 관계를 고려하지 않고 삶의 영역을 따로따로 구분하는 행위를 중단해야 한다. 우리는 모든 것이 유기적으로 결합된 존재다. 따라서 우리에게 주어진 상황과 문제와 관계 안에서 신자가 되라는 소명과 각자에게 주어진 고유 소명을 온전히 이루어 나가야 한다. 예를 들어, 나는 두 아들의 아버지이자 손자 하나를 둔 할아버지로서 내게 주어진 소명을 이루어 나간다. 이는 내 삶을 구성하는 중요한 현실이다. 그 현실과 동떨어진 상태에서 내게 주어진 소명을 생각하거나 이루는 것은 불가능하다.

이 책은 앞서 설명한 두 번째 의미의 '부르심', 즉 소명을 생각하는 데 도움이 되는 안내서이다. 그러나 이러한 의미에서 소명을 올바르게 생각하려면, 하나님께 부름받았다는 말이 지닌 세 가지 차원의 맥락 안에서 소명을 이해해야 한다.

전환기를 지혜롭게 헤쳐 나가기

살아가며 전환기를 한 번도 겪지 않는 사람은 없다. 이러한 전환기를 잘 감당할 때 우리는 비로소 삶을 잘 살아가고 잘 다스릴 수 있다. 세상은 변하고, 우리 삶의 환경도 변한다. 경제가 변화하고, 그것이 우리 삶에 변화를 강요한다. 교회와 주변 문화의 역학 관계는 끊임없이 달라지며, 우리는 이에 적응하고 응답하든지 아니면 중심을 잃고 흔들리게 된다.

우리가 전환기를 맞이하는 데는 대개 세 가지 요인이 있다. 첫째, 어떤 불가피한 전환은 인간 삶의 자연스러운 흐름 속에서 비롯된다. 우리는 성장하여 독립하고, 때로는 결혼을 한다. 결혼을 하면 자녀를 얻게 될 수 있고, 자녀가 생기면 또 다른 전환기가 찾아온다. 실제로 많은 부모가 첫 자녀의 출생뿐 아니라, 둘째나 셋째 자녀를 맞이할 때마다 새로운 전환이 찾아왔으며, 이에 대해 신실하게 소망 가운데 응답해야 한다고 느꼈다고 말했다.

초기 성인기로의 전환은, 인생이라는 순례길을 걸어가며 우리가 겪는 일련의 변화 가운데 첫 번째에 불과하다. 우리는 계속 나이를 먹으며, 결국 중년기로 들어선다. 젊은 시절에는 당연하게 여긴 많은 것이 중년에 이르면 더 이상 삶의 전제나 기본값으로 여겨지지 않는다. 그중 가장 큰 변화는 자신의 한계를 받아들이는 일이다. 반면, 우리는 나이가 들수록 자신을 더 잘 알게 되고, 우리 삶에서 진정으로 중요한 것이 무엇인지 더 깊이 이해하게 된다.

그런데 초기 성인기와 중년기를 거치는 전환은, 많은 이에게 있어 인생 최대의 도전이라 할 수 있는 다음 단계, 즉 노년기를 준비하는 첫 관문에 불과하다. 어쩌면 이렇게 말할 수 있을 것이다. 우리가 인생의 마지막 계절로 접어드는 이 전환을 은혜롭게 감당할 수 있을 때, 비로소 우리는 진정으로 잘 살아냈다고 말이다. 소명, 일 그리고 직업에 대해 이야기하는 것은, 우리 삶의 다양한 단계가 새로운 도전과 기회, 그리고 변화된 환경을 어떻게 반영하고 있는지를 함께 성찰하는 것이다. 그리고 이처럼 불가피한 인생의 전환은, 성숙하고 너그러운 응답을 요구한다는 점에서, 소명을 말하는 유일한 길이기도 하다.

어떤 이는 이 책에서 초기 성인기로의 전환, 즉 부모의 집을 떠나 사회에 진입하는 과정에 대한 지침과 지혜를 기대하며 읽을 것이다. 또 다른 이는 중년기의 변화를 헤쳐 나가는 데 도움을 얻을 것이다. 그러나 인생의 후반기로 접어드는 사람에게도 지침은 마찬가지로 필요하다. 이 시기는 분명히 우리 삶에서 가장 중요한 시기 중 하나다. 우리의 교회와 문화의 힘은, 노년층이 삶 속에서 하나님의 부르심을 받아들이고 실현하도록 공동체와 사회가 효과적으로 격려하고 도울 때 드러나기 때문이다. 이 부분에 대해서는 4장에서 더 자세히 다룰 것이다.

둘째, 또 다른 유형의 전환은 고용 상태의 불가피한 변화와 함께 찾아온다. 많은 사람이 인생의 어느 시점에서는 실업 상태, 더 정확히 말하면 급여를 받지 않는 상태를 경험하게 된다.

어떤 이는 직장 내 문제로 해고되기도 하고, 어떤 이는 고용주가 더 이상 많은 인력을 유지할 수 없어 어쩔 수 없이 일자리를 잃기도 한다. 어떤 농부는 자신이 재배해 오던 작물이 이제는 더 저렴한 가격으로 다른 나라에서 수입되기 때문에 더 이상 농업을 지속하지 못한다. 그들은 자신의 인건비나 기타 여건으로 인해 경쟁력을 잃는 것이다. 또 다른 이는 정보와 기술의 발전 속도를 따라잡지 못해 컴

퓨터로 대체되거나, 혹은 젊고 빠르며 새로운 기술 감각을 가진 사람으로 대체되고 있다.

이제 우리는 성인기 내내 한 가지 직업만을 가질 거라고 당연히 여길 수 없다. 몇 년 전이나 한 세대 전에는 그랬을 수 있지만, 지금은 확실히 그렇지 않다. 소명이 무엇이든, 직업 분야가 무엇이든 간에 누구도 그런 전제를 가지고 살아갈 수 없다.

우리는 우리의 상황을 이렇게 생각해 볼 수 있다. 경제는 변화하고 있다. 웬들 베리(Wendell Berry)는 경제를 "우리가 생계를 유지하는 방식"이라고 설명하며, 경제가 "인간의 가정을 삶을 지속시키는 좋은 것들과 연결한다"고 말한다.[1] 그리고 이 경제, 즉 "우리가 생계를 유지하는 방식"은 변화하고 있다. 이러한 변화는 일시적인 화면의 깜박임이 아니라 영구적이다. 이 변화는 우리 모두에게 영향을 미칠 것이다.

모두가, 말 그대로 모두가 직업의 변화와 전환을 겪게 될 것이다. 우리가 소명을 교회에서 이루든 세상에서 이루든 큰 차이를 만들지 않을 것이다. 우리가 일하는 조직들은 구조 조정, 아웃소싱, '적시 공급' 노동력, 임시직 중개업체의 성장 등 경제의 혼란을 반영할 것이다. 그러나 고용(employment)은 이름 그대로 임시적(temporary)이 될 것이다!

이 새로운 경제 속에서 우리가 번영할 길은 오직 혼란과 변화라는 이 현실을 받아들이고, 그것이 우리에게 의미하는 바를 끌어안는 데 있다. 다시 말해, 그것을 위협이 아니라 기회로 받아들이는 것이다.

셋째, 어떤 전환은 우리 마음속 변화로 일어나기도 한다. 많은 경우 이런 전환은 우리가 나이를 먹고 지혜로워짐에 따라, 자신과 모두에게 진정 중요한 것이 무엇인지 더 잘 깨닫게 되었다는 단순한 사실의 결과이다. 이 전환은 많은 사람에게 그들이 경험한 또 다른 차원을 반영하기 때문에 따로 언급할 만한 가치가 있다.

내 마음을 아프게 하는 일 중 하나는 자기 일을 그저 미워하는 사람을 만나는 것이다. 어떤 경우에는 일터 자체가 유해하기도 하다. 또 어떤 사람들은 자신이 몸담은 산업이 자신이 믿는 선하고 옳고 진실한 가치를 깊이 침해한다고 느낀다. 여기에는 명백한 이유가 있을 수 있다. 이를테면, 양심상 더 이상 카지노에서 일할 수 없다. 카지노는 도박하는 사람의 삶을 무너뜨릴 뿐 아니라, 그 도박세에 의존하는 지역 경제까지 좀먹는다는 사실을 알기 때문이다. 카지노에서 일하는 것은 인생이나 경제를 세워갈 방식이 아니라고 인식하는 것이다.

또 어떤 이는 자신이 판매하는 제품이나 제공하는 서비스가 그 자체로는 나쁘지 않더라도, 이제는 더 이상 자신의 열정이나 헌신과 맞지 않는다고 느낀다. 오랫동안 생계를 유지해 준 직업에 감사하며 일해 왔지만, 점점 마음속에서는 이 회사와 그 가치관이 더 이상 자신과 조화를 이루지 않는다고 느낀다.

이와 매우 유사한 일이 종교 사역에 종사하는 사람의 마음속에서도 일어날 수 있다. 그들은 더 이상 자신이 속한 선교 단체와 자신의 양심을 동일시할 수 없다고 깨닫는다. 여러 가지 정당한 이유가 있을 수 있다. 이를테면, 그 단체가 개인적인 종교 경험에만 치우치고 사회 정의에는 무관심하다는 우려가 있거나, 혹은 신학적인 이유로 더 이상 그 사역에 열정을 가지고 참여하지 못할 수 있다.

나는 많은 경우 단순히 선택의 여지가 없다는 사실을 잘 안다. 경제적, 사회적, 가정적 등 여러 이유로 인해 그들은 자기 삶과 경력의 기본적인 요소를 스스로 통제할 수 없다. 그들은 사표를 낼 수 없고, 매니저의 사무실에 들어가 "그만두겠습니다!"라고 말할 수 없다. 얼마나 그러고 싶겠는가. 그러나 그들은 자신의 인간적인 가치와 존엄을 침해하는 역할과 책임 속에 갇혀 있다.

우리가 사용하는 제품, 우리가 먹는 음식, 우리가 누리는 혜택이 강제 노동으로 만들어진 신발, 임금을 착취하는 식당의 음식 등과 같은 노동 환경의 산물일 때 우리는 "이제 그만!"이라고 말할 용기를 가져야 한다. 그리고 정의로운 노동 형태를 위해 국내적으로나 국제적으로 목소리를 내는 옹호자가 되어야 한다. 한편, 다음 단락은 옳고 진실한 것이 무엇인지 알고, 그것이 자신의 일 속에 점점 더 반영되어야 함을 깨닫는 이들, 즉 이에 응답할 능력을 가진 이에게 쓰는 글이다.

이러한 마음의 전환은 종종 서서히 일어난다는 점을 유의해야 한다. 뒤를 돌아보면, 어느새 우리 마음속에 무언가가 자라 있음을 깨닫게 된다. 어쩌면 그것은 거룩한 불만족일 수도 있다. 그리고 우리는 양심상 이 전환을 어떻게 신실하고도 소망 가운데 잘 헤쳐 나갈 수 있을지 물어야 한다. 여기에는 용기가 필요하다. 변화를 시도하는 일은 많은 사람을 실망시킬 수 있고, 재정적 불안정을 초래할 수도 있다. 그러나 우리는 점점 더 분명히 깨닫게 된다. 선택의 여지가 없다는 것을. 우리는 변화를 시작해야 한다.

다시 말해, 우리가 경험하는 전환 가운데는 나이가 들면서 자연스럽게 찾아오는 것도 있고, 외부 요인으로 인해 어쩔 수 없이 대응해야 하는 것도 있으며, 또 어떤 전환은 우리가 주도적으로 나아가 결단을 내리고 용기를 내서 회사나 조직에 우리가 떠난다는 사실을 알리는 형태일 수도 있다. 만약 당신이 이런 상황에 있다면 이 책이 하나의 자원이 되기를 바란다. 이 전환을 신실함과 소망으로 통과해 나가도록 영적·정서적 도구를 제공할 수 있기를 바란다.

자신감의 위기

전환이 우리 삶의 큰 부분을 차지할 때, 우리의 일에서 피할 수 없는 특징 중 하나는 바로 자신감의 위기이다. 우리가 변화하고 새로운 기회의 장으로 들어서거나, 혹은 우리를 둘러싼 세상이나 환경이 변할 때, 익숙했던 것은 사라지고, 한때는 잘할 수 있다고 느꼈던 일이 더 이상 당연하게 여겨지지 않는다.

로버트 케건(Robert Kegan)은 『현대인에게 요구되는 정신적 능력』(*In Over Our Heads*)이라는 책을 썼다. 거듭 되뇌어야 할 주제다. 새로운 경제 상황 속에서 누구나 능력 부족을 실감하지 않을 수 없다. 직장 생활이든 책임 수행이든, 사업이든 자녀 양육이든, 목회 사역이든 교사 일이든 변화의 물결에 휩쓸리다 보면 주어진 일을 제대로 처리할 수 있다는 자신감을 잃고 만다. 새로운 경제 상황 아래서는 누구도 자신의 활동 분야나 기술에서 최고라는 자부심을 가지기 어렵다.

내 직업은 비영리 단체의 상임이사이다. 나는 내 일을 사랑할 뿐 아니라, 그런 대로 경험도 많고 전문 지식도 있고 열심히 일하겠다는 의지도 있다고 생각한다. 하지만 나처럼 교육 행정직에 종사하는 사람 가운데 업무를 잘 수행하는 데 필요한 지식을 모두 안다고 자신할 사람은 아무도 없다. 대학 교육은 매우 복잡한 업무이기 때문에 감히 학장 역할을 완벽하게 소화해 낼 수 있다고 자신할 사람은 없다.

'마스터'(master)라는 칭호는 한때 직업의 종류에 상관없이 특정 분야에서 최고의 위치에 오른 사람에게 주어졌다. 시계 제조, 선박 건조, 교육, 사업 경영 등 자신이 하는 일에 탁월한 기량을 발휘했던 사람이 그 칭호를 부여받았고, 그는 자기 일에 상당한 자신감을 가질 수 있었다. 하지만 새로운 경제 상황에서 우리는 모두 능력 부족이다. 나의 경우는 학장의 행정 업무와 강의를 완벽하게 장악했다고 생각하는 순간, 상황과 기대가 바뀐다. 내가 일하는 분야의 발전은 매우 빠르기 때문에 나는 항상 뒤처지는 듯한 느낌을 받곤 한다.

한편 자신감의 위기는 실패와 좌절과 실망을 경험하는 데서 비롯한다. 최선을 다했지만 생각했던 만큼 좋은 결과가 나오지 않을 때가 있다. 그러면 결국 고용 상황에 변화가 생긴다. 예를 들면 좌천과 같은 상황이다. 그럴 경우에는 업무는 물론 매사에 자신감을 잃을 수밖에 없다. 아직 고용된 상태일지라도, 어떤 이는 비판을 받거나 인정과 지지를 받지 못해 경제 상황과 직장 환경의 변화 속에서 계속 나아갈 자신감을 거의 잃어버린다. 어떤 경우에는 업무에 가해지는 정치적 압력이 그들의 의욕을 완전히 꺾어 놓기도 한다.

이 밖에도 부모 역할을 하느라 15년 넘게 일에서 손을 뗐다가 다시 취직을 하려 하지만, 그동안 상황이 너무 변한 탓에 전에 하던 일에 복귀할 수도 없고 새 일을 시작할 엄두도 낼 수 없는 경우도 있다. 중년에 접어든 목회자의 경우에는 교인의 상황이 너무 많이 변했다는 사실을 발견하게 된다. 목회 방식에 관한 교인들의 기대는 물론 목회자의 자질을 판단하는 기준도 크게 달라졌다. 또한 젊어서 직업을 선택했다가 50대에 접어들어 기대했던 목표가 사라진 것을 발견한 이도 있다. 평생 경작하리라 생각했던 토지를 잃게 된 경우도 있고, 희망 직종이 아예 사라진 경우(특정 직업을 위해 열심히 훈련했지만 더 이상 그 분야에서 일자리를 찾을 수 없는 경우)도 있다. 그뿐 아니다. 일찍감치 은퇴의 길에 접어들어 그동안 익힌 일에서 완전히 손을 떼고 고민하는 사람도 있다. 그들은 해고당했다고 느끼기 쉽다. 폐기 처분당했다는 사실만큼 뼈아픈 고통은 없다. 그런 고통은 자신감에 깊은 상처를 준다.

마지막으로 원대한 목표를 향해 달려가는 사람도 자신감의 위기를 직면할 수 있다. 30대 중반이면 10억을 벌 수 있으리라 확신했던 여성, 교회를 급속히 성장시켜 다른 목회자의 부러움을 사겠다던 젊은 목회자, 도심에서 위대한 하나님의 사역을 일으키리라 기대했지만 오히려 배척당한 사역팀 등을 예로 들 수 있다. 그들은 마땅히 포기했어야 할 이상을 붙잡고 있었던 셈이다.

때로는 실망을 감수하며 자신에 대한 환상이 말 그대로 환상에 불과했다는 사실을 정직히 받아들이는 수밖에 없다. 우리는 영웅이 되려고 노력한다. 하지만 그 꿈은 일찍 접을수록 좋다. 꿈이 환상으로 밝혀지는 순간, 고통과 자신감의 위기가 찾아온다. 때로는 다시 시작할 엄두를 내지 못할 정도로 상처가 너무 깊다.

자기 삶의 청지기

우리가 이러한 전환을 그토록 예민하게 느끼는 이유 중 하나는, 우리 삶이 중요하다는 것을 알기 때문이다. 물론 분명한 사실이 있다. 우리는 단 한 번뿐인 삶을 살기에, 당연히 잘 살고 싶다. 그러나 우리는 이 점을 좀 더 깊이 들여다보아야 한다.

잘 산다는 것은 분명 우리에게 주어진 삶, 우리 삶과 환경에 특별히 주어지는 기회와 도전을 진지하게 받아들이는 것이다. 우리 삶을 진지하게 여긴다는 것은 이러한 상황과 삶의 전환에 의도적으로 반응한다는 뜻이다. 그러나 우리는 오직 세 가지 사실을 인식할 때에만 그렇게 할 수 있다. 첫째, 우리의 삶은 헤아릴 수 없는 가치를 지닌다. 둘째, 충만하게 사는 삶이야말로 우리가 삶의 청지기로서 선하게 살아가는 것이다. 셋째, 충만하게 산다는 것은 우리는 우리 존재와 깊이 일치하는 방식으로 살아가는 것이다.

인간 생명의 가치

성경은 우리가 하나님에 의해 창조되었기 때문에 의미와 가치를 지닌다고 말한다. 심리학은 성경의 통찰이 얼마 만큼의 가치와 비중을 지니고 있는지 이해하는 데 많은 도움이 된다.

에릭 에릭슨(Erik Erikson)은 성인이 된다는 것, 즉 개인적인 정체성을 찾을 만큼 성숙해진다는 것이 무슨 의미인지 명쾌하게 밝혔다. 빅토르 프랑클(Viktor Frankl)도 개인의 심리 깊은 곳에는 희망찬 일과 목적 있는 활동을 통해 의미를 표출하고 싶어 하는 간절한 열망이 도사리고 있다고 주장했다. 롤로 메이(Rollo May)는 개개인의 본질적 가치를 강조하는 한편, 위기와 스트레스가 개인의 정체성에 해악을 끼칠 수 있다고 했다. 그는 위기와 스트레스로 인한 공허함과 불안은 오직 자유와 용기를 부여하는 사랑의 힘으로만 극복할 수 있다고 주장했다. 아울러 에이브러햄 매슬로(Abraham Maslow)는 '자아실현'이라는 표현을 사용했다. 자아실현이란 각자가 추구하는 이상이나 목적을 의미하는데, 개개인이 일과 관계를 통해 잠재력을 발휘하는 한편, 각자의 내면에 있는 힘과 진정성과 용기를 위협하는 상황과 환경 속에서도 자아를 실현하는 것을 말한다.

이들 학자가 깊은 통찰을 바탕으로 말한 내용이 오래전에 기록된 성경에 대부분 언급되어 있다니 매우 의미심장하다. 성경은 각 사람의 가치와 중요성을 강조한다. 성경은 하나님이 우리를 그분의 형상으로 창조하시고 또한 선택하셨으며, 우리를 무엇보다도 중요하고 가치 있는 존재로 생각하신다고 말한다.

어떤 삶도 하찮지 않으며, 어떤 사람에 대해서도 그들의 삶이나 일이 중요하지 않다고 말할 수 없다. 각 사람은 아름다움과 창의성, 그리고 의미를 세상에 더한다. 나는 여기서 구체적으로 '개인'에 대해 말하고 있다. 물론 우리는 공동체에 대해 말해야 하며, 또 개인은 공동체 안에서, 사회의 한 온전한 구성원일 때에만 진정으로 번영할 수 있다는 점도 항상 기억해야 한다. 모두 맞는 말이다. 그러나 결코 잊어서는 안 될 것은, 하나님께 사랑받고, 부르심을 받고, 선한 일을 할 수 있도록 준비되고 능력을 부여받은 '개인'이라는 존재의 고유한 가치와 잠재력이다.

그러므로 우리가 소명에 대해 말할 때는, 각 사람이 선을 위한 변화를 만들어 낼 놀라운 잠재력을 지녔다는 사실을 깊이 인식하며 말한다. 내가 하려는 말은 모든 사람이 영웅이 되어야 한다는 뜻이 아니다. 오히려 일상의 단순하고 평범한 삶 속에서도, 우리가 하는 일이 선한 일, 깊은 가치와 의미를 지닌 일이 될 수 있다는 뜻이다.

우리 삶을 충만히 살아가는 것

교부 이레나에우스(Irenaeus)의 말 중 자주 인용되는 구절이 있다. "하나님의 영광은 살아 있는 인간이다." 이 단순한 선언에 담긴 관점은 반드시 확인되어야 한다. 인간은 자기 부정(self-abnegation)을 통해서가 아니라, 오히려 인간 됨의 긍정을 통해 하나님께 영광을 돌린다. 물론 우리는 부정에 대해서도 말해야 한다. 곧 하나님께 속하지 않은 모든 것에 대한 거부이다. 특히 우리는 인간이 하나님이 아니라는 점을 분명히 인정하고 강하게 주장해야 한다. 인간은 하나님께 철저히 의존하는 존재로서 살아간다. 하나님을 분명하고 온전하게 하나님으로 인식할 때, 인간은 마침내 자신을 부름받은 존재로서 인식하고 자유롭게 살아갈 수 있다.

달리 말하면, 우리는 우주의 중심이 아니다! 어릴 때는 흔히 세상이 자신을 중심으로 돌아간다고 생각한다. 그러나 성장하면서 우리는 자신이 거대한 태피스트리의 한 가닥에 불과하다는, 팀의 한 구성원이라는, 물론 없어서는 안 될 중요한 부분이지만 여전히 전체의 '일부분'일 뿐이라는 사실을 점점 더 깨닫는다. 이것이 성숙이다. 그래서 아직도 자신이 세상의 중심, 부모뿐 아니라 다른 모든 사람의 중심이라고 여기는 어른을 만나면 안타깝다. 외동으로 자란 사람은 이를 깨닫는 데 특히 어려움을 겪는다는 말도 종종 듣는다. 그들은 자신을 제자리에 둘 형제자매의 존재를 경험하지 못했기 때문이다! 그러나 우리 모두는 개인적·영적 성숙을 향해 나아가기 위해 이 사실을 반드시 배워야 한다.

캔터베리 대주교 로언 윌리엄스(Rowan Williams)는 성경적 이상은 단순히 자기를 부인하는 것이 아니라, 오히려 자기를 "중심 자리에서 내려놓는 것"에 있다고 말한다. 곧 자기를 진리 안에서 바라보는 것, 자신이 공동체와 사회의 필수적인 구성원이지만, 그 안에서 유일하게 없어서는 안 될 분은 하나님뿐이라는 사실을 인식하는 데 있다는 것이다. 하나님께서 우리에게 자신에게 지나치게 사로잡히지 않을 은혜를 허락하시기를⋯.

그러나 인간을 바라보는 이와 같은 본질적인 관점을 가질 때, 우리는 마땅히 이렇게 물어야 한다. 그렇다면 하나님의 경륜 안에서 사람은 어떻게 번영하고, 자라며, 성공할 수 있을까? 우리가 이 질문을 던지는 이유는 분명하다. 바로 이 생명, 이 사람이 하나님의 영광에 대한 살아 있는 증거가 되기를 갈망하기 때문이다. 다시 말해, 인간의 번영은 하나님의 영광에 대한 위협이 아니다. 오히려 그 반대다. 하나님은 우리가 바로 그분이 부르신 존재로 충만히 살아가기를 진심으로 원하신다.

더욱이 성경은 각 사람의 행동이 모두 의미 있다고 힘주어 말한다. 하나님은 우리의 일과 행동을 의미 있게 생각하신다. 하나님은 아담에게 동물의 이름을 짓게 하셨고, 땅을 경작하게 하셨다. 하나님은 그때나 지금이나 개개인의 행동을 매우 진지하게 생각하신다. 성경은 처음부터 끝까지 하나님과 그분의 사역을 찬양하지만, 그렇다고 해서 인간의 활동을 무가치하게 폄하하지 않는다. 성경에 따르면, 인간의 행동은 의미와 가치가 전혀 없는 꼭두각시의 행동과는 거리가 멀다.

인간은 아무것도 아니고 오직 그리스도만이 전부라고 생각하는 그리스도인이 많다. 그들은 자신이 도구에 불과하다고 말하며, 자신은 아무것도 아니고 단지 은혜의 수단일 뿐이라고 주장한다. '하나님의 손에 들린 도구가 되는 것'이 그들의 이상이다. 그들은 자신이 점점 더 작아져 완전히 사라져야만 하나님의 역사가 일어날 수 있다고 믿는다. 우리가 더 작아질수록 하나님의 역사가 더 크게 일어난다는 것이 그들의 생각이다. 이 주장에는 사람이 하나님의 영광을 가리는 방해물이라는 의미가 함축되어 있다.

하지만 과연 성경이 그렇게 말하고 있을까? 아브라함과 야곱이 하나님과 쟁론하고 씨름했다는 사실, 다윗과 하나님이 개인적으로 매우 친밀하게 교제했다는 사실, 선지자들이 때로 하나님께 항변했다는 사실 등은 인간을 폄하하는 사고방식에 의문을 제기한다.

성경은 인간과 인간 활동의 가치를 부인하는 견해와는 대조적으로 인간을 하나님의 동역자이자 그분의 사자로 간주한다(고후 5장). 인간의 활동도 매우 중요하다. 우리의 선택과 결정이 차이를 만든다. 바울은 디모데에게 "하나님의 은사를 다시 불일듯 하게" 하라고 권고했다(딤후 1:6). 이 말에는 그렇게 하지 않으면 은사가 아무런 효용이 없을 것이라는 의미가 담겨 있다. 디모데는 적극적으로 스스로의 삶과 행동에 책임을 져야 했다. 다시 말해 그는 자신의 행동이 얼마나 중요한지 깨달아야 했다. 그의 삶이 교회와 세상의 차이를 보여 줄 것이다!

인간이 작아져야 한다고 주장하는 사람은 종종 세례 요한의 말을 근거로 삼는다. 세례 요한은 예수님의 도래가 임박했다는 사실에 기뻐하면서 "그는 흥하여야 하겠고 나는 쇠하여야 하리라"(요 3:30)고 했다. 이 말을 근거로 인간이 무가치하다고 판단한다면 큰 오산이다. 우리는 요한의 말을 소명의 관점에서 이해해야 한다. 그는 신랑이 아니라 신랑 친구의 역할을 했다. 신랑이 나타나면 신랑 친구는 자연히 물러나야 한다. 이것이 바로 요한의 기쁨이었다(또한 신부의 기쁨이기도 하다).

생명을 얻으려면 생명을 버리라는 말씀이나, 큰 자가 되려면 모두의 종이 되어야 한다는 말씀(마 21:25-27; 막 10:43-44)에서도 동일한 원리가 발견된다. 이들 말씀에는 우리가 내줄 수 있는 생명을 가졌을 뿐 아니라, 우리의 삶을 통해 위대한 일을 이룰 수 있다는 의미가 담겼다. 생명을 내줌으로써 위대해질 수 있다면 그것은 곧 개개인의 생명에 하나님 앞에서 위대해질 수 있는 잠재력이 있다는 뜻이다. 제자들이 하나님 나라에서 누가 더 위대할 것인지 논쟁을 벌였을 때 예수님은 그들의 욕망을 꾸짖지 않으시고 섬김의 도리를 가르쳐 주셨다. 제자들이 주님의 은혜와 성령님의 도우심으로 위대한 일을 할 수 있다고 확신하셨기 때문이다.

더욱이 예수님은 제자들을 종이 아니라 친구라고 하셨다. 예수님은 하나님이 하시는 일을 제자들에게 알게 하셨다(요 15:15). 이렇듯 우리는 단순히 '하나님의 손에 들린 도구'나 '수단'이 아니다. 우리는 하나님의 동역자로서 세상에서 이루어지는 그분의 사역에 동참한다. 우리는 하나님이 중요하게 여기시는 일이 무엇인지를 알고 그 일을 이루는 데 참여한다(고후 5장).

앞으로 이어질 본서의 내용은 모든 사람이 자신이 선택한 일에 책임을 져야 하며, 그 선택은 모두 의미와 가치가 있다는 두 가지 사실을 전제로 한다. 우리의 행동은 영향력이 있다. 20세기 실존주의 철학자를 통해 확인할 수 있듯이, 하나님께서 계시지 않는다면 이런 생각의 끝은 결국 절망이다. 하지만 하나님께서 함께하시고 그분을 믿는 믿음이 있다면, 주체적인 삶을 살아야 한다는 깨우침은 강력한 힘을 발휘할 의지를 심어 준다. 우리는 하나님의 뜻에 따라 선택한다. 하나님은 우주의 주인이시다. 그러기에 우리의 선택은 의미와 가치가 있다. 우리는 그 사실을 알고 방향을 결정할 수 있다.

오늘날의 상황을 진지하게 극복해 나갈 유일한 소망은 온전한 인간성을 진지하게 생각하는 기독교적 삶의 신학뿐이다. 우리는 인간의 행동과 책임에 관한 신학을 확립해야 한다. 인간이 스스로의 힘과 의지력으로 하나님께 복종할 수 있다는 펠라기우스(Pelagius)의 교리를 지나치게 경계한 나머지, 인간의 책임을 받아들이는 우리의 능력을 과소평가하지는 않았나 하는 생각이 든다. 물론 하나님이 먼저 은혜를 베푸신다. 하지만 우리 편에서도 은혜의 부르심에 반응을 해야 한다. "반응의 신학을 반드시 펠라기우스주의라고 생각할 필요는 없다. 그것은 다만 인간의 본질을 진지하게 고려하는 신학일 뿐이다."라는 게리 배드콕(Gary Badcock)의 말은 일리가 있다.[2]

인간의 본질을 진지하게 고려한다는 것은 죄의 권세와 그 파괴적 현실, 즉 "썩어져 가는 구습을 따르는 옛 사람"(엡 4:22)의 존재를 인정하고 "하나님을 따라 의와 진리의 거룩함으로 지으심을 받은 새 사람"(엡 4:24)을 받아들이는 것을 의미한다. 우리는 옛 사람을 버리고 새 사람을 따라 살라는 부르심을 받았다. 새 사람은 하나님의 창조 사역에 뿌리를 두고 있다. 새 사람은 하나님의 부르심에 응하도록 지으심 받은 참 자아, 즉 다른 사람을 섬기는 자아이자 공동체 안에서 발견되는 자아를 뜻한다.

근래에 출판된 책의 80퍼센트가 자아에 관한 책으로 추정된다. 요즘 사람들은 너나 할 것 없이 '자아'에 매몰되어 살고 있다. 아마도 어떤 사람은 본서도 자아에 관한 또 다른 책이라고 생각할지 모른다. 하지만 본서는 근본적으로 다르다. 자아에 매몰되지 않으려면 하나님의 은혜를 받아들이고, 도덕적 원리에 순종하고, 진정한 정체성을 확신하는 한편, 궁극적으로 분명한 소명 의식이 필요하다. 그래야만 자아 몰입과 자기중심주의를 극복하고 섬기는 삶에서 비롯하는 은혜를 깨달을 수 있다. 본서는 온전한 회개를 통해 자기중심주의를 극복하고 하나님 중심주의의 삶을 통해 정체성과 소명을 이루도록 돕는 데 목적이 있다.

자기 삶의 의도적인 청지기

이제 이 순서를 주목해 보자. 만일 각 사람이 헤아릴 수 없는 가치를 지니고 있고, 더 나아가 그 사람이 어떻게 번영할 수 있을지 묻는다면, 자연스럽게 우리는 '의도성'을 가지고 행동해야 한다고 인식하게 된다. 우리는 이렇게 물어야 한다. "하나님께서 우리에게 주신 삶과 은사, 재능, 기회를 잘 관리하려면 우리는 무엇을 해야 하는가?" 이 책은 바로 이러한 '의도적인 청지기직'을 위한 지침을 우리에게 제공한다. 우리는 마땅히 이렇게 물을 수 있다. "하나님께서 나를 지으시고 부르신 방식에 응답하여 내 삶에 책임을 진다는 말은 무엇을 의미하는가?"

이 질문에 대한 대답은 다음과 같다. **우리는 우리에게 주어진 패를 가지고 플레이하는 법을 배워야 한다.** 카드 게임 은유는 이 점을 아주 잘 설명해 준다. 우리는 우리에게 주어진 패, 다시 말해 우리 삶의 모든 것, 은사, 재능, 잠재력은 물론이고 우리에게 닥친 수많은 좌절과 실망, 한계까지 포함해 책임을 지라는 부름을 받았다.

나는 골프의 핸디캡 제도를 좋아한다. 그것은 결국 내가 다른 사람이 아니라(그들을 이기고 싶긴 하지만 해마다 가능성은 줄어들고 있다), '나 자신'과 겨루는 것이기 때문이다. 내게 주어지는 요청은 단 하나다. 지금 이 샷, 이 홀, 이 18홀 경기에서 내가 감당할 몫에 책임을 지라는 것뿐이다.

여기서 암시되는 생각은, 나는 다른 사람의 삶을 책임지지 않는다는 사실이다. 물론 우리는 다른 이를 돌보고, 격려하며, 가르치고, 준비시키며, 가능한 한 많은 사람이 번영할 수 있도록 살아간다. 그러나 결국 우리는 그들에게 하나님이 아니며, 그들의 삶에 대한 최종적인 '어른의 책임'을 대신 질 수 없다. 실제로 지혜로운 길은, 더 이상 다른 사람의 삶을 조종하거나 관리하려 하지 않는 것이다.

오히려 우리는 이렇게 물어야 한다. 이 상황과 이 환경 속에서, 나의 특별한 소명은 무엇인가? 다른 사람을 위한 것일 수도 있지만, 여전히 소명은 내가 부름받은 바로 그 일, 내게 주어진 내 몫이라는 점을 잊지 말아야 한다.

이 원칙은 내 자녀에게도 동일하게 적용된다. 나는 그들을 위해 존재하지만, 결국 그들 삶의 책임은 그들 자신에게 있다. 물론 나의 일과 책임에는 다른 이의 삶과 일터를 지원하고, 격려하고, 준비시키는 것도 포함된다. 그러나 결국 그들이 진정으로 번영하려면, 자기 삶을 스스로 책임지는 법을 배워야 한다. 이것이 어른이 되는 일의 한 부분이다. 우리는 사회와 공동체 안에서 상호 의존적인 관계 속에 살아간다.

우리가 자기 삶의 청지기가 된다는 말을 할 때, 꼭 강조해야 할 또 다른 점이 있다. 우리는 어떤 이상적인 삶이나, 우리가 원하는 삶의 청지기로 부름받은 것이 아니다. 오히려 우리는 지금 우리 손에 주어진, 이 '현실'의 청지기로 부름받은 것이다.

본서의 내용은 자신의 삶을 정직하게 들여다볼 마음가짐이 되어 있는 사람, 즉 하나님이 주신 은사와 재능을 인정하고 스스로에게 솔직할 뿐 아니라, 어려운 결단을 내린 후 사람들과 힘을 합쳐 그것을 이루어 나가고자 하는 사람을 위한 것이다.

본서를 읽으면서 혹시 지난 과거가 후회스러울지도 모른다. 누구에게나 후회할 수밖에 없는 일, 현명하지 못한 결정과 실수가 있기 마련이다. 하지만 후회에만 사로잡혀 있으면 자신 있게 미래를 바라볼 수 없다. 본서는 젊은 사람이든 나이든 사람이든 모두에게 유익하다. 대학을 다니든, 중년층이든, 은퇴를 앞두었든, 정직한 마음으로 삶을 돌아보기 원하든 누구나 읽을 수 있다. 또한 미래를 바라보며 자신이 할 수 있는 모든 일을 통해 하나님을 영화롭게 하며 그리스도의 왕국을 건설하기 원하는 사람도 본서의 독자이다. 우리는 하나님의 은혜 덕분에 자신의 엄청난 잠재력을 의식하며 후회 없는 마음으로 현재와 미래를 바라볼 수 있다. 본서는 주어진 재능을 하나님을 위해 사용하기 원하는 사람을 위한 책이다.

본서는 자신에게 주어진 달란트가 하나이든 열이든 그것을 하나님을 위해 투자하려는 사람을 위한 책이다. 그 투자란, 이상적인 삶이 아니라 모든 복잡함을 안고 있는 '현실의 삶'에서 출발해야 한다는 사실을 인식하며 이루어져야 한다.

좋은 대화

우리는 일에 대해 늘 이야기한다. 누군가를 처음 만나 대화를 나누다 보면, 어느 순간 "무슨 일을 하세요?"라는 질문을 하게 된다. 이 질문은 곧 "당신은 삶과 시간을 어떻게 보내고 있습니까?"라는 뜻이다. 즉, 이 사람이 어떤 일을 하며, 이상적으로는 하나님께서 그에게 주신 일이 무엇인지 알려는 것이다.

하지만 이는 다른 사람과 나누는 대화의 출발점에 불과하다. 나와 친구들은 가족 이야기를 나누고, 자녀나 손주의 기쁨과 슬픔을 이야기하며, 좋아하는 스포츠 팀의 성적이나 다가오는 총선이 정권 교체로 이어질지 논하기도 한다. 물론 이런 대화도 있다. 그러나 일반적으로 우리의 대화에서 가장 많은 부분을 차지하는 것은 '일'에 대한 이야기이다. 이는 부적절한 대화가 아니다. 사실 나는 2장에서 일의 중요성에 대해 말할 것이다. 그러니 우리가 일에 대해 자주 말하는 것도 전혀 놀랍지 않다. 일은 중요하기 때문이다.

그렇기에 우리가 일에 대해 대화할 때, '잘' 말하는 법을 배우는 것은 매우 중요하다. 새로 만난 사람과의 대화뿐 아니라, 더 중요하게는 우리와 가장 가까운 사람과의 대화에서 그렇다. 결혼한 사람이라면 배우자와, 자녀 및 부모와, 친구와 동료, 이웃과 함께 말이다. 우리가 일상적으로 우리 일에 대해, 일하는 기쁨과 슬픔, 좌절과 성공을 이야기한다면, 이를 잘 말하고 싶은 갈망이 자연스럽게 생긴다. 우리는 성경적이며, 곧 기독교적으로 선한 일에 대한 비전을 깊이 반영한 방식으로 우리 일을 이야기하고 싶어 한다.

우리에겐 이런 대화가 필요하다. 지혜와 소망으로 가득한 대화가 필요하다. 우리는 너무 쉽게 일을 폄하하는 방식으로 말하곤 한다. "드디어 금요일이다!"라고 말하며 불평하는 자세로 일을 이야기한다. 물론 일은 어렵다. 분명 스트레스와 어려움, 좌절의 순간이 있다. 그러나 지금 우리가 절실히 필요로 하는 것은, 은혜에 깊이 뿌리박은 방식으로 '일'에 대해 말할 줄 아는 대화의 동반자다.

이 책은 바로 이런 좋은 대화를 장려하기 위해 썼다. 혼자서 이 책을 읽어도 분명 유익하다. 나는 확신한다. 그러나 누군가와 함께 읽을 때 더 큰 가치를 지닐 수 있다. 함께 읽으면서, 성경적인 일터 신학에 뿌리를 두고 은혜와 소망에 잠기는 방식으로 '일'을 말하는 법을 배울 수 있기 때문이다.

대화에 대해서는 12장에서 더 자세히 다룰 것이다. 그러나 지금은 다음을 생각해 보자. 우리의 일에 관해 최소한 세 명의 대화 상대가 필요하다. 두 사람은 이상적으로 '또래'여야 한다. 한 사람은 같은 분야에 종사하는 사람(예. 이 직업만의 고유한 도전을 이해하는 동료 간호사), 다른 한 사람은 전혀 다른 분야의 사람(예. 사업에 종사하는 이와의 정기적인 대화를 통해 힘과 격려를 얻는 목회자)일 수 있다. 세 번째 사람은 이상적으로는 한 세대 위의 사람, 또는 우리가 장년기나 노년기에 접어들고 있다면 적어도 우리보다 열 살 이상 많은 사람이면 좋다.

당신의 삶에 이런 사람들이 있다면, 당신은 정말 큰 선물과 놀라운 자원을 지닌 것이다. 지혜와 격려의 원천 말이다. 만약 이런 사람들이 없다면, 꼭 찾아야 한다. 애써야 한다. 이런 우정과 이런 공동체를 가꾸어야 한다. 왜냐하면 우리의 일은 결국 우리의 일이기 때문이다. 아무도 그것을 대신해 줄 수 없다. 그리고 선한 일을 하다 보면, 우리는 종종 불가피한 고독을 느끼게 된다.

오랜 시간 홀로 훈련하는 운동선수, 고독한 준비의 시간을 견디며 설교를 준비하는 설교자, 자신의 사업을 위해 많은 날을 성실히 헌신하지 않고는 결코 성공할 수 없음을 아는 사업가, 많은 사람에게 감동을 줄 퀼트를 만들지만 완성된 작품 뒤에 숨겨진 외롭고 지루한 작업의 시간을 누구에게도 인정받지 못하는 예술가, 이 모두가 바로 그런 고독을 안고 사는 이들이다. 그러나 우리가 홀로 일할지라도, 결국 우리가 일에 있어 신실하고 선할 수 있는 이유는 다른 이에게서 오는 은혜, 곧 그들의 지혜, 지지, 인도, 격려가 있기 때문이다.

그러므로 우리는 이 대화에 참여해야 한다. 우리는 우리의 일에 대해 이야기해야 한다. 그러나 이 대화를 시작할 때, 우리보다 앞서 이 길을 걸어간 이에게서 배우는 자세로 임해야 한다. 이 책은 소명과 일, 경력에 관한 흥미로운 대화에 참여하자는 초대이다. 이 대화는 이 주제와 관련된 다양한 담론의 축적된 지혜를 바탕으로 한다. 나는 이 지혜를 가능한 한 잘 요약해 소개하려고 노력했다. 그리고 그 모든 내용이 얼마나 모든 사람에게 적절하고 실질적인지 거듭해서 깊이 느껴 왔다.

이 책은 선교사와 목회자에게, 세상의 다양한 영역에서 살아가는 모두에게 유익하다. 청년뿐만 아니라 중년과 노년에게도 마찬가지다. 남성과 여성 모두에게 유익하다. 이어지는 장에서 제시되는 원칙은 보편적인 것으로, 신앙의 유무나 종교적 배경과 무관하게 모든 사람에게 적용될 수 있다.

다시 말해, 나의 관점은 기독교적이며, 이 책의 논의는 기독교 신앙의 시각에서 제시되고 그 신앙적 경험의 함의를 담고 있다. 그러나 어떤 신앙을 가졌든, 이 내용에서 유익을 얻을 수 있을 것이다.

우리는 의미 있는 일, 즉 당연히 해야 할 의무나 영향력 있는 일을 하고 싶어 한다. 더욱이 일과 휴식, 직업상에서의 책임과 가정에서의 책임, 교회를 위한 의무와 사회를 위한 의무를 균형 있게 이끌어 나가기 원한다. 또한 온갖 의무와 책임을 효율적으로 이행함으로써 주어진 시간과 일상의 삶에서 우선순위를 적절히 결정해 나가기를 바란다.

아울러 우리는 몸담고 일하는 조직의 구조와 생리를 이해하고 싶어 한다. 직위를 받아들일 때와 사임해야 할 때를 알아야 하고, 일에 지나치게 얽매이지 않으면서 동시에 주어진 업무에 매진하는 방법을 터득해야 한다.

또한 우리는 문화와 성은 물론 연령층도 다른 다채로운 사람과 함께 일할 능력을 기르고 싶어 한다.

마지막으로 우리는 직업을 바꿀 때마다 부딪히는 과도기를 효과적으로 극복하기를 갈망한다.

이런 갈망을 충족시키려면 소명이 의미하는 바를 의식적으로 성찰하고자 노력해야 한다. 다시 말해 건전한 신학을 바탕으로 일과 소명과 자아에 대해 깊이 성찰해야 한다. 본서의 목적은 그 같은 성찰을 장려하는 데 있다. 본서는 우리가 하나님이 주신 재능과 능력과 기회를 맡아 관리할 청지기로 부르심 받았다는 성경의 사상에 근거한다. 바울은 디모데에게 "하나님의 은사를 다시 불일듯 하게" 하라고 권고했다(딤후 1:6). 본서는 우리가 어떻게 개인적 차원에서나 공동체 내에서 부름받은 대로 행할 수 있으며, 하나님의 은사를 "불일듯 하게" 해 기회가 주어졌을 때 창조적으로 힘있게 대처할 수 있을지 생각함으로써 그 권고에 부응하려 한다.

02

우리가 하는 일의 의미

소명을 살아내기 위한 신학적 비전

일의 의미를 더 깊이 이해할수록 우리는 자신의 소명, 곧 부르심을 더 잘 분별하고 이에 응답할 수 있게 된다.

만일 소명이 하나님께서 세상 속으로 우리를 부르시고, 우리가 그 부르심을 반영하는 일을 하는 것이라면, 우리는 자연스럽게 다음과 같은 질문을 던지게 된다. "일의 의미와 목적은 무엇인가? 그리고 하나님의 목적에 부합하는, 곧 선한 일이란 어떤 것인가?"

우리는 지금 '능동적 삶'의 위기 속에 살고 있다. 세상에 속한 많은 사람이 분주하고 혼란스러운 속도로 살아간다. 우리는 '해야만 하는' 바쁜 활동에 휘말려 과로하며 사는 데 놀라운 능력을 지니고 있다. 이는 현대화되고 도시화되고 산업화된 사회의 삶과 일이 나타내는 죄악 중 하나다. 너무 많은 것을 성취하려고 하는, 그리고 가능한 한 빨리 성취하려고 하는 왜곡된 열망 속에서 우리는 참된 여가의 의미, 그리고 사유하고 묵상하는 삶이 무엇인지에 대한 감각을 잃어버렸다.

그러나 이처럼 삶과 일에 대해 정신없이 분산된 태도는 오늘날 우리가 직면한 더 큰 위기의 한 단면일 뿐이다. 그것은 바로 의미의 상실이다. 우리의 일, 관계 그리고 정체성 속에서 나타나는 의미의 상실이다. (하지만 우리는 여기서 특별히 일에서의 의미 상실에 주목하려고 한다.)

어떤 이는 자신의 정체성을 일에 온전히 묶어 두기 때문에, 실직이나 명퇴는 그들을 공허하게 하고 삶의 목적을 잃게 한다. 또는 여전히 일을 하고는 있지만, 아무런 초점이나 방향 없이 한 과제에서 다른 과제로 그냥 떠밀려 다니는 듯 느껴지기도 한다. 또 어떤 이는 너무 많은 일을 하려다 보니, 바쁜 활동에 휘말려 이리저리 뛰어다닌다. 바쁨은 일시적으로 자신을 중요한 존재로 느끼게 하지만, 잘 알듯이 그것은 그저 '바쁨'일 뿐이다.

우리는 바쁜 사람이 중요한 사람이라고 생각하거나, 거꾸로 중요한 사람은 당연히 바빠야 한다고 여기는 잘못된 생각을 한다. 하지만 우리가 정직하게 마주한다면, 이러한 모든 현상 밑바닥에는 우리가 바쁘게 하는 모든 일의 의미와 나아가 우리 삶의 궁극적인 의미가 무엇인지를 점점 더 상실해 가는 현실이 자리하고 있다.

그 결과, 종교적 배경을 막론하고 많은 사람이 해답과 해결책, 그리고 삶의 의미를 찾기 위해 애쓰고 있다. 일과 경력, 경력 전환, 경력 계발에 관한 잘 쓰인 책이 베스트셀러가 되고 있다. 우리 공동체 안에는 이 위기를 해결하고, 우리의 정체성과 일 사이 관계를 바로 세워야 한다는 절박한 인식이 분명히 존재한다. 그래야만 우리가 그 일 속에서 의미와 기쁨, 목적을 발견할 수 있기 때문이다.

유익한 자료가 여럿 있지만, 이 위기에 대해 신학적으로 응답하는 것이야말로 매우 중요하다. 많은 사람은 이런 생각 자체를 낯설어하거나 당혹스럽게 여길 수 있다. 왜냐하면 그들은 신학적으로 어떤 문제든 깊이 생각해 본 적이 없기 때문이다. 그러나 삶의 위기가 닥칠 때 우리는 종종 가장 본질적인 질문을 던지게 된다. 그리고 바로 이 지점에서, 신중한 신학적 성찰이 우리에게 앞으로 나아갈 길을 제시할 수 있다.

선한 일을 위한 신학적 비전

오늘날 사회적 분위기 속에 깊이 자리 잡은 전제는 이것이다. 일은 나쁘고, 여가는 좋다. 그러나 소명과 일, 경력에 대한 시각이 변화되고, 삶의 전환기를 잘 통과해 나가는 유일한 소망은, 이 세상을 '선한 일'을 향한 신학적 비전으로 다시 마주하는 데 있다. 즉, '일'이라는 개념 자체를 되찾는 것이다.

성경의 급진적인 메시지는 바로 이것이다. 일은 본질적으로 **선하다**. 성경이 처음 사람, 곧 남자와 여자의 창조를 묘사할 때 그 중심에는 땅을 경작하고 동물의 이름을 지으라는 명령이 자리하고 있다(창 2:15, 19-20). 그들은 '일하도록' 창조되었고, 그들의 일은 의미가 있다. 하나님은 그들을 일하는 존재로 만드셨으며, 그들로 하나님과 함께 일하는 동역자가 되게 하셨다. 이 말은 그들이 땅의 창조자라는 뜻은 아니지만, 그들의 일이 하나님의 지속적인 창조 사역의 일부였으며, 그러기에 일은 하나님 보시기에 중요하고, 의미 있으며, 가치가 있었다.

타락과 죄로 인해 일은 수고와 고통이 되었다(창 3:17-19). 그러므로 기독교 사명의 중요한 한 가지는 '의미 있고 기쁨 있는 일'의 회복을 추구하고 선포하는 것이다. 일은 그리스도인 됨을 표현하는 중심적인 방식이며, 우리 신앙의 핵심 구성 요소이다. 실제로 많은 면에서 우리의 일은 그리스도인의 정체성을 살아내는 주된 현장이다.

이 점에서 우리는 반드시 이 사실을 인정해야 한다. 모든 일이 선한 것은 아니다. 일은 파괴적일 수 있고, 상처를 줄 수 있으며, 그리스도와 이웃에게 해가 될 수도 있다. 하나님께서 우리에게 주신 기술과 에너지를 통해 다른 사람을 착취하거나 해치거나, 왜곡된 욕망을 만족시키는 데 사용한다면, 우리는 일의 본래 의미를 훼손하는 것이다.

따라서 우리가 갈망하는 '의미 있는 일'은 반드시 선하고 고귀하며 탁월한 것, 곧 창조주를 기쁘시게 해 드릴 수 있는 것, 그리고 우리가 진심을 담아 "주께 하듯"(골 3:23) 한다고 말할 수 있는 그 일을 추구하는 맥락 안에서 이해되어야 한다.

불행히도 우리는 '일은 나쁜 것이며 가급적 피해야 한다.'는 생각에 깊은 영향을 받아 왔다. 그래서 많은 사람이 일을 벗어나기를 갈망하며, 더 이상 일하지 않아도 되는 은퇴를 고대하며 살아간다. 물론 은퇴는 중요한 전환점이지만, 우리의 궁극적인 기쁨은 '일로부터의 해방'에 있는 것이 아니다.

예수님은 제자들에게, 작은 일에 충실하고 신실하면 더 많은 일을 맡게 될 것이라고 약속하셨다(마 25:21). 새 하늘과 새 땅에 대한 소망은 우리가 일로부터 해방되는 데 있지 않고, 오히려 그 일이 하나님과의 **완**전한 동역 속에서 이루어지는 데 있다. 이사야는 새 하늘과 새 땅을 묘사하면서, 그때 우리가 집을 짓고 포도원을 가꾸며 자기 손으로 한 일을 기쁨으로 누리게 되리라고 말했다(사 65:21-22).

성경에서 '선한 일'을 가장 강력하게 묘사한 본문 중 하나는 잠언의 결론 부분에서 발견된다. 잠언은 우리가 지혜롭게 일하지 않는다면 우리는 아직 진정한 의미에서 지혜로운 사람이 아니라고 전제한다. 즉, 선한 일이란 지혜를 따라 살아가는 삶의 영역이라는 주제가 잠언 전체에 흐르고 있다. 그중에서도 특히 잠언 31장에 담긴 '일에 대한 신학적 비전'은 매우 교훈적이며 주목할 만하다.

많은 사람은 잠언 31장을 여성과 아내를 칭송하는 본문으로만 생각한다. 물론 분명히 그러한 본문이다. 그러나 그 안에는 또 하나의 칭송이 암묵적으로 담겨 있다. 바로 그녀의 '일'에 대한 인정이다. 따라서 일은 우리가 열정과 기쁨, 성실함과 힘을 다해 감당해야 할 소중한 영역이라고 선언하는 것이다. 이는 여성에게만이 아니라, 남성과 여성 모두에게 해당된다.

잠언 31장을 읽는 데 있어 가장 유익한 방식 중 하나는, 흔히 그렇듯이 부록이나 결말부 정도로 보는 것이 아니라, 오히려 이 잠언 전체에 담긴 말씀의 '정수'로 이해하는 것이다. 주목할 점은, 이 장에서 묘사되는 여인은 분명 잠언 전체를 통해 드러나는 '지혜'의 구체적인 구현이라는 것이다. 더 나아가, 그녀가 구현하는 이 지혜는 바로 그녀의 '일'의 품질에서 가장 뚜렷하게 나타난다.

물론 지혜란 우리의 일보다 훨씬 더 포괄적인 개념이다. 그러나 이 장은 '선한 일을 지혜롭게 감당하는 사람'을 기념하고 있다. 그리고 이 본문이 암시하는 것은, 우리가 자신의 삶을 이해하고 일에 대한 신학적 비전을 회복하려 할 때 깊은 의미로 다가오는, 성경적 일터 신학의 윤곽이다.

"누가 현숙한 여인을 찾아 얻겠느냐
그의 값은 진주보다 더 하니라
그런 자의 남편의 마음은 그를 믿나니
산업이 핍절하지 아니하겠으며
그런 자는 살아 있는 동안에
그의 남편에게 선을 행하고 악을 행하지 아니하느니라
그는 양털과 삼을 구하여 부지런히 손으로 일하며
상인의 배와 같아서 먼 데서 양식을 가져 오며
밤이 새기 전에 일어나서
자기 집안 사람들에게 음식을 나누어 주며
여종들에게 일을 정하여 맡기며
밭을 살펴 보고 사며
자기의 손으로 번 것을 가지고 포도원을 일구며
힘 있게 허리를 묶으며 자기의 팔을 강하게 하며
자기의 장사가 잘 되는 줄을 깨닫고
밤에 등불을 끄지 아니하며

손으로 솜뭉치를 들고 손가락으로 가락을 잡으며

그는 곤고한 자에게 손을 펴며

궁핍한 자를 위하여 손을 내밀며

자기 집 사람들은 다 홍색 옷을 입었으므로

눈이 와도 그는 자기 집 사람들을 위하여 염려하지 아니하며

그는 자기를 위하여 아름다운 이불을 지으며

세마포와 자색 옷을 입으며

그의 남편은 그 땅의 장로들과 함께 성문에 앉으며

사람들의 인정을 받으며

그는 베로 옷을 지어 팔며 띠를 만들어 상인들에게 맡기며

능력과 존귀로 옷을 삼고 후일을 웃으며

입을 열어 지혜를 베풀며 그의 혀로 인애의 법을 말하며

자기의 집안 일을 보살피고

게을리 얻은 양식을 먹지 아니하나니

그의 자식들은 일어나 감사하며 그의 남편은 칭찬하기를

덕행 있는 여자가 많으나

그대는 모든 여자보다 뛰어나다 하느니라

고운 것도 거짓되고 아름다운 것도 헛되나

오직 여호와를 경외하는 여자는 칭찬을 받을 것이라

그 손의 열매가 그에게로 돌아갈 것이요

그 행한 일로 말미암아

성문에서 칭찬을 받으리라"(잠 31:10–31).

그러므로 잠언 전체에 암묵적으로 담긴 '일에 대한 성경적 비전', 곧 신학적 통찰을 주의 깊게 살펴보아야 한다. 덧붙이자면, 여성을 오직 외모나 성적 매력으로만 판단하는 단편적인 관점을 가진 문화권에서는 이 장이 그에 대한 강력한 교정이자, 여성의 역할을 전혀 다르게 제시하는 급진적인 선언일 수 있다. 그러나 남성과 여성 모두에게, 이 본문은 '선한 일'에 대한 하나의 비전을 보여 준다.

가정 vs 시장(일터)

첫째, 이 여인이 가정이라는 사적 영역(가족을 돌보는 일)과 시장이라는 공적 영역(재화를 사고파는 일) 사이를 오가며 칭송받고 있다는 점에 주목하자. 그녀는 특히 이 두 세계 사이를 자연스럽고 능숙하게 넘나든다.

오늘날 사회는 우리에게 선택권이 있다고 전제한다. 한 사람은 '가정을 돌보는 사람'이 되고, 다른 한 사람은 '생계 부양자'가 되어야 한다는 것이다. 즉, 집안을 돌보거나 자녀를 양육하면서는 세상 속에서, 혹은 경력을 유지하며 제대로 활동할 수 없다는 가정이 깔려 있다. 우리는 선택해야 한다는 압박을 받는다. 가정을 돌볼 것인가, 경력을 쌓을 것인가?

물론 우리 삶과 일의 각 영역이 맞닿는 지점에서는 도전과 긴장이 분명 존재한다. 그러나 잠언 31장의 여인은 이 두 영역, 가정과 일터 모두에 적극적으로 참여하고 있다. 여기서 나타나는 암묵적인 메시지는 이 두 영역 사이에는 본질적인 긴장이 존재하지 않는다는 사실이다. 오히려 어쩌면 이 둘은 서로에게 필수 요소일 수 있다. 한 영역이 다른 영역을 정당화하고, 진정성 있게 하며, 서로가 서로의 짝이 되는 관계인 것이다.

그러므로 우리는 일, 특히 집 밖에서의 일이 더 고상한 소명이라 주장하고 싶어지는 유혹을 경계해야 한다. 삶의 이 한 영역에만 집중하다 보면, 가정에서의 기본적이고 일상적인 책임, 가족과 이웃, 공동체의 필요를 소홀히 할 수 있다.

디모데전서는 교회에서 장로나 감독으로 섬기는 이가 갖추어야 할 자질과 능력의 목록을 제시한다. 그 가운데 중요한 점은, 가정을 제대로 돌보지 못하는 사람은 교회 공동체에서 리더십을 맡을 수 없다는 것이다(딤전 3:5). 이는 가정과 일터의 불가피한 연속성을 말하는 것 아닐까? 우리의 소명과 일은 필연적으로 이 두 영역 모두를 잘 관리하도록 우리를 부른다. 그러므로 이 둘은 긴장 관계에 있는 것이 아니다.

오히려 소명을 분별하고 그에 따라 살아가는 지혜란, 우리 삶의 다양한 영역들, 개인과 직업, 가정과 일터를 분리하지 않고 그 사이를 연결하여 살아가는 데 있다. 물론 경계는 필요하다. 가정을 거룩히 지켜야 하고, 직업 세계에서의 이해 충돌(예. 연고주의의 위험)을 경계해야 한다. 그러나 핵심은 우리는 삶의 모든 영역(가정이든 공적·전문적 영역이든)에서 신실하게 살도록 부름받았다는 사실이다.

종교적인 일 vs 세속적인 일

그리스도인 대부분의 종교적 무의식 깊은 곳에는 이런 전제가 자리잡고 있다. 곧 '종교적인 일'은 집이나 정원, 또는 일터에서 이루어지는 모든 다른 활동보다 본질적으로 더 거룩하다는 생각이다. 그래서 우리가 할 수 있는 최고의 일은 본질적으로 '종교적인 성격'을 띠어야 하며, 많은 이는 그것이 지역 교회의 사역에 집중되거나 교회의 선교에 직접 참여하는 것이어야 한다고 주장한다.

많은 그리스도인이 부서진 의자를 고치는 일보다 주일학교 수업을 맡는 일이 더 중요하고 의미 있다고 쉽게 생각하는 모습을 떠올려 보라. 혹은 새 사업을 시작하기 위해 오랜 시간 애쓰는 일보다 아이티로 떠나는 단기 선교 여행이 더 본질적인 가치를 지닌다고 여기는 것은 어떠한가? 또 어떤 젊은 부부가 동네 서점을 운영하기보다는 목회직을 맡기로 결정했다는 이야기를 들었을 때 교회 공동체가 보이는 반응을 상상해 보라. 우리는 흔히 후자가 더 '하나님 나라'에 가치 있는 일이라고 여기며, 따라서 더 큰 인정을 받아야 한다고 가정한다.

그러나 잠언 31장의 여인에 대해 인상적인 점은, 그녀가 밭을 사고파는 일, 가정을 돌보는 일, 천을 다루고 손으로 수고하는 일로 인해 칭송받고 있다는 사실이다. 이 본문은 찬가의 성격을 지닌다. 곧 이러한 일은 하나님 앞에서 영광스럽고 가치 있는 일로 여겨진다는 뜻이다.

이 장의 후반부에서 이 문제를 더 직접적으로 다루겠지만, 지금 꼭 강조해야 할 점은 다음과 같다. 기독교의 영적·종교적 전통은 이 질문을 언제나 어려워해 왔고, 거룩한 일과 세속적인 일을 끊임없이 분리해 왔으며, 대체로 종교적인 일이 더 거룩하다고 여겨 왔다. 그러나 기독교 신앙 전통이 가장 건강하고, 하나님의 영광과 그리스도의 통치를 위해 가장 크고 지속적인 영향을 끼쳤던 순간은 언제나 남성과 여성이 사회의 모든 영역과 부문에 부름받았음을 함께 인정했을 때였다.

이 책의 핵심 전제는 이렇다. 종교적인 일이나 교회 관련 활동이 매우 중요하긴 하지만, 그것이 정원사, 사업가, 공립학교 교사, 약사의 일보다 본질적으로 더 비중 있거나 의미 있는 것은 아니라는 사실이다.

손과 머리로 하는 일

내가 오랜 시간 살아 본 모든 사회들, 라틴 아메리카, 아시아, 북아메리카에서 공통적으로 나타나는 전형적인 전제는, 육체 노동은 '하찮은 일'이라는 생각이다. 즉, 이상적인 일은 손으로 하는 일이 아니라 '전문직'이며, 일에는 두 계층이 존재하는데 곧 화이트칼라와 블루칼라, 전문직과 노동직이라고 말이다. 그리고 전문직은 더 높은 가치를 지니며 더 큰 존중을 받아야 한다는 인식이 자리잡고 있다.

부모가 배관공, 전기 기사, 목수와 같은 이른바 '기능직'에 종사했더라도, 자녀만큼은 의사나 변호사, 기업의 고위 관리자 같은 전문직으로 성장하길 바라는 경우가 많다. 그리고 자녀가 실제로 의사, 변호사, 관리자와 같은 직업을 갖게 되면, 그들은 가방을 드는 일부터 집의 깨진 창문을 수리하는 일까지 모든 육체 노동을 다른 사람에게 맡긴다.

기독교 신앙 전통은 육체 노동에 대한 이러한 부정적인 관점에 동의하지 않는다. 실제로 사도 바울은 데살로니가전서 4장 11절에서 성도에게 "너희 손으로 일하기를 힘쓰라"고 권면한다. 바로 이 점에서 잠언 31장의 본문은 매우 흥미롭다.

이 본문 속 여인은 재정적으로 여유 있는 인물이다. 그녀는 밭을 사고팔며, 고운 옷감을 다루고, 여종을 거느리며, 나라를 치리하는 남편을 내조하고, 가난한 자를 살핀다. 그녀는 분명 부유한 여인이다. 그럼에도 불구하고, 우리는 그녀가 '자기 손으로' 일한다는 사실을 놓칠 수 없다.

- (그녀는) 부지런히 손으로 일하며(13절)
- 손으로 솜뭉치를 들고 손가락으로 가락을 잡으며(19절)
- 곤고한 자에게 손을 펴며 (20절)

불과 몇 절 사이에 그녀의 '손'이 네 번이나 언급된다. 이는 의도적인 표현일까? 성경 저자는 지혜로운 사람은 손으로 일하는 사람이며, 천한 일로 여겨지는 일도 마다하지 않는다고 말하는 듯하다. 그러므로 기독교 전통이 가장 건강할 때는 모든 일이 거룩해질 가능성을 기쁨으로 인정하며, '선한 일'에 대해 말하며 머리와 손을 서로 대립시키지 않을 때이다.

오늘날 우리에게 절실히 필요한 것 중 하나는 간호, 목공, 자동차 수리, 농업과 같은 분야에서 일하는 이들의 수고를 기쁨으로 기념하고 존중하는 방법을 찾는 일이다. 더 많은 부나 명예를 가져다준다는 이유로 자녀를 이른바 '전문직'으로 밀어넣는 가정에는, 사실 매우 비기독교적인 무언가가 있다. 특히 자기 손으로 일하고자 하는 갈망을 가진 젊은이가 그 마음을 따르지 못하도록 막는다면, 그것은 얼마나 안타까운 일이요, 얼마나 큰 상실인가.

그래서 나는 매슈 크로퍼드(Matthew Crawford)의 책『손으로, 생각하기』(*Shop Class as Soulcraft*)의 출간을 기쁘게 환영한다. 이 책은 육체 노동의 아름다움과 힘을 탁월하게 성찰한 작품이다.[1] 철학자로 훈련받은 크로퍼드는 오토바이 수리점이라는 현장을 배경으로, 손으로 일하는 삶의 깊은 의미를 탐구한다. 그는 꼭 신앙인으로서 글을 쓰는 것은 아니지만, 손으로 하는 '일'에 대해 말하는 그의 방식은 매우 기독교적인 통찰을 담고 있다.

잠언 31장의 여인은 손으로 일한 자로서 칭송을 받는다. 우리 주 예수님도 전통적으로 목수로 알려져 있으며, 사도 바울도 장막을 만드는 사람이었다. 우리가 손으로 일하는 법을 배우고(그것이 생계 수단이든 취미 활동이든) 어떤 기술을 익힐 때에야 비로소 우리는 우리 몸과 진정으로 통합된 존재가 된다는 말에는 분명 일리가 있다. 머리로만 사는 삶은 '선한 일'의 중요한 차원을 놓치게 하며, 결국 '좋은 삶'의 본질도 놓치게 된다.

임금 노동과 자원봉사

이 글을 쓰는 시점은 2010년 밴쿠버 동계 올림픽이 막 끝난 직후이다. 이 대회가 참가자와 관중 모두에게 특별해진 이유 하나는 수많은 자원봉사자의 놀라운 헌신 덕분이었다. 대회는 엄청난 성공을 거두었는데, 이는 전 세계에서 온 선수와 방문객을 환대하고, 각 행사가 원활히 진행되도록 집행 위원회와 함께 일한 남녀 자원봉사자의 아낌없는 시간 기부 덕분이었다.

잠언 31장의 본문을 보면, 여기 묘사된 여인이 사업에 성공한 인물임이 분명하다. 그녀는 밭을 사고팔며, 포도원 경영을 관리하고, 자기 물건이 수익성이 있도록 챙긴다. 그녀는 비영리 단체를 운영하는 것이 아니다. 그녀는 가정의 생계를 책임지는 소득자, 다시 말해 '생계 부양자'인 것이다.

그렇다면 그녀의 남편은 어디에 있을까? 많은 이가 이 장을 끝까지 읽고 나서 남편이 '그를 칭찬한다.'고 한 구절을 보며 웃음 짓고는, 남편이 칭찬을 아끼지 말아야 한다고 말한다. 이 여인을 아내로 맞이한 것은 정말 잘한 일이라고 말이다. 그런데 그는 무엇을 하고 있을까? 23절에는 "성문"이라는 단어가 나오는데, 이는 마을 의회가 모여 시민 문제를 논의하던 장소를 가리킨다. 그곳에서 그는 그 땅의 장로들과 함께 앉아 있었다. 이 일이 보수를 받는 임금 노동이었을 가능성은 낮다. 좋은 일이자 필요한 일이지만, 임금 노동으로 보기 어렵다.

이는 중요한 전제를 말해 준다. 공직에 나서는 이는 금전적인 이익을 위해서가 아니어야 한다. 예를 들어, 미국 뉴멕시코주는 주의회 의원에게 급여를 지급하지 않는다. 또한 비영리 분야, 자선 단체나 선교 기관, 종교 사역에 종사하는 이도 기업에서 일한다면 더 높은 급여를 받을 수 있을 것이다. 그러나 그들은 자원봉사자 혹은 적은 보수를 받으며 그 일을 감당한다.

이를 언급하는 이유는 다른 중요한 점을 전하기 위해서다. 우리 사회에는 직접적인 보수를 받으며 선한 일을 하는 이도 있다. 잠언 31장에서 말하는 '수익성 있는 물건'을 가진 사람이 바로 그런 이들이다. 그러나 많은 사람은 직접적인 보수를 받지 않거나, '자원봉사' 활동을 전일제로 할 수 있도록 최소한의 임금을 받고 일하도록 부름받는다. 그들이 그렇게 일할 수 있는 것은, '수익성 있는 물건'을 가진 이의 지원 덕분이다. 이는 비영리 분야에서 기업에 의존해 재정을 지원받는 우리 모두일 수도 있고, 가정을 재정적으로 부양하는 다른 가족 구성원에게 의지하며 일하는 경우일 수도 있다.

중요한 것은, 이 두 형태의 일이 모두 선하며, 필요하고, 축하받을 가치가 있다는 점이다. 그러므로 우리는 누군가의 일이 지니는 가치를 임금으로 판단해서는 안 된다. 좋은 일과 급여를 일대일로 연결 지어 생각해서도 안 된다.

사실 우리 모두가 어떤 식으로든 자원봉사하는 방법을 찾아야 할지도 모른다. 지역 사회 센터, 고아원 등에서 오직 시간을 내어 봉사하며, 그 대가로 아무것도 바라지 않고 그저 섬기는 기쁨만을 누리는 일 말이다. 또한 많은 이가 노년기에 보수를 받지 않는 선한 일과 필요한 일을 하게 될 것이다. 보상이나 임금을 생각하지 않고 오직 타인을 섬기며 선한 일을 하는 기쁨과 열정으로 자신의 모든 것을 쏟아붓게 될 것이다.

공적인 일과 사적인 일

이 지혜로운 여인에 대한 묘사에서 또 한 가지 주목할 점이 있다. 그녀는 분명 공적인 여성이다. 시장에서 밭을 사고파는 일을 한다. 하지만 동시에 그녀는 매우 분명하게 사적인 여성, 즉 가정에서의 일에 충실한 여성이다. 실제로 본문은 이 점을 강조한다. 다른 이가 잠든 사이에도 그녀는 일찍 일어나 가정의 책임을 다한다.

이 말씀은 우리가 하는 일에 대해 근본적인 진리를 전해 준다. 우리가 하는 일의 수준은 상당 부분 다른 이의 눈이 닿지 않는 곳에서 우리가 얼마나 성실하게 일하는가에 달려 있다. 이는 모든 일과 모든 소명에 해당하는 진리다. 누구도 지켜보거나 인정하거나 칭찬하지 않지만 신실하게 일할 때, 우리의 일은 그 수준과 진실성, 아름다움으로 나타난다.

우리는 '무명으로 일하는 법'을 배우든지, 아니면 아예 일하는 법을 배우지 못하게 된다. 가르침, 통치, 운동선수나 연예인으로서 하는 퍼포먼스, 영업 등 많은 일이 공적인 성격을 지닌다. 그러나 이뿐만이 아니라 그 외 다양한 일에서, 일의 수준과 진실성은 무대 뒤에서 얼마나 부지런히 일하는가에 달려 있다. 예를 들어, 전시된 제품에 대해 모든 것을 꿰뚫고 있는 영업 사원의 꼼꼼한 조사, 수업을 철저히 준비해 오는 교수, 그리고 시의회에서 통과되길 바라는 법안을 수차례 작성하고 수정하는 공무원 등이 바로 그러하다.

우리가 역할이나 직업 그리고 선한 일에 대해 생각할 때, 우리는 흔히 그 '공적인 면'에 주목하며, 사실상 우리가 보는 것은 빙산의 일각에 불과하다는 단순한 사실을 간과하곤 한다. 대부분의 일은 거의 인정받거나 감사받거나 칭찬받지 못한 채 이루어진다. 이러한 사람들은 무엇보다도 '선한 일'에 헌신하기 때문에 자신의 일에서 특히 '사적인 면'에서 부지런히 일하는 것이다.

평범하고 일상적인 것 vs 웅장하거나 영웅적인 것

젊은 시절 나는 우리 각자가 비범하고 영웅적인 행동을 할 수 있다는 생각에 사로잡힌 한 종교적 하위 문화에 속해 있었다. 우리는 우리 세대에 세상을 바꿀 수 있다고 믿었다! 적어도 그렇게 생각했다. 그리고 우리를 격려하는 모임의 연사들은 평범하고 일상적인 삶의 기대를 버리고, 비전과 열정, 그리고 하나님이 주시는 지속적인 능력을 믿으며 세상의 가장 먼 곳까지 나아가 '하나님을 위해 위대한 일들을 하라!'고 우리를 부추겼다.

우리가 각자의 삶과 일터에서 변화를 일으킬 능력을 결코 과소평가해서는 안 되지만, 이런 강연에서 많은 이가 잘못 받아들이는 부분이 있는데, 평범하고 일상적이며 반복적인 일이 중요하지 않다는 생각이다. 진짜 중요한 일은 화려한 행위나 극적인 한 방이라는 인식이었다.

그러나 잠언 31장에 나오는 여인은 아마도 우리가 하는 가장 의미 있는 일이 매우 평범하고 일상적일 수 있다고 상기시킨다. 매일 반복되는 일상적인 일이지만, 기쁨과 만족을 가지고 행할 때 오히려 선한 일의 가장 근본적인 지표가 될 수 있다. 나는 31년간 깊은 기쁨과 아이들에 대한 헌신으로 유치원 교사 생활을 한 여성이 떠오른다. 그녀의 영향력은 위대한 순간이나 위기 상황에 탁월하게 대응한 데서 나타나는 것이 아니라, 그 긴 세월 끊임없이 배우며 꾸준히 자리를 지켰고, 승진을 바라거나 요구하지도 않으며(그것이 무엇이든 간에), 매해 다섯 살 아이들을 진심으로 돌보는 데 만족하고 충실했던 데서 드러난다.

그리고 나는 '설리' 설렌버거(Chesley Burnett "Sully" Sullenberger III)를 떠올린다. 그는 라과디아 공항에서 이륙하던 중 캐나다기러기 떼와 충돌해 허드슨강에 비상 착륙한 US 에어웨이즈(US Airways) 항공편을 탁월하게 조종했다. 물론 이는 매우 훌륭한 조치였고, 승객을 향한 그의 영웅적 헌신은 칭송받아 마땅하다. 그러나 아마도 그의 진정한 위대함은, 수년간 한결같이 뛰어난 조종사로서 매일 두세 차례 승객을 수백 명 태우고 비행했으며, 그중 대부분은 그의 이름조차 알지 못했고 감사할 기회조차 없었다는 사실이다.

선한 일은 우리에게 매일, 매주 해야 할 일을 철저하고 세심하게 해내는 '일상의 평범한 리듬'의 가치를 인정하라고 요구한다. 우리는 그런 일의 중요성을 결코 간과해서는 안 된다. 오히려 잠언 31장의 여인이 그랬던 것처럼, 그리고 우리 삶에서도 그러하겠지만, 그 영향력은 바로 우리에게 주어진 일 속에서 조용히, 매일 반복되는 실천이 쌓여 이루어진다는 사실을 깊이 이해해야 한다.

많은 사람은 자신의 일상이 평범하고 반복적이라는 점에서 특별함을 찾기 어려워한다. 실제로 그 일 자체는 큰 의미나 성취감을 주지 않을 수 있다. 그러나 반드시 해내야 할 일이다. 가족을 부양해야 하며, 그 자리가 주어진 '일자리'이기 때문이다. 일의 의미는 그것이 한 사람이나 가정을 먹여 살리는 생계 수단이 된다는 데 있다.

이 점에서 우리는 결코 잊지 말아야 한다. 일은 결국 '섬김의 수단'이며, 타인을 위해 하나님께 드리는 봉사의 행위라는 사실을 말이다. 그리고 이로써 우리의 일은 종교적 행위가 된다.

잠언 31장을 통해 일의 성격에 대해 더 많은 이야기를 나눌 수 있다. 예를 들어, 많은 이가 그 여인이 일 가운데 가난한 자와 예술 모두에 세심하게 관심을 기울였음을 주목하며, 가난한 자의 필요에 대한 배려와 아름다움에 대한 헌신이 모든 선한 일에 내재되는지 궁금해했다. 구약학자 브루스 월키(Bruce Waltke)는 "그녀의 사역 중에서도 공동체 안의 고통받고 궁핍한 이에 대한 봉사가 가장 중요한 위치를 차지한다."고 관찰한다.[2]

또 다른 이들은 그녀의 부지런함에 주목한다. 그녀는 날이 밝기 전 이른 아침부터 하루의 책임을 다하기 위해 열심히 일했다. 이 관찰은 모든 소명과 모든 선한 일이 부지런함을 요구한다는 사실을 떠올려 준다. 누구에게나 쉬운 길은 없다. 우리가 부름받은 소명이나 일의 분야와 성격이 어떠하든, 부지런함은 이 소명을 진실하게 완수하는 데 반드시 필요한 표징이다.

두 가지를 더 살펴보자. 11절은 남편이 그녀를 신뢰했다고 기록한다. 이는 매우 주목할 만한 언급이다. 월키가 지적하듯이, 성경은 일관되게 하나님 외에 누구도 신뢰하지 말라고 경고한다. 그런데 여기서는 아무런 변명 없이 오히려 타인을 신뢰했다고 강조한다.[3] 실제로 이 본문은 이 여인이 신뢰할 만하고 의지가 되는 사람이라고 찬양하며, 남편이 하나님을 신뢰하듯 자기 아내를 신뢰할 수 있었다고 말한다.

마지막으로 월키는 그녀가 새 힘을 얻는다고도 지적한다(17-18절). 그녀는 장사를 통해, 혹은 더 구체적으로 자신의 일을 통해 영적인 활력과 회복을 경험한다.[4] 많은 이가 일은 본질적으로 지치게 하는 것이라 여기며, 많이 할수록 더 힘이 빠진다고 생각한다. 물론 일에는 육체적·정서적 에너지를 소모하는 측면도 분명 있지만, 그 일이 우리에게 영적인 새로움과 활력을 주는 원천이 될 수도 있다고 상기시킨다.

덧붙이는 말로, 사람들은 흔히 일이 너무 힘들어 지쳤을 때 '좋은 일'을 했다고 여기며, 그래서 쉴 자격이 있다고 생각한다. 그러나 이러한 피로는 오히려 과로의 신호일 수 있으며, 이는 그 일이 선한 일이 아닐 수도 있고, 우리가 진정 부름받은 일도 아닐 수 있음을 뜻한다. 만약 이 말이 맞다면, 우리는 더 이상 '일 때문에 너무 지쳐서 휴식이 필요하다.'고 변명하며 시간을 달라고 하기를 멈춰야 할지도 모른다. 물론 쉬는 시간을 갖는 것은 당연하다! 그러나 과로가 지나치게 가치 있게 여겨지는 문화 속에서 우리는 '피곤하고 지쳤다.'는 것을 증명해야만 휴식을 취할 수 있고, 그래야만 '쉴 자격이 있다.'고 인정받는다. 이것은 일과 쉼에 대한 기독교적 관점이 아니다. 특히 '쉼'이 '노력의 대가'나 '자격'으로 여겨질 때 더욱 그렇다.

소명에 대한 신학

소명은 일과 밀접하게 관련된 문제이다. 소명에 대한 성경적 신학이 무엇인지 이해해야 한다. 여기서 나는 두 가지를 전제로 한다. 첫째, 우리의 일은 하나님의 부르심에 대한 응답으로 행해진다. 하나님께서 우리를 부르셔서 우리가 하는 일이 하나님께 드리는 예물이 되게 하신다. 즉 우리는 누구나 회피하고 싶어 하는 일이 아니라, 선한 일을 하도록 초대받았다는 뜻이다.

이 글을 쓰는 지금, 내가 거래하는 은행은 고객에게 좋은 은퇴 계획을 권장하는 마케팅을 벌이고 있다. 그들은 잘 준비된 계획이 조기 은퇴로 이어질 수 있다고 제안한다. 물론 이 광고의 전제는 가능한 한 빨리 일을 그만두고, 나머지 인류가 일하러 나가는 동안 항해나 골프, 늦잠 자거나 느긋하게 아침 커피를 즐기는 등 다양한 '은퇴생활'에 참여해야 한다는 것이다. 이상적인 삶은 일이 없는 삶이라는 것이 당연시되고 있다. 그리고 돈이 문제가 되지 않는다면, 사람은 일을 하지 않아도 된다.

그러나 성경과 기독교의 영적 유산은, 책임 있는 인간의 삶에는 청지기로서 우리에게 주어진 능력과 기회를 관리하는 것이 포함된다고 증언한다. 부유하다고 해서 선한 일을 하라는 부름에서 결코 벗어나는 것이 아니다. 소명에 대한 성경적 신학은 우리 삶의 의미와 삶의 청지기가 된다는 것이 무엇인지 보는 데 있어 결정적이고 필수적인 관점을 제공한다. 따라서 우리는 단지 '좋은 일이 무엇인가?'를 묻는 데 그치지 않고, '내가 부름받은 선한 일은 무엇인가?'를 묻는다.

분명한 사실 몇 가지를 인식하는 것이 중요하다. 우리가 부모라면, 하나님께서 맡기신 자녀를 돌보라는 부르심을 받은 것이다. 만약 우리 집 홈통이 느슨해져서 물이 집 안으로 흘러 들어온다면, 나는 '홈통을 고치는 것이 나의 소명인지' 알아내기 위해 기도원으로 떠나지 않는다. 오히려 비옷을 입고 폭풍우 속으로 나가서 해야 할 일을 한다!

그럼에도 우리는 너무 자주 일상과 눈앞의 급한 요구에 휘둘려 한 걸음 물러서서 묻지 못한다. '그렇다면 근본적으로 내가 부름받은 일은 무엇인가? 나의 소명은 무엇이며, 내 삶의 목적은 무엇인가?' 하고 말이다.

우선 이 질문에 답하기 위해서는, 모든 소명이 본질적으로 그리고 잠재적으로 거룩하다는 성경적 근본 원리를 확고히 받아들여야 한다. 우리가 교회 사역에 부름받든, 세상 일에 부름받든, 손으로 하는 일에 부름받든, 종교적인 일에 부름받든, 예술이나 교육, 과학 분야에 부름받든, 각 소명은 거룩해질 잠재력이 있다.

소명이란 하나님께서 세상 속에서 그분을 섬기라는 부르심이다. 그렇다면 소명은 하나님으로부터 왔다는 그 자체만으로도 거룩하다. 따라서 '세속적 소명'이라는 표현은 말이 되지 않는 모순이다. 소명은 하나님께로부터 오기에 본질적으로 거룩하다.

기독교 공동체는 그 역사를 통틀어 이 현실과 거의 처음부터 씨름해 왔다. 초기 교회는 헬레니즘 사상에 깊이 영향을 받아, '세상 안에서' 행해지거나 사회와 적극적으로 연관된 모든 일을 단순히 세속적일 뿐 아니라 악한 것으로 보았다. 그들의 영적인 이상은 세상을 떠나 세상과 분리되어 가능한 한 기도와 학문에 전념하는 삶이었다.

이러한 믿음은 교회 정신에 깊숙이 자리 잡아, 소명을 받은 사람은 이른바 세속적인 직업을 떠나 교회에서 또는 교회를 통해 봉사하는 삶을 받아들여야 한다는 생각이 굳어졌다. 소명을 받은 사람은 교회에서 사제나 수녀로서 사역에 부름받았다고 여겨졌다.

한편 개신교는 '부르심'(calling)이라는 표현을 사용하는 경향이 있다. 부르심을 받았다는 것은 암묵적으로 그가 목사나 선교사로서 복음 사역에 부름받았다는 뜻이다. 그러나 이러한 관념은 성경적 증언과 일치하지 않는다. 역사적으로 교회는 일과 소명 모두에 대해 보다 포괄적인 이해로 우리를 돌아보게 했다.

이와 관련해 특히 마르틴 루터(Martin Luther)와 장 칼뱅(John Calvin)을 비롯한 종교 개혁자의 공헌을 주목할 만하다. 두 사람 모두 가정과 일터를 진지하게 다루는 '세상 속 신앙'을 주장했다. 한편으로 이는 평범하고 일상적인 삶을 긍정했다. 칼뱅은 "자신에게 주어진 소명을 따라 살 때, 어떤 일이든 하나님의 눈에는 비천하고 더러운 일이 아니라 영광과 가치가 있다."고 말했다.[5] 그러므로 그는 각자가 자신의 소명을 존중해야 한다고 강조했다.

두 종교 개혁자는 중세 시대를 특징 짓던 '거룩한 것과 세속적인 것' 사이의 뚜렷한 구분을 거부했다. 이 구분은 오늘날 그리스도인의 언어에도 여전히 나타난다. 칼뱅은 한 걸음 더 나아가 각 사람이 주님께 특정한 위치와 소명을 받았으며, 이는 우연이 아니라고 확언했다. 그러므로 우리가 받은 부르심을 따르고, 나아가 기꺼이 품는 것이 신성한 의무다. 거룩한 것은 세속과 구별되지 않는다. 오히려 평범한 것이 거룩해져서 선하고 고귀해진다. 이는 모든 그리스도인이 제사장이라는 루터의 신념의 결정적인 기초가 되었다.

루터와 칼뱅은 그 당시 사회적·문화적 한계에 얽매여 완전한 진전을 이루지는 못했다. 예를 들어, 칼뱅이 야망을 비난한 태도와, 두 종교 개혁자가 사회적 지위를 하나님께서 정하신 것으로 받아들여야 한다고 전제한 점에서 그 한계가 드러난다. 그러나 넓은 시각으로 볼 때, 그들의 가르침을 통해 혁명적인 변화가 일어났다. 즉, 가정을 돌보는 자, 구두 수선공, 설교자 모두가 하나님을 섬기고 하나님의 부르심에 응답하며, 따라서 모두가 소명을 가진 존재임을 분명히 한 것이다.

루터와 칼뱅의 영향력이 컸음에도 불구하고, 어떤 소명이 다른 소명보다 더 거룩하다는 구시대적이고 성경적이지 않은 개념은 여전히 우리의 무의식 속에 깊이 자리잡고 있다. 젊은 시절, '진정으로 주님을 사랑한다면 선교사가 되어야 한다.'고, 만약 선교사가 아니라면 목회자가 되어야 하며, 선교사나 목회자가 아니라면 적어도 '세속적 일'인 사업가가 되어 '거룩한' 부르심을 받은 이들을 지원해야 한다는 이야기를 들었던 기억이 있다.

내 전통 안에서는 A. B. 심슨(A. B. Simpson)의 말로 이 생각이 잘 표현되는데, 이는 많은 이가 젊었을 때 들었고 아마 지금도 듣고 있을 법한 말이다. "당신이 선교지로 떠나는 것보다 집에 머무르면서 선교 사역에 더 크게 기여할 수 있다면, 그때에만 집에 머무르는 것이 허락된다."

그러한 발언에 담긴 동기는 고귀하지만 나는 오히려 그 관점 때문에 자신의 일이 거룩하다는 사실을 인정받지 못하고 축하받지 못한 수많은 사람의 마음을 생각하지 않을 수 없다. 우리는 큰 진전을 이루었지만 이처럼 소명에 대한 협소한 이해는 쉽게 사라지지 않는다.

우리는 하나님께서 교육, 예술, 공직, 사업, 공학, 의학, 서비스 직종, 말 그대로 인간 삶의 모든 영역과 부문으로 우리를 부르신다고 강단에서 힘차게 외쳐야 하고, 교회 생활 곳곳에서 기쁘게 선포해야 한다. 이 진리를 자주 선포하고 기념해야 하는 이유는, 그 오래되고 비성경적인 개념이 우리 공동체 의식에 너무 깊이 뿌리박혀 있기 때문이다. 더 나아가, 명확히 종교 지도자로 부름받은 자만이 목회자가 되어야 한다는 점을 분명히 해야 한다. 그렇지 않으면 그들은 자신이 진정 부름받은 일을 이루지 못하게 된다.

성경적 소명 신학을 회복하려면 하나님 나라의 온전한 범위를 새롭게 인식해야 한다. 모든 소명이 거룩한 근거는 하나님 나라가 단지 영적인 영역에만 국한되지 않기 때문이다. 하나님은 온 창조가 그분의 신성한 권위 아래 들어오도록 이 땅에 그분의 나라를 세워가고 계신다. 이를 위해 하나님은 자신의 자녀를 삶과 사회의 모든 영역에서 그분의 나라를 구현하는 대리인으로 부르시고 능력 있게 하신다. 각 소명은 하나님께서 말씀과 행위로 이 일을 이루시는 하나의 방편일 뿐이다.

여기서 반드시 강조할 점은, 소명(vocation)과 경력(career)을 구분하는 것이다. 소명은 하나님께로부터 오며, 가정에서 일터, 교회에 이르기까지 사회 모든 영역에서의 일을 포함하지만 본질적으로는 종교적 원칙으로 남아 있다.

오늘날 '소명'(vocational)이라는 단어는 종종 기술 교육이나 직업 훈련을 의미하는 데 사용된다. 그래서 많은 사람이 소명의 의미를 단지 기술적 직업 능력을 키우는 것과 연결하는 경향이 있다. 그 결과, 누군가가 학문적인 진로를 선택하면 그는 실용적인(vocational) 일을 할 준비가 되지 않았다고 여기는 사회적 시선이 나타나기도 한다. 하지만 이는 소명의 의미를 오해해 지나치게 좁힌 것이다. 내가 여기서 다루려는 소명은, 그런 통속적이고 제한된 이해와는 전혀 다른 차원이다.

일부는 소명이라는 개념이 그 본래 의미와 힘을 많이 잃었기 때문에 이제 소명이라는 단어를 계속 사용할 이유가 없다고 주장하기도 한다. 그러나 그렇게 한다면 잘못된 소명 개념에 굴복하는 것이며, 훌륭한 단어를 잃어버리는 결과가 될 것이다.

우리는 본래의 의미를 회복해야 하며, 우리 공동체와 언어에서 '부르심'(calling)으로서의 소명에 대한 이해를 되살려야 한다. 소명이란 근본적으로 종교적이고 거룩한 것이며, 하나님의 부르심에 응답하여 교회와 세상에서 하나님께서 우리에게 바라시는 바를 온전히 받아들이고 실천하는 것이다.

소명이라는 언어를 유지하면 두 가지 측면에서 더 도움이 된다. 첫째, 소명(vocation)과 경력(career)을 구분하는 데 유익하다. 우리는 특정한 일을 위해 부름받을 수 있으며, 이는 오랜 기간 수행하는 직업이나 경력으로 나타난다. 그 과정에서 우리는 그 일에 대한 전문성과 역량을 표현하게 된다. 그러나 하나의 경력이나 직업이 개인의 정체성과 소명 의식을 가려서는 안 된다. 이 둘은 반드시 명확히 구분되어야 한다.

둘째, 소명이라는 언어는 우리의 일이 우리보다 더 크신 창조주 하나님께로부터 주어진 선물임을 상기시켜 준다. 그러므로 우리의 일은 곧 우리의 신이 될 수 없다. 일은 우리가 청지기로서 맡은 선물일 뿐이며, 비록 우리와 하나님께 중요할지라도 궁극적으로 우리를 규정하지 않는다.

이 점을 가장 분명히 보여 주는 것이 바로 안식일 준수이다. 다시 말해, 우리는 일하도록 부름받았지만 단지 일만 하도록 부름받은 것은 아니다. 우리는 우리 일을 신격화하기를 거부한다. 매주 하루, 안식일을 정해 일을 멈추고 쉬며, 여가와 휴식, 예배와 교제를 누림으로써 일이 우상화되지 않도록 한다.

따라서 성경적 일터 신학에는 정기적인 안식일의 쉼에 대한 명확한 부르심이 포함된다. 일과 놀이, 일과 기도, 일과 안식일의 쉼 리듬과 규칙적인 삶을 잃을 때 우리는 일의 의미를 훼손하는 것이다.

우리는 단지 일하는 사람이 아니라, 일하도록 부름받은 하나님의 자녀이다. 정기적인 안식일의 쉼을 통해 우리는 하나님 안에서, 그분의 사랑과 받아주심과 은혜로 우리의 정체성을 다시 세운다(출 31:13-17).

03
—

마음과 행위의 일치

참된 소명의 특징, 진실성

이미 앞에서 세 가지 소명이 있다고 밝힌 바 있다.

첫째, 우리는 신자가 되라는 소명을 받았다. 이는 소명의 가장 근본적이고 기본적인 차원이다. 우리에게는 하나님과 이웃을 사랑하도록, 하나님을 신뢰하며 그분의 뜻에 복종하는 믿음의 삶을 살라는 소명이 주어졌다. 둘째, 하나님의 구원 안에서 살며 세상에 소망과 화해를 이루시려는 그분의 뜻에 동참하는 것이 우리의 소명이다.

아울러 세 번째 소명은 즉각 관심을 기울여야 할 일상의 업무와 책임을 처리하는 것을 말한다. 그러한 의무와 책임을 등한시해서는 안 된다. 우리는 가족과 이웃의 필요를 돌보고, 여러 가지 위기 상황을 극복하고, 자녀의 현재와 미래에 필요한 것을 헤아려 채워 주는 등 일상의 의무를 다해야 한다. 그 일을 처리할 때 짜증을 낸다거나 소명이 방해받는 듯 생각해서는 곤란하다. 항상 그 일들을 하나님이 요구하시는 의무이자 과업이요 책임으로 기꺼이 받아들여야 한다.

이 중 두 번째 소명은 각 사람에게 보다 본질적이며 고유하게 주어진 소명을 뜻한다. 사람에게는 저마다 고유 소명이 있다. 각 사람은 다른 무엇보다도 자신의 고유 소명을 발견해야 한다. 고유 소명은 그리스도인으로서 주어진 소명을 이루는 데 반드시 필요하다.

물론 우리는 하나님과 이웃을 사랑하라는 부르심을 받았다. 하지만 이를 삶 속에서 어떻게 실천하느냐가 문제다. "나는 어떻게 이 세상에서 고유하게 그리스도인의 삶을 실천하도록 부름받았는가?" 우리는 일상의 의무와 책임을 다하는 가운데 내게 주어진 고유 소명과 책임, 즉 일상의 업무보다 더 중요한 것이 존재한다는 확신을 갖게 된다. 물론 일상의 의무와 책임이 중요하지 않다는 뜻은 아니다. 다만 우리의 삶이 목적을 지닌다는 점을 분명히 하려는 것이다.

지금부터는 특별히 설명을 덧붙이지 않으면 두 번째 소명인 고유 소명을 언급하는 것으로 이해하기 바란다.

소명을 생각할 때 경력이나 직업과 혼동하지 않는 것이 중요하다. 오히려 확실히 구별해야 한다. 물론 직업을 통해 소명을 실천할 때도 있다. 하지만 대개 고유 소명은 직업과는 상관없이, 또는 직업 활동과 병행해 이루어진다. 가령 주부나 다양한 역할을 수행하는 자원봉사자처럼 공식적인 직업을 갖지 못한 사람이 많다. 하지만 직업의 유무와 상관없이 누구에게나 소명이 있다.

이런 점에서 소명과 직업 또는 경력을 구별해야 한다. 실직할 수도 있고, 면직될 수도 있다. 은퇴하는 순간 경력은 끝난다. 하지만 하나님이 주신 소명은 은퇴한 뒤에도 여전히 계속된다. 소명은 내가 선택하거나 다른 사람이 주거나 빼앗아갈 수 없다. 소명은 하나님에게서 비롯한다. 소명은 개인의 본질적인 정체성을 반영한다.

심지어는 동일한 직업에 종사하는 사람들도 저마다 소명이 다를 수 있다. 어떤 역할은 단기 과업을 이루기 위해 일시적으로 주어지기도 한다. 예를 들어 가정주부의 경우 어린 자녀가 클 때까지만 주부 역할을 할 수도 있다. 행정 업무를 관할하는 사람도 평생이 아니라 한정된 기간에만 그 일을 할 수 있다. 그러한 일시적인 역할도 물론 중요하다. 이 또한 하나님을 섬기는 수단이 될 수 있기 때문이다. 하지만 그런 일시적인 역할은 우리의 근본적인 정체성, 즉 존재의 이유와 목적과는 거리가 멀다.

직업과 상관없이 소명을 이루는 이들도 있다. 그들에게 직업은 단지 생계 수단일 뿐이다. 또한 직업을 갖지 않은 상태에서 소명을 이루는 이들도 있다. 어떤 사람은 은퇴한 후에 비로소 소명을 발견하기도 한다. 따라서 직업을 통해 소명을 이룰 수 있다면 그것은 순전히 하나님의 은혜. 그러나 많은 사람에게 직업은 가족을 부양하고 생계를 꾸려나가는 수단이다. 종종 일의 성격에 상관없이 아무 일이나 닥치는 대로 해야 할 때가 있다. 그러나 우리는 이상적이면서 합리적으로 각자의 소명을 발견해야 한다. 그뿐 아니라 이토록 복잡하고 소외된 세상에서 하나님이 어떻게 소명을 이루게 하시는지를 깨달아야 한다.

이러한 이해를 바탕으로 우리는 가장 중요한 질문과 마주할 수 있다. 곧 소명을 분별하고 하나님의 부르심에 응답하는 데 있어, 무엇보다도 중요하고 핵심적인 것은 '자신과 화해하는 일'이다. 그러므로 핵심 문제는 자기 자신을 아는 것이며, 개인으로서 '자신을 일관되게 살아내는 삶'이다. 따라서 소명을 분별하는 것은 여러 면에서 자기 인식과 자기 이해의 능력을 키워 가는 과정이라 할 수 있다.

우리가 몸담고 있는 이 세상 즉 우리를 둘러싸고 있는 사회적, 경제적, 영적 상황 속에서 하나님의 뜻을 이루려면, 그분이 원하시는 존재가 되어 참된 자아를 실현하며 각자에게 주어진 은사와 은혜와 소명을 깨달아야 한다. 우리에게 주어진 삶의 목적을 이루려면 소명에 부합하는 삶을 살아야 한다. 그래야만 창조주 하나님 앞에서 진실하고 충실한 삶을 살 수 있다.

내가 이런 결론에 도달하게 된 것은 우리 주변에서 소명과 상관없이 일이나 삶에서 형통하게 사는 사람들을 보았기 때문이다. 하지만 성경은 자신을 돌아보라고 강조한다. 예를 들어 로마서 12장은 생각의 방향을 결정 짓는 교훈과 명령을 기록한 중요한 성경 구절이다.

바울은 로마서 12장 전반부에서 순전한 성품을 요구하고 있다. "너희는 이 세대를 본받지 말고 오직 마음을 새롭게 함으로 변화를 받아"(롬 12:2). 그는 하나님을 지향하는 삶, 즉 거룩한 인격을 갖추어 하나님의 성품과 뜻에 부합하는 삶을 살라고 요구하는 것이다.

로마서 12장 후반부는 사람들에 대한 관심을 촉구한다. 곧 사람을 사랑과 친절로 대하라는 행동 원리를 나타낸다. 다시 말해 바울은 순전한 관계를 요구했다.

이렇게 볼 때 로마서 12장 중간에 기록된 성경 구절은 더욱 특별한 의미로 다가온다. 바울은 3-8절에서 자신을 돌아보라고 요구했다. 그는 각자 자신에 대해 솔직하게 판단하라고 했다. 믿음으로 살며 우리에게 주어진 은혜로 자신을 엄정하게 살피라고 권유했다. 나아가 참 자아와 소명에 부합하는 삶을 살라고 했다. 우리는 경건한 삶, 즉 하나님의 성품에 부합하는 순전한 삶과 순전한 관계를 실천하도록 부르심 받았다. 아울러 소명에 부합하며 정체성에 일치하는 삶을 살도록 부르심 받았다. 자신의 정체성, 즉 자신에게 충실할 때 순전한 삶이 이루어진다.

"내게 주신 은혜로 말미암아 너희 중 각 사람에게 말하노니 마땅히 생각할 그 이상의 생각을 품지 말고 오직 하나님께서 각 사람에게 나누어 주신 믿음의 분량대로 지혜롭게 생각하라 우리가 한 몸에 많은 지체를 가졌으나 모든 지체가 같은 기능을 가진 것이 아니니 이와 같이 우리 많은 사람이 그리스도 안에서 한 몸이 되어 서로 지체가 되었느니라"(롬 12:3-5).

이 말씀을 주의 깊게 살펴보라. "하나님이 내게 어떤 소명을 주셨으며, 지금 구체적으로 어떤 일을 요구하시는가?" 하는 문제를 생각할 때는 우리에게도 로마서 12장 3-8절에 함축된 두 가지 명령('너 자신을 알라', '너 자신에게 충실하라')에 부응하려는 의도적인 노력이 필요하다. 이 두 명령은 우리를 자유롭게 한다. 살아가는 동안 우리는 이 두 명령에 거듭 부딪히게 된다. 이 둘은 하나의 행동이나 사건 또는 선택이 아니라 평생 지속되는 명령이다. 참 자아와 소명에 부합되는 삶을 추구하거나, 위기와 과도기와 기회 앞에서 힘있게 대처하려면 두 명령을 항상 기억해야 한다.

너 자신을 알라

첫 번째 명령은 "너 자신을 알라!"이다. 이 명령은 12장 3절 말씀에 함축되어 나타난다.

"내게 주신 은혜로 말미암아 너희 중 각 사람에게 말하노니 마땅히 생각할 그 이상의 생각을 품지 말고 오직 하나님께서 각 사람에게 나누어 주신 믿음의 분량대로 지혜롭게 생각하라."

사도 바울은 자신을 "지혜롭게 생각하라"고 권면했다. 하나님은 우리 각자에게 은혜를 주셨다. 따라서 우리는 자신을 객관적인 눈으로 솔직하게 살펴볼 수 있다.

실제로 "하나님께서 내 삶에 주신 소명은 무엇인가?"라는 질문에 답할 때 우리는 두 가지 중요한 질문을 하게 된다. 첫째는 '나는 누구인가?'이고, 둘째는 '나는 하나님의 부르심을 겸손히 받아들이고자 하는가?'이다. 두 번째 질문은 앞으로 살펴볼 것이다. 지금은 '자기 자신을 아는 능력, 자신을 진실하게 바라보는 능력'보다 더 중요한 것은 거의 없음을 생각해 보자.

그 이유는 하나님께서 세상 속에서 이루시려는 목적은 항상 하나님께서 세상을 만드신 방식과 일치하기 때문이다. 더 나아가 하나님의 구속적 목적은 항상 하나님께서 세상을 만드신 모습과 깊이 조화를 이룬다. 그러므로 하나님께서 우리 각자를 이 세상에서 어떻게 부르시는지 물으려면 근본적인 질문으로 돌아가야 한다. 바로 '하나님께서 우리를 어떻게 만드셨는가?'이다.

자기 자신에 대한 정직한 평가를 내리라. 자기 자신을 솔직하게 생각해 보라. "나는 누구인가? 나만의 고유한 특성은 무엇인가? 하나님은 내게 어떤 소명을 주셨는가?"와 같은 물음을 생각해 보라. 우리는 저마다 다르다. 바울은 신앙 공동체를 다양한 은사와 재능과 능력을 지닌 몸에 비유했다(롬 12:4-5). 공동체 안에서 자신의 정체성을 확인할 때 비로소 각자의 소명을 발견할 수 있다. 하나님이 당신에게 주신 능력과 재능과 은사는 무엇인가? 하나님이 당신을 교회와 세상을 위해 일하라고 부르신 자리는 어디인가? 자신을 솔직하게 들여다보고 냉철히 판단해 보라.

진리 안에서 살려면 자신의 본래 모습에 충실해야 한다. 그러려면 우리가 어떤 존재인지를 알아야 한다. 즉, 하나님이 우리를 어떻게 만드셨고, 어떻게 우리를 불러 교회와 세상에서 그분을 섬기게 하시며, 왜 우리가 독특한 존재인지를 알아야 한다.

자신을 알라는 성경의 명령에 복종하기를 주저하는 사람이 많다. 무엇인가가 우리를 가로막고 있기 때문이다. 우리는 지금까지 자신을 무시하라는 가르침, 뒤집어 말하면 다른 사람에게 관심의 초점을 맞춰 오직 그들만을 위해 희생하라는 가르침을 받아 왔다. 하지만 우리의 참 자아를 거스를 경우에는 다른 사람의 삶에 선한 영향을 미칠 수도 없거니와 진정한 사랑과 친절을 베풀 수도 없다. 바울은 다른 사람을 사랑하고 섬기라고 했다. 하지만 먼저 자신을 객관적으로 알기를 주문했다. 진정한 사랑 이전에 먼저 솔직한 자기 평가가 필요하다고 강조한 것이다. 솔직한 자기 평가가 이루어져야만 다른 사람을 위한 진정한 사랑이 가능하다.

자신의 본래 모습과 다르게 행동하려 할 때 거짓된 삶을 살게 된다. 자신을 알고 그에 충실한 것이 곧 하나님께 충실한 것이다. 자신에게 충실할 때 하나님이 우리를 만드신 목적과 그분이 허락하신 기질 및 성격과 그분이 주신 은사와 재능에 충실하게 살 수 있다. 하나님은 교회와 세상에서 그분을 섬기라고 우리를 부르셨다. 하지만 그 소명은 항상 하나님이 우리에게 주신 본래 모습에 부합해야 한다. 자신을 알아야 한다. 그렇지 않으면 진리 안에서 살 수 없다.

A. W. 토저(A. W. Tozer)는 『하나님을 추구함』(*The Pursuit of God*)에서 "겉치레에서 벗어난 자유로운 삶"을 살아야 한다고 말한다. 이는 매우 적절한 표현인데, 진실하게 산다는 것은 더 이상 가면을 쓰지 않고, 자신이 누구이며 하나님께서 우리를 어떻게 만드셨는지 깊은 정직함으로 대하며 살아가는 것을 의미한다.

소명이나 부르심에 대해 이야기할 때, 나는 삶의 모든 단계에 있는 사람이 마치 천상의 음성이나 천사의 목소리, 혹은 '불타는 떨기나무' 같은 극적인 체험을 기대하며 자신이 부름받았는지, 그리고 무엇에 부름받았는지를 확인하려는 말을 자주 듣는다. 그들은 평범한 일상과의 극적인 교차점을 기다리고 희망한다.

그러나 내가 여기서 강조하고 싶은 점은, 그런 체험이 있을 수도 있지만, 자기 인식을 꾸준히 부지런하게 추구하는 노력을 대신할 수는 없다는 것이다. 그것은 시간이 걸리고 겸손을 요구한다. 그러나 그 시간은 결코 헛되지 않다. 겸손은 진정 지혜의 필수 요소이다.

달란트와 성격

자신을 아는 데 다음의 두 가지 예비 질문이 도움이 된다. 본질적으로 근본적인 질문은 아니지만, 중심 문제에 접근하기 전에 가능한 한 더 빨리 꼭 고려해야 할 사항이다.

- 나의 은사와 재능은 무엇인가?
- 나만의 독특한 성격과 기질은 무엇인가?

참 자아와 소명을 발견하려면 먼저 능력, 즉 은사와 재능을 알아야 한다. 물론 이는 모든 사람이 재능이나 은사를 지니고 있다는 사실을 전제로 한다.

사람의 재능은 평등하지 않다. 어떤 사람은 다른 사람에 비해 더 많은 재능을 지닌다. 우리는 이 사실을 겸손히 인정해야 한다. 하지만 우리 모두에게는 저마다 재능이 주어졌다. 달란트 비유(마 25:14-30)는 우리 모두에게 능력과 재능이 주어졌을 뿐 아니라 선한 청지기로서 이를 잘 사용할 책임이 있다는 사실을 상기시킨다. 우리에게 은사와 재능이 주어졌다는 사실을 인정하지 않으면 선한 청지기가 될 수 없다. 자신의 재능을 인정하는 것은 거만하고 교만한 태도라기보다는 오히려 참된 겸손이라고 할 수 있다. 다시 말해 진리 안에서 살기를 원하며 그런 삶을 선택하겠다는 겸양의 마음에서 우러나오는 태도다.

나는 하나님이 주신 재능과 능력을 인정하고 격려하기를 주저하는 신앙 공동체에서 성장했다. 헌신, 관대함, 충실함 같은 태도는 높게 평가되었지만 재능, 은사, 탁월함 같은 자질은 무시되었다. 당시에는 "하나님은 능력 있는 자가 아니라 충성된 자를 원하신다."는 말을 종종 듣곤 했다.

한편으로는 옳지만, 안타깝게도 한편으로는 틀린 말이었다. 그런 말 때문에 자신에게 맞지 않는 일을 하는 사람이 많았다. 관대하게 섬김의 삶을 살고자 했던 그들의 동기는 진실했지만 결국은 잘못된 길을 걷게 된 셈이다. 그들은 종종 절망에 사로잡혀야 했고, 일을 효율적으로 해내지 못할 때는 하나님의 신실하심을 의심하기도 했다.

하나님은 능력도 있고, 그 능력으로 헌신하는 사람을 찾으신다고 말하는 편이 훨씬 더 정확하다. 성경에서 볼 수 있듯이 하나님은 과거에도 그런 사람을 찾으셨고 지금도 여전히 그런 사람을 찾고 계신다. 다윗왕은 단순히 기적의 도구가 아니었다. 물매를 정확히 날리는 능력 있는 목동이었다. 하나님은 기적이 아니라 다윗의 능력을 통해 골리앗을 쓰러뜨리셨다. 다윗은 그 외에도 시인, 행정가, 용사, 전략가로서의 능력을 하나님을 위해 유감없이 발휘했다. 하나님의 소명에 부응했던 다른 신앙 위인도 마찬가지였다.

한편 모세는 자신이 말이 어눌하다고 주장했다. 그는 하나님이 주신 은사를 인정하지 않았다. 그의 태도는 반항과 불순종에 가까웠다. 그것은 거짓 겸손이었다. 자아에 대한 참 지식은 주어진 은사와 재능을 솔직하게 인정하는 데서부터 시작된다. 나는 기적의 가능성을 의심하는 것이 아니다! 다만 하나님은 대체로 평범하고 일상적인 것을 통해 일하신다. 그러니 하나님께서 우리에게 주신 달란트와 능력이라는 은혜를 통해 실제로 일하신 곳에서 기적을 찾지 말라.

우리 가운데는 다재다능한 사람이 있다. 하지만 여러 재능이 있다 해도 자신의 참 모습에 가장 근접한 한 가지 재능이 있기 마련이다. 창조 목적에 부합하는 사람이 되려면 고유한 은사를 발견해 사용해야 한다. 파커 파머(Parker Palmer)는 고유한 은사를 "타고난 능력"으로 묘사했다. 타고난 능력은 태어날 때부터 존재하는 능력으로, 일단 발견되고 나면 세월과 더불어 발전되어 나가는 것이 보통이다. 타고난 능력은 우리의 참 자아에 내재된 능력, 즉 우리의 존재 그 자체에 속한 능력을 의미한다. 다시 파머의 말을 빌리자면 타고난 능력은 "완전히 성숙되어 꽃 피게 될 성향이나 본능"을 의미한다.[1] 우리의 본질에 가깝게 접근해 고유한 능력을 발견할 때 우리는 비로소 자유를 느낄 수 있다.

이 지면을 빌려 흔히 말하는 약점에 대해 한마디하고 싶다. 대개 자신의 강점과 약점을 모두 알아야 한다고들 한다. 그 의도는 짐작이 가지만 잘하지 못하는 일을 약점으로 말하는 것은 약간 당혹스럽다. 왜 그것을 약점이라 불러야 하는지 이해가 안 된다. 물론 사람은 저마다 약점이 있다. 이 경우 약점은 잠재력을 발휘하는 데 걸림돌이 되는 기질적 특성을 말한다. 하지만 강점과 약점을 모두 잘 알아야 한다고 말할 때의 약점은 보통 잘하지 못하는 일을 가리킨다.

왜 그것이 약점이 될까? 잘하지 못하는 일이 있다고 해서 약점으로 말한다면 부당하다. 약점 대신에 '한계' 또는 '소질 없음'이라는 표현이 더 낫다. 누구나 잘할 수 없는 일이 있다. 하지만 그것은 능력이나 재능과는 무관하다. 단순히 소질이 없는 일에 불과할 뿐이다. 우리는 잘할 수 있는 일, 즉 능력과 재능을 발휘할 수 있는 일에 초점을 맞춰야 한다. 우리가 잘하지 못하는 것은 단지 '강점이 아닐' 뿐이다. 누구도 모든 일을 잘할 수는 없다. 중요한 것은 각자가 자신이 무엇을 잘하는지 발견하는 것이다.

소명을 발견하는 데 필요한 다른 판단 기준으로 넘어가기 전에 마지막으로 기억해야 할 점이 있다. 특정한 일이나 고용 기회에 자신의 강점과 능력을 일치시키는 것만으로 소명이나 직업에 관한 논의가 끝나지는 않는다. 소명의 문제는 그보다 훨씬 더 복잡한데, 사람은 매우 복잡한 존재이기 때문이다. 소명을 각종 훈련과 직업에 일대일로 대응시키려고 해서는 곤란하다. 우리는 다양한 경력이 가능한 사회에 살고 있다. 과거에 받은 직업 훈련이 앞으로의 삶에서 지향해야 할 목표에 부합하지 않는 경우는 얼마든지 발생할 수 있다.

은사와 재능의 발견은 참 자아를 찾아가는 과정의 일부일 뿐이다. 하지만 궁극적인 소명을 발견하려면 반드시 자신의 은사와 재능을 알아야 한다.

또 다른 중요한 질문은 자기만의 독특한 성격과 기질이다. 요즘 개인의 특성을 파악하는 데 도움이 되는 여러 방법이 나와 있다. 그중에 특히 '마이어브릭스 성격 유형 지표'(MBTI)가 유익하다.[2] MBTI는 여타의 방법이나 테스트와는 달리 자신의 참 모습을 받아들이게 하고, 각자의 독특한 속성을 발견하게 돕는다. 사람의 기질에는 표준이 없다. 저마다 지문이 다르듯이 기질도 다르다. 진리 가운데 산다는 것은 각자의 기질에 맞는 삶을 사는 것을 의미한다.

나는 MBTI의 통찰을 요약하겠지만, 이는 하나의 예에 불과하며, 성격과 기질을 이해하는 다양한 방식이 있다. MBTI는 융(Jung)의 이론적 토대를 바탕으로 하는데, 우리가 누구인지 분별하는 수단으로 네 가지 질문을 고려하도록 안내한다.

❶ **내향형과 외향형**. 혼자 있을 때 활력을 느끼는가, 아니면 사람들과 함께 있을 때 활력을 느끼는가? 이는 어느 편이 더 우월한가와는 하등 상관이 없다. 다만 성격을 있는 그대로 기술하면 족하다. 외향형은 사람들과 함께 있을 때 활력을 느끼며, 대개는 관심의 초점이 되기를 원한다. 반면 내향형은 조용한 곳에서 혼자 있기를 좋아하며, 사람들과 어울릴 때는 관심의 초점이 되기를 피한다. 각자 자신을 돌아보며 어느 쪽에 해당하는지 생각해 보라.

❷ **감각형과 직관형**. 감각을 통해 들어오는 확실하고 분명하고 구체적인 사실을 신뢰하는 성향이 있는가, 아니면 직감을 믿으며 가

능성의 관점에서 사고하고 사실보다는 직관을 더 신뢰하는 성향이 있는가? 감각형은 현실을 중요시하고, 직관형은 가능성의 관점에서 생각하기를 좋아한다.

❸ **사고형과 감정형.** 어떤 식으로 결정을 내리는가? 원리에 입각해 결정을 내리는 사고형은 논리, 분석, 정의의 원칙을 존중한다. 반면 감성적 측면을 고려해 결정을 내리는 감정형은 결정에 개입된 인간관계를 중요시한다. 자신에 대해 생각할 때는 무엇이 옳은지를 묻지 말라. 즉 어떻게 행동하거나 반응하는 것이 마땅한가를 고려하기보다 어떤 식으로 결정을 내리는 유형인지를 파악하는 데 초점을 맞추라.

❹ **판단형과 인식형.** 질서, 조직, 일상적인 습관을 따라 살아가는 경향이 있는가, 아니면 상황에 따라 그때그때 기쁨을 느끼며 활력 있게 살아가는 경향이 있는가? MBTI에 따르면 완벽을 추구하는 판단형은 결정을 내린 후에 편안함을 느끼고 일이 완료된 후에 비로소 만족한다. 과정 자체를 즐기는 인식형은 결정에 도달하기까지 과정을 즐기며 프로젝트를 처음 실행하는 단계에서 만족을 얻는다.

위 네 가지 질문은 우리의 기질을 이해하도록 도와주어 좀 더 확실한 삶의 방향을 정할 수 있게 한다. 물론 우리 모두는 제각기 독특하다. 네 가지 근본 기질이 서로 섞여 모두 16가지 성격 유형이 나타나는데, 같은 기질이라도 성, 문화, 성장 배경, 경험 등과 같은 많은 요인이 서로를 다르게 한다.

여기에 소개한 것은 MBTI의 핵심 내용을 요약한 것에 불과하다. 하지만 각자의 성격과 기질을 대충 파악하기에는 충분하다. 자신을 안다는 것은 드러나는 외모뿐 아니라 심리적, 감정적 성향을 파악하는 것도 포함한다. 우리는 독특하다. 자신의 참 모습을 구성하는 요소를 발견하고, 있는 모습 그대로를 받아들여야만 자기 자신을 알 수 있다.

나도 내 독특한 기질과 성격을 파악하고 그 밖의 여러 요소를 고려한 뒤에 비로소 나 자신의 참 모습을 기꺼이 인정할 수 있었고, 고유 소명을 발견했다. 예를 들어 나는 감각을 의지하는 사람이 아니다. 세부적인 일에는 별로 관심이 없다. 따라서 나는 회계사가 될 소질이 별로 없다. 그런 점에서 나는 그 일을 통해 다른 사람을 성실하게 섬길 수 없다.

MBTI나 이와 유사한 도구가 매우 유용할 수 있지만, 다음을 기억해야 한다. 우리는 소명을 분별하거나 진로를 선택할 때 자신의 재능이나 MBTI 유형만을 근거로 삼아서는 안 된다. 우리의 부르심은 언제나 어떤 형태로든 하나님께서 주신 은사와 성격과 일치하겠지만, 우리는 자신이 누구인지, 무엇에 부름받았는지를 분별하기 위해 더 근본적인 '원재료'를 찾아 훨씬 깊이 탐구해야 한다.

핵심 사항

『소명과 용기』 초판에서 나는 소명을 분별하는 네 가지를 살펴보라고 제시했다. 1)재능 또는 능력, 2)열망과 깊은 기쁨, 3)세상의 상처를 가장 깊이 느끼는 곳, 4)성격 또는 기질. 그리고 이렇게 덧붙였다.

> 이 질문 중 어느 하나가 다른 질문보다 우선하거나 더 중요하지 않다. 우리가 누구이며 세상에서 누구로 부름받았는지는 이 네 가지가 교차하는 지점에서 발견된다. 그러나 이 중 하나가 당신에게 특히 두드러지거나, 자신을 알고 소명을 찾는 과정에서 특별히 빛나는 질문이 될 가능성이 크다.

그 말을 쓴 이후, 여러 의견을 통해 이 네 가지 질문이 모두 동일한 비중을 갖지는 않는다는 확신을 얻었다. 물론 재능은 중요하며, 자신의 기질을 잘 파악하는 것도 중요하다. 하나님의 부르심은 우리의 능력이나 근본적인 세계관과 전혀 상충하지 않는다.

그럼에도 불구하고 나는 소명을 분별할 때 우리가 진정으로 앞으로 나아가기 위한 통찰을 제공하는 더 깊은 질문이 있다고 점점 확신하게 되었다. 그것은 바로 가장 근본적인 질문, 즉 '내가 누구인지를 가장 잘 반영하는 열정과 욕망은 무엇인가?'라는 질문이다. 이는 이 책 초판에서 제시한 두 번째와 네 번째 질문의 교차점에 더 가까운 물음이다.

이 질문에 접근하는 방법은 다양할 수 있다. 문제의 핵심에 다가가기 위해 우리가 던질 수 있는 질문도 여러 가지일 것이다. 실제로 여러 저자가 각기 다른 방식으로 이 문제를 다룬다. 브라이언 머핸(Brian J. Mahan)은 "당신이 정말 하고 싶은 일은 무엇인가?"라고 묻고, 피터 블록(Peter Block)은 "당신에게 진짜 중요한 것은 무엇인가?"라고 표현하며, 데이비드 화이트(David Whyte)는 "당신이 가장 '편안함'을 느끼는 곳은 어디인가?"라고 질문한다. 여기에 내가 네 번째 질문을 더하겠다. "당신이 세상의 상처를 가장 깊이 느끼는 곳은 어디인가?" 이 네 가지 질문 모두 궁극적으로 같은 근본적인 질문을 향하고 있다. 즉, '당신은 누구인가?'라는 질문이다. 표면적인 차원이 아니라, 당신 존재의 가장 깊은 중심에서 말이다.

브라이언 머핸은 『의도적으로 자신을 잊기』(Forgetting Ourselves on Purpose)에서 야망을 기준으로 삼아 우리가 하고 싶은 일이 반드시 하나님의 부르심과 정반대는 아니라고 지적한다. 그는 많은 사람이 "자신을 긍정하는 것, 즉 '내가 누구인지, 내가 부름받았는지'는 다른 사람을 돌보는 일과 일치하지 않으며, 자신을 돌본다면 곧 다른 사람을 돌보지 않는다는 뜻"이라는 종교적 전통 속에 있다고 지적한다.[3] 그러나 머핸은 우리 마음의 갈망에 귀를 기울여야 한다고 제안한다. 그는 이를 "소명의 원재료"라고 부르는데, 우리는 타인의 시선을 지나치게 의식하고 집착하기에 마음 깊은 곳의 진정한 욕망에 접근하지 못하는 경우가 많다고 말한다.[4] 따라서 진정으로 자신이 원하는 것을 알려면 타인의 시선에서 벗어나야 한다고 주장한다.

마음이 원하는 바를 아는 것이 중요하다. 우리는 종종 마음에서 일어나는 욕구를 악하다고 생각하거나 의심의 눈초리로 바라본다. 하지만 "여호와를 기뻐하라 그가 네 마음의 소원을 네게 이루어 주시리로다"(시 37:4)라는 시편 저자의 말은 하나님이 우리의 소원을 이루어 주기 원하신다는 사실을 보여 준다. 하나님과 평화를 누리는 상태에서 일어나는 마음의 소원을 부정하는 것은 위선이다.

물론 탐욕이나 불안, 위로와 편안함을 얻으려는 욕구, 사람을 이용하거나 통제하려는 마음에서 나오는 욕망은 자기 파멸을 재촉하는 잘못된 욕망이다(엡 4:22-23). 그런 욕망은 겸손이 아닌 교만에서 비롯한다. 하지만 하나님과 올바른 관계를 맺고 있고 그분의 소명에 진정으로 복종하려는 마음이 있을 때 하나님이 마음에 소원을 허락하셨다면 기꺼이 인정해야 한다.

무엇을 가장 원하는가? 고귀하고 명예로운 것을 열망할 때면 어떤 소원이 일어나는가? 일신의 안위, 많은 재산, 위로, 공명심, 인정받는 삶 따위에 연연하지 않는다면 과연 무엇을 갈망할까? 우리의 욕망은 장차 올 하나님 나라에서만 온전히 충족될 수 있다. 하지만 하나님이 그 나라를 미리 맛보게 하신다면 과연 어떤 맛일까?

마음의 소원을 발견하는 방법 가운데 하나는 가장 큰 기쁨을 주는 대상을 찾는 것이다. 주어진 일을 기쁨으로 행할 수 있다면 이는 곧 소명을 이루고 있다는 증거다(히 13:17). 기쁨이 없이는 진정한 능력을 발휘할 수 없다. 따라서 위로나 부나 명예나 권력을 가져다주지 못한다 하더라도 기쁘게 할 수 있는 일을 찾아 하는 것이 중요하다.

예전에 어떤 일에서 기쁨을 느끼는지 판단하는 자기 평가 테스트를 받아 본 적이 있다. 인도자는 참석자에게 지나간 사건이나 규칙적으로 하는 활동 또는 과거에 했던 일 가운데 가장 큰 기쁨을 느꼈던 10가지 사례를 차례로 나열해 보라고 했다.

나도 10가지를 차례로 적었다. 개중에는 다른 사람과 더불어 성공적으로 수행한 프로젝트처럼 업무와 직접 연관된 일도 있었고, 10년 넘게 정기적으로 하는 스쿼시 게임과 같은 레저 활동도 있었고, 가족과 함께 다녀온 여행과 시베리아 횡단열차를 탔던 경험도 있었다. 다음에는 그런 즐거운 경험의 이면에 숨겨진 동기나 이유를 찾는 작업이 이어졌다. 한 참석자는 골프를 치는 것이 좋지만 혼자 치는 것은 싫다고 말했다. 그가 골프를 좋아하는 이유는 친구와 한적한 곳에서 함께 시간을 보낼 수 있기 때문이라고 덧붙였다.

우리는 기쁨을 느꼈던 일을 찾고, 기쁨을 느끼게 한 근본 원인을 찾았다. 나는 내가 하는 프로젝트를 생각했고, 내가 기쁨을 느끼는 원인은 그것을 통해 다른 사람에게 그들의 열망을 이룰 기회를 제공하기 때문이라는 점을 발견했다. 다시 말해 나는 다른 사람이 각자의 소명을 발견하도록 돕는 일에서 보람을 느끼고 있었다.

지금까지 이야기한 내용은 마음의 소원을 알아내는 몇 가지 방법에 불과하다. 마음의 깊은 열망을 인정함으로써 참 자아에 충실할 능력을 기르는 것이 무엇보다도 중요하다. 마음의 열망은 정체성과 소명을 알려 주는 하나의 이정표다. 우리는 마음의 열망을 소명에 확실하게 반영해야 한다.

다음 질문은 "꼭 한 가지 일이나 역할을 해야 한다면 무엇을 선택하겠는가?"이다. 나의 자녀들은 어렸을 때 집에 손님이 오는 것을 달가워하지 않았다. 특히 또래가 방문하는 경우에는 더욱더 그랬다. 다른 아이와 장난감을 공유하고 싶지 않았기 때문이다. 작은 손으로 장난감을 꽉 붙든 모습을 보노라면 안타까운 마음이 들었다. 아이들은 즐겁게 놀기보다는 다른 아이가 자기 장난감을 가지고 놀지 못하게 하는 데만 신경을 썼다. 그럴 때면 우리는 아이들에게 선택을 강요했다. "네가 가장 좋아하는 장난감이 뭐지? 네가 먼저 선택하렴. 하지만 그것 하나만 빼고 나머지 장난감은 모두 내놓아야 해."

그것은 우리 아이들의 성장에 필요한 좋은 훈련이었다. 그런 훈련은 성인에게도 많은 도움이 된다. 우리는 "인생에서 꼭 하고 싶은 일이 무엇인가? 가장 원하는 일이 무엇인가? 무엇에서 기쁨을 느끼는가?"와 같은 질문을 생각해야 한다. 문제의 핵심을 볼 줄 아는 안목이 있어야 한다. 기쁨을 가져다주는 것을 상상하는 데 그치지 말고, 실제로 기쁨을 느낄 수 있는 근본적인 일을 찾아야 한다. 더 많은 물질과 명예를 갖는다면 기쁨을 얻을 수 있다는 거짓말에 속지 말고 우리의 마음을 깊이 헤아려야 한다.

피터 블록은 『'어떻게'라고 묻고 '예'라고 대답하라』(*The Answer to How Is Yes*)에서 다른 질문을 통해 근본적인 마음의 문제에 접근한다. 그는 즉각적이고, '실행 가능한 것', 빠르게 측정 가능하고 가시적인 결과에 집중하는 현대 문화의 깊은 실용주의를 비판한다. 그 결과 우리는 진정으로 중요한 것에 주의를 기울이지 못한다고 지적한다.[5]

진짜 자신에게 중요한 것을 발견할 때 우리는 마음의 열정에 다가 간다. 하지만 "우리 문화의 도구주의는 … 진짜 중요한 것을 추구하려는 우리의 마음을 산만하게 한다."[6] 우리는 먼저 '무엇이 중요한가, 무엇이 우리에게 가장 의미 있는가'를 묻기보다 조급하게 비용과 절감에만 집중한다. 블록은 가장 중요한 많은 것이 "측정 불가능하다."고 관찰한다.[7] 그는 결국 우리가 너무 쉽게 "실행 가능하고 현실적이며 대중적인 것에 굴복했고" 그 결과 "마음속 깊은 곳에 있는 열망을 희생했다."고 결론 내린다.[8]

우리에게 중요한 것이란 무엇인가? 그것은 우리의 정체성을 반영하고 삶에 의미를 부여한다. 우리에게 중요한 것은 우리가 살아가는 삶, 삶에 임하는 태도, 돈과 시간을 쓰는 방식에 그대로 드러난다. 블록은 직설적으로 말한다. "만약 어떤 일을 할 시간이 없다면, 그것은 그 일이 중요하지 않다는 신호다." 그는 우리가 경제 상황이나 직면한 한계, 과거의 문제를 불평하기를 멈추고 자신의 행동에 책임지기를, 즉 결과가 아니라 원인이 되기를 촉구한다. 그리고 이어서 묻는다. "지금 내게 필요한 용기는 무엇인가?"[9]

'우리에게 중요한 것이 무엇인가?'라는 질문에 다가가는 또 다른 방법으로는 '무엇에 화가 나는가?'가 있다. 물론 분노는 위험한 감정의 영역이다. 조심하지 않으면 우리 마음을 태울 수도 있다. 또한 우리는 작은 일에도 쉽게 화를 낸다. 인정받지 못하거나 감사받지 못할 때, 불편함을 느끼거나 상처를 받을 때 말이다. 하지만 만약 우리의 분노가 하나님께서 우리 일에 대해 보시는 관점과 일치한다면,

그 분노가 바로 우리에게 무엇이 중요한지를 반영하는 것 아닐까? 우리가 무엇에 화가 나는지 주의를 기울일 때, 무엇이 우리를 움직이는지 조금씩 알게 되지 않을까?

우연히도, 머핸과 블록의 책을 나는 이전에 추천받았다. 밥 로즈(Bob Rose)는 내가 캐나디안신학교(Canadian Theological Seminary)에서 부총장 겸 학장으로 일할 때 총장이었는데, 그가 머핸의 책을 소개해 주었다. 그리고 월트 라이트(Walt Wright)는 내가 리젠트칼리지(Regent College)에서 부총장 겸 학장으로 처음 근무할 때 총장이었으며, 이후 블록의 책을 추천해 주었다. 다음으로는 내 아내에게 감사하다.

데이비드 화이트는 『미지의 바다를 건너며』(Crossing the Unknown Sea)에서 피로 해독제는 휴식보다 오히려 "전심 전력"이라고 제안한다. 그는 우리가 흔히 지치는 이유가 "진정한 능력"으로 "진짜 일"을 하지 않아서라고 말한다. 그리고 백조를 떠올려 보라고 권한다. 백조는 땅에서 서투르게 뒤뚱거리지만 "본연의 물"에서는 아름답게 물을 가른다. 이는 자연스레 "당신 본연의 물은 무엇인가?"라는 질문으로 이어진다. 그리고 "당신의 핵심, 즉 당신은 어느 부분에서 당신이 누구인지를 가장 근본적으로 느끼는가?"라는 질문이 뒤따른다.[10] 그는 "용기 있는 인간의 특징은 순응하라는 압력 속에서도 자신을 완전히 잃지 않고 온전하게 유지하는 능력"이라고 결론 짓는다.[11]

화이트가 제시한 이 질문은 매우 유익하다. 우리의 일이 근본적인 자아와 깊이 일치하는 과제와 책임을 수반할 때, 우리는 '본연의 물'에 있다. 어린 목동 다윗이 골리앗과 맞서러 갈 때 병사의 갑옷을 거부한 것은 단지 하나님을 믿고 자기 힘이나 능력에 의지하지 않으려는 태도 때문만은 아니었다. 물론 그것도 그의 마음가짐이었겠지만, 무엇보다 그는 그 갑옷에서 '집' 같은 편안함을 느끼지 못했다. 그는 자신이 지닌 양치기 도구와 자신이 익힌 무기인 새총에서 '집'을 느꼈다. 이와 마찬가지로, 도심 금융 지구의 사무실 단지에서 편안함을 느끼지 못하는 이도 있다. 그곳은 그들의 세상이 아니며, 그들이 성장하고 번성하는 영역이나 방식이 아니기 때문이다.

그리고 문제의 핵심에 다가가는 네 번째 방법을 생각해 보자. 다음 질문을 살펴보라. 당신은 어디에서 세상의 깊은 분열과 단절을 느끼는가? (여기서 핵심 단어는 '느낀다'이다.) 자기 인식의 또 다른 측면은 우리 각자는 세상의 필요를 다르게 바라본다는 깨달음에서 온다. 그리고 우리의 소명과 정체성은 어떤 형태로든 각자가 독특하게 바라보는 세상의 고통이나 상처와 일치한다.

우리가 종종 소명을 이루지 못하는 이유는 다른 사람의 기대와 시각으로 세상의 필요를 인식하려 하기 때문이다. 때로 설교자나 강연자의 입을 통해 세상의 절박한 상황이 묘사되기도 한다. 그들은 아픔을 나눌 마음이 있으면 그들의 말대로 헌신해야 한다며 그들의 논리로 세상의 필요를 역설하곤 한다. 하지만 우리가 속한 세상의 필요는 매우 복잡하다. 자신의 마음에 귀를 기울여야만 다른 사람을 돕고 섬기며 세상을 변화시키려는 열망을 느낄 수 있다. 다시 말해 성경을 직접 읽으면서 말씀을 통해 우리 마음에 호소하시는 성령님의 음성을 들어야만 비로소 그 같은 비전을 가질 수 있다.

어디에서 세상의 아픔을 느끼는가? 마음에 가장 깊이 와 닿는 것이 무엇인가? 어떤 사람이 되기를 원하며, 어떤 역할을 하고 싶은가? 자기만족을 추구하기를 중단하고 무언가 의미 있는 일을 원할 때, 즉 물질적 보상이나 명예 따위와 상관없이 오직 세상의 아픔을 나눠 지고픈 마음이 들 때면 어떤 일이 가장 하고 싶은가?

사도 바울은 로마서 12장 6-8절에서 우리가 세상을 위해 할 수 있는 일곱 가지 역할을 제시했다. 나는 이것이 세상의 아픔과 고통을 바라보는 일곱 가지 관점에 상응한다고 생각한다. 따라서 "일곱 가지 역할 가운데 나의 정체성과 가장 잘 들어맞는 것은 무엇인가? 나는 세상의 아픔을 어떤 관점에서 바라보는가?"와 같은 질문을 떠올리며 이 구절을 생각하면 많은 유익을 얻을 것이다. 그러면 다른 사람(특히 종교 지도자)의 생각에 의존하지 않고 스스로 세상을 바라보는 관점을 지닐 수 있다. 다시 말해 우리는 어떻게 해야 하나님 앞에서 정직하게 세상의 아픔을 바라볼 수 있을지 자문해야 한다.

❶ **예언자**(6절). 사람들이 이미 아는 진리 안에서 살아가려면 예언자의 도움이 절대적으로 필요하다. 예언자는 사람들이 신앙, 신념, 가치관에 부합된 삶을 살아야 한다는 확신을 가지고 세상을 향해 호소한다. 예언자는 말과 행동의 일치를 강조한다. 물론 다른 사람도 그런 생각을 하겠지만, 예언자의 경우는 특히 더욱 그렇다.

❷ **섬기는 자**(7절). 섬기는 자는 주변 사람의 실질적인 필요에 매우 민감하다. 그는 말만 무성할 뿐 실천이 부족하다고 생각하며 종종 직접 나서서 선행을 베푼다. 그는 사람들이 어떤 조처가 필요하다고 생각하기 전에 이미 마땅히 해야 할 일을 찾아 행동으로 옮길 때가 많다. 물론 우리 모두 주위 사람들의 필요에 관심을 기울여야 하지만, 섬기는 자로 부르심 받은 사람은 다른 사람의 필요를 채우는 일을 누구보다도 중요하게 생각한다.

❸ **가르치는 자**(7절). 가르치는 자 가운데 더러는 교실에서 학생을 가르치기도 하고, 더러는 학자의 길을 걷기도 한다. 바울이 말하는 가르치는 자란 세상의 문제가 이해의 부족에서 비롯한다는 신념을 지닌 이를 가리킨다. 그들은 사람들의 이해력이 커지면 진리를 알고 진리대로 살아갈 수 있다고 믿는다. 한마디로 교육을 통해 세상을 구원할 수 있다고 믿는 경향이 있다. 그런 식의 사고는 다른 사람에게 순진하게 비칠 수도 있다. 하지만 우리는 저마다 세상을 보는 관점이 다를 뿐 아니라 소명 또한 제각기 다르다는 점을 기억해야 한다. 가르치는 자는 학습을 통해 세상을 변화시킬 수 있다고 믿는다.

❹ **위로하는 자**(8절). 위로하는 자는 세상의 가장 큰 문제가 소망의 결핍에 있다고 생각한다. 그들은 위로와 격려를 가장 중요하게 생각한다(시 8편). 물론 우리 모두는 서로를 위로하고 격려해야 한

다. 하지만 세상에 평화와 정의와 변화가 이루어지려면 무엇보다도 위로와 격려가 필요하다고 확신하는 이가 있다. 이들은 절망 때문에 사람들이 죽어 간다고 생각한다. 어떤 위로자는 말을 사용한다. 이들은 언어 능력이 탁월하다. 그들의 말은 사람들에게 영감을 주고 마음을 새롭게 하고 용기를 준다. 또 주변 환경의 중요성을 깊이 이해하는 위로자도 있다. 이들은 우리가 살고 일하는 환경이 용기와 행복을 키우거나 감소시킬 수 있음을 안다. 이들은 따스함과 빛과 생명이 넘치는 환경을 조성하는 법도 알고 있다.

❺ **구제하는 자**(8절). 이들은 충분한 기금이 없으면 중요한 일을 많이 할 수 없다고 생각한다. 때로는 재정만 충분하면 모든 일이 가능하다고 믿기도 한다. 이들은 재물을 모으는 능력이 탁월하지만 탐욕스럽지 않고 관대히 베푼다. 다른 사람의 눈에는 약간 편향적 사고를 지니는 듯이 보일 수 있다. 하지만 물질을 베푸는 일은 아무나 할 수 있는 일이 아니다. 구제하는 이들의 생각은 충분히 일리가 있다. 사실 교회와 어려운 처지의 사람을 돌보는 비영리 단체, 또는 교육 기관과 사회 속에 공동체 의식을 심는 사역 단체가 활발하게 움직이려면 필요한 경우에 즉시 물질을 헌납하는 이들이 필요하다. 베풀 능력이 있는 사람의 도움이 없다면 풍요로운 세상이 이루어질 수 없다. 물론 우리는 모두 베푸는 삶을 살아야 한다. 하지만 돈을 버는 일이나 베푸는 일에 특별한 능력과 비전을 지닌 이가 있다.

❻ **다스리는 자**(8절). 요즘 리더십에 관한 말이 너무 무성한 탓에 자칫 모두가 리더로 부르심 받았다는 오해가 빚어질 공산이 크다. 물론 필요한 경우나 기회가 주어질 때는 너나 할 것 없이 리더십을 발휘해야 한다. 하지만 우리 가운데는 탁월한 행정력과 운영 능력으로 조직을 성장시킬 뿐 아니라, 다른 사람이 재능을 충분히 발휘하도록 인도하는 리더가 있다. 리더로 부르심을 받은 이는 섬기는 방식이 다를 뿐 아니라, 다른 사람의 기여와 재능을 한데 모아 좀 더 위대한 업적을 이루도록 돕는다(이 경우, 개개인의 노력과 수고를 단순히 합쳐 놓은 것보다 더 큰 결과가 이루어진다). 리더는 큰 이상을 심어 주고 모두가 힘을 합쳐 공동의 비전과 사명을 이루게 할 뿐 아니라, 공동체가 지향하는 근본적인 가치가 밝히 드러나도록 돕는다.

❼ **긍휼을 베푸는 자**(8절). 우리는 모두 긍휼을 베풀어야 한다. 하지만 특히 주위 사람의 상황을 이해하고 그들과 더불어 삶을 나누는 능력이 탁월한 이가 있다. 그들은 애통하는 이와 함께 애통하고, 우는 이와 함께 운다. 그들의 방법이 당면한 문제를 해결할 수 있을지 의심하는 사람도 있을 수 있지만, 어쨌든 긍휼을 베풀라는 부르심을 받은 이는 다른 사람을 동정하는 마음에서 변화의 원동력이 나온다고 믿는다. 즉, 이들은 긍휼을 베푸는 행동이 다른 사람에게 생명과 용기를 줄 수 있다고 생각한다.

핵심은 세상의 아픔을 어떤 관점에서 바라보느냐에 따라 소명이 결정되는 것이다. 따라서 세상의 아픔을 바라보는 자신의 관점에 부합하는 삶을 사는 것이 무엇보다도 중요하다. 아울러 세상의 아픔을 바라보는 다른 사람의 관점이 우리와 다르더라도 그들을 판단해서는 안 된다. 그들과 우리는 다만 관점이 다를 뿐이다. 그 점에서 소명 역시 다르다.

네 가지 질문이 있다. 모두 문제의 핵심에 다가가기 위한 또 다른 방식이다. 당신이 가장 원하고 바라는 것은 무엇인가? 당신에게 진정으로 중요한 것은 무엇인가? 당신이 '본연의 물', 즉 가장 편안함을 느끼는 곳은 어디인가? 그리고 하나님의 마음을 아프게 하는 세상의 고통 때문에 당신의 마음도 아픈 곳은 어디인가?

공동체 안에서의 자기 발견

우리 각자는 스스로에게 자기 인식과 정체성을 탐구하는 이 질문들을 던지고 여기에 답하는 개인적인 능력을 길러야 한다. 하지만 자기 발견과 자기 인식이 공동체 안에서 이루어진다는 점을 아울러 기억해야 한다. 우리는 다른 사람들로부터 소외된 상태가 아니라 그리스도의 몸에 속해 있는 일부다. 로마서 12장 3-8절에 기록된 바울의 말은 우리가 속한 공동체 안에서 우리의 정체성을 확립해야 한다고 전제한다. 공동체는 소명이 이루어지는 중요한 터전이다.

우리는 공동체의 일원으로서 각자의 소명을 이룬다. 결국 소명은 공동체 안에서 이루어진다. 물론 공동체는 소명을 위협하는 요인이 될 수 있다. 가정, 학교, 교회 같은 공동체가 하나님이 우리를 지으신 목적과 우리 각자에게 주신 소명을 이해하고 행동하게 하는 데 걸림돌로 작용할 수 있다. 그렇다 하더라도 우리는 사람들과의 관계를 통해 자신을 발견한다.

우리는 공동체 안에서 은사와 재능을 발견할 수 있다. 왜냐하면 우리가 공동체의 복지를 위해 기여하는 모습을 지켜보는 여러 사람이 있고, 또 우리 스스로도 그런 자신의 모습을 직접 확인할 수 있기 때문이다. 자신은 독특한 존재이며, 자신의 열망이 다른 사람의 열망과 다르고, 서로 상호보완적이라는 사실을 알게 되는 것도 바로 공동체 안에서다.

우리는 교회와 세상이라는 공동체 안에서 다른 사람의 필요를 인식하며 성장한다. 우리의 행동이나 반응 또는 성격이나 기질이 다른 사람과 다르다는 사실을 알게 되는 것도 공동체 안에서다.

자신을 알려면 자신의 재능과 능력에 대한 이해가 자라나야 한다. 또한 각자의 독특한 기질이나 성격을 잘 파악해야 한다. 이처럼 중요하지만 부차적인 질문을 곁에 두고, 자기 존재의 가장 깊은 본질이 누구인지 숙고해야 한다. 무엇보다도 자신이 가장 중요하게 여기고 내게 완벽하게 맞는 일은 무엇인가? 이것이 우리의 '본연의 물'이며, 우리가 세상의 상처를 느끼는 방식이다. 그리고 우리는 공동체 안에서 있을 때 자신이 누구인지 가장 잘 이해하게 된다.

다양한 관점에서 정체성과 부르심에 관한 질문에 접근하는 것은 여러 이유에서 중요하다. 우리는 선한 의도를 가지고도 종종 산만해지거나 잘못된 길로 이끌릴 수 있기 때문이다. 우리는 선한 뜻을 품지만, 때로 우리의 진실성은 도전받을 필요가 있다. 헨리 나우웬(Henri Nouwen)은 자신의 소명을 돌아보며 이를 강조했다.

라틴 아메리카를 다녀온 후 남은 일생을 볼리비아나 페루의 빈민을 위해 헌신하는 것이 나의 소명일지도 모른다는 생각이 들었다. 나는 예일(Yale)의 교수직을 사임하고 볼리비아에서 스페인어를 배운 뒤 페루로 건너가 잠시 빈자를 섬기는 성직자의 삶을 경험했다. 나는 라틴 아메리카의 빈자를 섬기는 것이 내게 주어진 소명인지 알기 위해 진지하게 점검했다. 고통스러웠지만 나는 조금씩 나 자신의 영적 욕망이 나를 향한 하나님의 뜻과 다르다는 사실을 깨달았다. 스페인어를 사용하는 나라에서 선교사로 일할 능력도 없었고, 동료 선교사의 격려만으로 감정을 다스리기에는 너무 힘들었으며, 정의를 위한 강경한 투쟁이 종종 나를 실망시켜 의욕을 빼앗아갔고, 너무 많은 업무와 책임 때문에 내면의 평화가 흔들리는 상황을 경험했다.
친구들은 빈자를 섬기는 일보다 대학에서 학생을 가르치고 글을 쓰는 일이 내게 더 적합하다고 하면서 남아메리카에서 사역하는 것보다는 북아메리카에 거주하는 남아메리카 사람을 위해 더 많은 일을 할 수 있지 않겠느냐고 조언했다. 나는 그들의 말을 듣기가 몹시 민망했다. 하지만 결국 이상적인 비전, 선한 동기, 빈자를 섬기려는 열정이 있다고 해서 곧 그것이 소명을 뜻하지는 않는다는 점을 이해하게 되었다.[12]

나우웬의 말은 시사하는 바가 크다.

첫째, 하나님의 은혜를 남용하는 것이 의미도 없고 지혜롭지도 못한 행동이라는 점을 깨달으려면 참된 겸손을 지녀야 한다. 나우웬의 성격과 기질은 남아메리카의 사역에 적합하지 않았다. 그는 하나님께 지나친 은혜를 요구하거나 타고난 소질을 넘어서는 일을 원치 않았다. 그저 겸손히 자신의 본래 모습에 충실했다.

둘째, 그는 친구들의 조언을 겸허하게 수용했다. 그들의 조언은 그의 능력과 재능(가르치고 글을 쓰는 일)을 일깨워 주었다. 그들의 말대로 그는 남아메리카에서 사역하는 것보다 북아메리카에 거주하는 남아메리카 사람을 위해 더 많은 일을 할 수 있었다.

셋째, 이상적인 비전과 선한 의도가 있다고 해서(심지어는 빈자를 섬기겠다는 고상한 열정을 가지고 있다 해도) 그것이 곧 소명을 뜻하지 않는다는 말은 참으로 지당하다.

우리의 소명은 우리가 되고 싶어 하는 모습이나 선한 의도에 뿌리를 두지 않는다. 하나님께서 실제로 우리를 어떻게 만드셨는지에 뿌리를 둔다. 그러나 자신을 아는 것과 소명을 분별하는 것은 문제의 절반에 불과하다.

다시 로마서 12장으로 돌아가 보면 나머지 절반, 즉 "너 자신에게 충실하라!"는 두 번째 명령을 발견할 수 있다.

너 자신에게 충실하라

첫 번째 명령은 "너 자신을 알라!"고, 두 번째 명령은 "너 자신에게 충실하라!"이다. 이는 우리의 본래 모습과 소명에 충실하라는 말이다. 우리는 부르심 받은 모습에 충실하라는 소명을 이루어야 한다.

소명은 우리의 정체성과 일치한다. 자기 발견은 소명을 이루는 데 중요한 비중을 차지한다. 하지만 그것은 전반부에 불과하다. 진정한 싸움은 우리의 본래 모습에 부합하는 삶을 살아가는 데서부터 시작한다. 하나님이 주신 재능과 은사, 그분이 마음에 허락하신 열망, 그분의 손길에 의해 형성된 기질을 파악하고 세상의 아픔을 바라보는 각자의 관점에 따라 살아갈 때만 비로소 충실한 삶이 이루어진다. 진리 가운데 산다는 것은 이 정체성과 거기에 내포된 부르심에 일치된 삶을 사는 것이다.

NIV 성경은 로마서 12장 6-8절의 요지를 잘 포착했다(NIV역은 "지혜롭게 생각하라"를 "냉철히 판단하라"로 번역했다.-역주). 바울은 객관적인 자아성찰과 자기 분석을 한 뒤 섬김의 삶을 실천하라고 강조했다. 6-8절에서 보듯이, 그는 각자의 참 모습에 부합하게 살라고 한다.

예언자로 부르심을 받았다면 예언자가 되어야 한다. 즉 믿음으로 주어진 소명을 이루어야 한다.

섬기는 자로 부르심을 받았다면 변명하거나 주저하거나 다른 사람과 비교하지 말고 자신의 은사를 즐겁게 받아들이며 기꺼이 섬겨야 한다.

가르치는 자로 부르심을 받았다면 가르쳐야 한다. 모두가 가르치는 소명을 받은 것도 아니고, 아무나 가르칠 수 있는 것도 아니다. 가르치는 은사를 받았다면 가르쳐야 한다. 하나님이 그렇게 만드셨기 때문이다

위로하는 자로 부르심을 받았다면, 즉 어둡고 절망적인 상황에서 소망을 주고 새로운 눈을 열어 주며 빛을 드리우는 능력을 받았다면 그렇게 하라. 우리는 절망으로 가득한 세상에 살고 있다. 사람들은 집에서나 일터에서나 교회에서나 위로와 격려를 전할 사람이 필요하다.

재물을 벌어들여 다른 사람을 구제하라는 부르심을 받았다면 이런저런 핑계를 대지 말고 하나님의 영광을 위해 형편이 어려운 사람들을 도와주라. 다른 이보다 많이 가졌다고 해서 미안해할 필요는 없다. 베풀라. 그것은 하나님이 주신 능력이다. 단, 구제할 때는 바울의 말대로 성실해야 한다.

다스리는 자로 부르심을 받았다면 사양하지 말고 하나님의 소명을 받아들이라. 복종과 겸손으로 주어진 소명을 이행하라. 리더십이 필요한 기회가 주어졌거든 주저하지 말라. 하지

만 다스리는 자가 되라는 소명을 받지 못했다면 리더십의 짐을 짊어지려 하지 말라. 그럴 경우에는 그 무게를 감당하지 못해 선보다는 해악을 끼치기 쉽다. 하지만 다스리는 자로 부르심을 받았다면 부지런히 리더십을 발휘해야 한다.

긍휼을 베푸는 자로 부르심을 받았다면 더할 나위 없이 좋은 일이다. 요즘에는 특히 이 소명을 지닌 이가 많이 필요하다. 오늘날 세상은 너무 힘들고 고통스럽다. 난민 문제, 경기 침체와 실업 문제, 가정 폭력과 깨진 가정으로 인해 곳곳에서 몸살을 앓고 있다. 또한 넘치는 풍요 속에서도 집 없는 이가 거리를 떠돌고 있다. 이런 상황에서는 긍휼을 베푸는 자, 즉 하나님의 자비와 위로를 전할 줄 아는 사람이 절실히 필요하다. 만일 이것이 본인의 사명이라면 즐겁게 행하라.

이들 일곱 가지 은사는 소명을 위한 근본적인 성향을 의미한다. 이들 은사는 일터와 교회와 가정에서 이루어지는 다양한 직업과 경력과 역할과 사역과 책임을 통해 반영된다. 우리는 주어진 역할과 책임 안에서 각자의 소명을 이루어 나가야 한다.

정부 기관에서 섬김의 삶을 실천하라는 소명을 받았다면, 순종하는 마음으로 책임을 짊어지라. 정치는 고귀한 소명이다. 교육자로 부르심을 받았다면, 유치원생이든 대학생이든, 공립기관에서든 사립기관에서든 대상과 장소에 상관없이 사람을 교육하는 소명을 허락하신 하나님께 감사하라. 이런 말을 하다 보니 일전에 라디오에서

들은 공립 유치원에서 가르쳤다는 두 사람의 인터뷰 내용이 떠오른다. 그들이 그런 교육의 기회를 얻은 것은 흔치 않은 경우였다. 그들은 자신에게 주어진 기회를 단지 교사가 되라는 부르심만으로 여기지 않고, 아버지가 없는 아이들의 아버지가 되라는 부르심으로 받아들였다고 했다. 참 깊은 인상을 준 인터뷰였다.

예술적 재능이 뛰어나 미술가, 음악가, 배우, 극작가, 시인으로 부르심을 받았다면 열심히 그 길로 매진하라. 안타깝게도 예술가를 괴상한 사람으로 여기고 피하려는 이가 많다. 하지만 사람은 저마다 주어진 삶을 통해 자신의 바람이 아닌 하나님의 소명을 이루어야 한다. 물론 곁에서 격려를 아끼지 않는 사람도 있을 것이다. 그런 사람과 함께하며 용기를 얻고 자기 소명에 충실하다면 그것으로 족하다.

의사로 부르심을 받았거나 목수나 설비업자로 부르심을 받았다면 그 또한 하나님이 주신 신성한 소명이다. 관리인, 비서, 은행원과 같이 서비스 직종에 부르심을 받았다면 주께 하듯이 즐겁게 하라.

복음 사역자로 부르심을 받았거든 하나님의 소명으로 알고 그 길로 매진하라. 하지만 이때에도 은사, 능력, 세상의 아픔에 대한 비전을 근거로 사역 방식을 결정하는 것이 현명하다. 교회 개척에 능한 사람도 있고, 새로운 선교 현장을 개척하는 데 탁월한 사람도 있으며, 가르치는 일에 능한 사람도 있고, 통역에 능한 사람도 있다. 같은 복음 사역에 임하면서도 역할과 책임이 저마다 다르기 마련이다.

본질적으로 성숙한 행위는 단순하다. 자신이 누구인지, 하나님께서 주신 은사가 무엇인지 온전히 깨닫고 그것을 기꺼이 받아들이는 것이다. 그것을 행하라. 자신에게 진실하라. 부르심에 진실하라. 하나님께서 당신을 만드신 방식에 진실하라. 당신의 부르심이 더 우월하거나 더 거룩한 것은 아니다. 단지 당신의 부르심일 뿐이다.

당신을 흔드는 많은 요소가 있는데, 우리는 앞으로 이를 자세히 살펴볼 것이다. 그러나 소명에 진실하려면 그 기초에는 단지 자기 인식뿐 아니라, 우리가 부름받은 존재, 즉 자신의 강점과 욕구, 세상의 필요를 바라보는 방식, 그리고 성격과 일치하는 존재로 살아가겠다는 결단이 있어야 한다. 자신에게 진실할 때, 우리는 하나님과 이웃에게도 진실한 삶을 살게 된다. 왜냐하면 하나님께서 우리를 그렇게 살도록 창조하셨기 때문이다.

살다 보면 소명이 바뀔 수도 있냐는 질문을 종종 듣는다. 과연 한 번 발견한 자아의 정체성과 소명이 마음이나 환경의 변화, 회심, 상황의 변동과 같은 요인 때문에 달라질 수 있을까? 단언하건대 소명이 변한다는 것은 불가능하다. 나는 지금까지 줄곧 소명이 우리의 근본적인 정체성, 즉 우리의 참 모습에 뿌리를 두고 있다고 강조했다. 소명은 하나님이 우리를 어떤 사람으로 만드셨는지에 따라 좌우된다. 회심 또는 마음이나 성향의 변화는 정체성을 발견하는 계기가 될 수 있다. 그런 요인은 소명을 바꾸기보다 오히려 강화한다.

물론 다양한 상황에 다양한 방법으로 대응할 수 있다. 하지만 그렇더라도 그것은 단지 근본적인 소명을 다양하게 표현하는 것에 지나지 않는다. 살아가면서 자신의 정체성과 소명을 더욱더 명료하게 깨닫고 삶에 찾아오는 변화와 기회에 능동적으로 대처할 수 있다면 가장 좋다. 하지만 근본적인 정체성은 변하지 않는다. 단지 그 정체성에 부합하는 삶을 살아갈 능력이 좀 더 자랄 뿐이다.

결혼한 사람의 경우는 결혼한 사람으로서 소명을 발견하고 이루어 나가야 한다. 사도 바울은 결혼한 남자의 관심은 아내를 향하고, 결혼한 여자의 경우는 "세상 일을 염려하여 어찌하여야 남편을 기쁘게 할까"(고전 7:34) 한다고 했다. 결혼한 경우에는 결혼한 상황에서 소명을 이루어 나갈 방법을 찾아야 한다. 남편과 아내는 자신의 소명만이 아니라 배우자의 소명을 인정하고 서로의 소명을 이루어 나가도록 도와야 한다. 사실 남편과 아내는 상호 보완적 관계이다. 서로의 소명을 이해하고 타협하는 과정에서 긴장과 갈등이 증폭될 수도 있지만, 반대로 상호 조화의 계기가 마련될 가능성도 얼마든지 있다. 남편과 아내 둘 다 부르심 곧 소명을 받았다. 남편이든 아내든 서로 자신의 소명이 우위에 있다고 주장할 근거는 없다.

우리 문화에는 남편이 소명을 이루도록 아내는 옆에서 돕는 역할에 만족해야 한다는 생각이 깊이 뿌리박혀 있다. 하지만 우리 모두(특히 남편)는 사도 바울의 말을 기억해야 한다. 그는 그리스도께서 교회를 사랑하시듯이(그리스도께서는 교회를 위해 목숨을 내주셨다.) 남편이 아내를 사랑해야 한다고 했다(엡 5:21-28). 하나님 앞에서 결혼한 남자로서 첫 번째로 해야 할 일은 아내가 소명을 발견해 이루도록 돕는 것이다. 아내의 소명은 나의 소명을 보완하면서도 나름대로 고유한 특성을 지닌다.

주변의 필요와 소명

주변의 필요가 소명을 결정 짓는 요인은 아니다. 사실 그럴 가능성은 전혀 없다. 우리는 자신의 한계를 뛰어넘는 많은 요구에 직면한다. 나는 교육 기관의 행정 업무를 맡고 있다. 주위의 요구는커녕 내가 마땅히 해야 할 일조차 못하는 경우가 많다. 한마디로 불가능하다. 소명이나 상황에 상관없이 모두가 마찬가지다. 이런 점에서 주변의 필요로 소명이 결정된다는 주장은 듣는 사람에게 인위적으로 무거운 부담을 지우는 것에 지나지 않는다.

물론 주변의 필요에 관심을 기울이지 않아도 된다는 뜻은 아니다. 사실 주변에서 도움의 손길을 구할 때마다 긍휼한 마음으로 베풀어야 한다. 하지만 주변에서 발생하는 수많은 문제에 일일이 관심을 기울이느라 고유 소명에서 이탈하거나 이러지도 저러지도 못하는 어줍잖은 태도를 취하지 않도록 주의해야 한다. 세상의 아픔을 바라보는 다른 사람의 관점에 매여서 정작 하나님이 내게 요구하시는 일을 깨닫지 못하는 잘못을 범해서는 곤란하다.

마가복음 1장에 기록된 예수님의 행적을 생각해 보자. 예수님은 회당에서 가르치시고, 병자를 고치시고, 눈먼 자를 보게 하시고, 귀신 들린 자에게서 귀신을 쫓으시는 등 분주한 하루를 보내신 후 새벽에 한적한 곳으로 가서서 기도하셨다(35절).

시몬 베드로와 제자들이 예수님을 찾으러 왔다. 그들은 온 마을 사람이 주님을 찾는다며 가버나움으로 돌아가자고 말했다. 사람들은 예수님이 필요했다. 마을 사람과 제자들은 예수님이 자신의 요구를 들어주시기를 원했다. 하지만 예수님은 "우리가 다른 가까운 마을들로 가자 거기서도 전도하리니 내가 이를 위하여 왔노라"(막 1:38)고 하시며 다른 곳으로 발길을 돌리셨다.

예수님은 목적의식이 뚜렷하셨다. 그분은 그날 하실 일을 분명히 아셨다. 소명 의식이 분명하셨던 예수님은 주변의 필요가 그날의 소명을 방해하기를 용납하지 않으셨다. 메시아이신 예수님도 스스로를 자제하셨다면 우리는 더욱더 그래야 하지 않겠는가?

우리는 그런 예수님을 몰인정하다고 오해하기 쉽다. 하지만 이어지는 기록을 보면, 예수님이 한 한센병자를 불쌍히 여기시며 그의 병을 치유해 주시는 내용이 나온다. 예수님은 주변 사람의 요구를 외면하지 않으셨다. 예수님은 사랑이 충만하셨고, 관대하게 베풀기를 좋아하셨다. 하지만 그분은 항상 자신의 소명을 잊지 않으셨다.

십자가 죽음이 가까워 올 무렵 예수님은 하나님께 "아버지께서 내게 하라고 주신 일을 내가 이루어 아버지를 이 세상에서 영화롭게 하였사오니"(요 17:4)라고 기도하셨다. 나도 내 인생이 끝나는 날 하나님 앞에서 소명을 모두 이루었다고 말씀드릴 수 있기를 간절히 바란다.

정체성과 소명을 분명히 알지 못하면 그렇게 살 수 없다. 물론 그러려면 거절해야 할 일은 단호히 거절할 줄 알아야 한다. 뚜렷한 목적의식과 훈련과 용기가 있어야만 그것이 가능하다. 그런 삶은 야심, 정신적 압박감, 다른 사람의 기대에 얽매이지 않고 하나님 앞에서 우리의 참 모습을 되찾는 자유, 즉 우리의 삶을 향한 하나님의 소명을 기쁨과 소망으로 이루는 자유를 준다.

예수님은 그분의 멍에는 쉽고 그분의 짐은 가볍다고 말씀하셨다. 멍에가 쉽다는 것은 우리에게 잘 맞는다는 의미다. 예수님의 멍에는 우리의 참 모습에 꼭 맞게 설계되었다. 그분의 멍에는 우리의 기질, 은사, 잠재력, 성격과 일치한다.

소명을 발견하는 가장 간단하면서도 근본적인 방법은 우리 존재의 가장 깊은 중심에서 어떤 일이 일어나는지 성찰하는 것이다. 우리 각자가 지음받고 구원받은 데에는 분명한 목적이 있다. 우리는 궁극적으로 각자에게 주어진 삶의 목적과 소명을 받아들여야 한다. 그래야만 자아의 참 모습을 회복할 수 있기 때문이다.

우리에게는 "이것이 내가 해야 할 일이야."라고 말할 수 있는 일이 있다. 부모의 허락이 있든 없든, 경제적 이득이나 명예가 주어지든 말든 바로 그 일을 해야 한다. 그래야만 사람들을 위해 자신의 목숨을 버리면 찾으리라는 말씀의 의미를 이해할 수 있다(마 16:25).

우리가 소명에 복종해야 할 이유는 그래야만 하기 때문이다. 우리는 소명을 하나님이 주신 것, 즉 그분이 우리 마음에 심어 주신 것으로 받아들여야 한다. 우리의 삶을 이끄는 원동력은 하나님이 우리에게 소명을 주셨다는 확신에서 비롯한다. 이것이 바로 소명을 이루는 삶이자 자아의 참 모습에 부합하는 삶이다.

04

삶의 단계별로 보는 소명

성년기, 중년기, 노년기에서

과거에는 소명을 발견하고 이를 계발한다는 개념을 사회에 첫발을 내딛게 될 젊은 사람의 직업 선택 문제에만 국한시켰다. 고등학교의 상담은 주로 학생들이 장래 직업을 선택하는 일에 집중되었다. 하지만 소명의 참 뜻을 이해하면 "나는 누구인가? 하나님은 내가 어떤 사람이 되도록 부르셨는가?"와 같은 문제가 일평생 지속된다는 점을 알 수 있다. 변하는 것이 있다면 인생의 과도기를 거치면서 문제를 생각하는 방식이다.

성인 심리 발달을 연구하는 사람들은 성인의 인생이 세 단계로 구분된다는 점에 동의할 것이다. 시기와 속도는 다를지라도 우리 모두는 문화와 성과 기질과 직업에 상관없이 비슷한 인생의 단계를 거치기 마련이다. 지금부터는 인생의 단계를 간단히 살펴보고자 한다. 정밀한 분석이라기보다는 소명을 계발하는 단계와 관련된 문제를 숙고하는 단초를 제공할 목적으로 간략하게 요약했다.

소명이 무엇인지는 우리의 신앙이 성장하는 데 있어 매우 중요한 차원이다. 사람들 대부분에게 소명에 관한 질문은 신앙 및 신앙 성장의 근본적인 요소다. 당신이 현재 한 시점, 예를 들어 중년기에 있다면, 다른 삶의 단계를 다루는 나머지 섹션을 건너뛸 수 있다. 다만

이 두 가지를 기억하라. 첫째, 인생은 상대적으로 짧기에 이미 걸어온 소명의 여정을 고려해 인생의 현재 단계에서 소명에 관한 질문을 다루는 편이 현명하다. 둘째, 우리는 종종 서로 다른 문제를 겪는 이들과 대화하는데, 그들은 자신만의 삶의 단계를 반영하고 있을 수 있다. 그리고 그들과의 의미 있는 대화는 반드시 그들의 신앙과 소명의 여정을 고려해야 한다.

사춘기에서 성년기

첫 번째 과도기는 사춘기에서 성년기로 이동하는 시기다(이때가 가장 중요한 듯하다). 이 시기는 약 20세 전후로 일어나지만 대개는 10대 후반에 이 과정을 거친다. 물론 경우에 따라서는 20대 중반이나 후반에 거치는 사람도 있다. 문제는 시기에 상관없이 누구나 반드시 과도기를 거친다는 점이다. 소명을 이루고 자아의 참 모습에 부합하는 삶을 살려면 성인으로서 책임을 받아들이고, "나는 어떤 사람이 되어야 하고, 어떤 일을 해야 할까?" 하는 질문에 용기 있게 답해야 한다.

사춘기에서 성년기에 이르는 시기보다 성인의 삶과 소명을 계발하는 데 더 중요한 영향을 미치는 시기는 없다. 이 시기는 부모로부터 독립하는 시기다. "이러므로 남자가 부모를 떠나 그의 아내와 합하여 둘이 한 몸을 이룰지로다"(창 2:24)라는 말씀에 이 사실이 암시되어 있다. 부모를 떠나지 않고서는 성인이 될 수 없다. 부모를 떠난다는 것은 성인으로서 삶을 책임진다는 뜻이다.

부모와 집과 사춘기에서 완전히 벗어나야만 소명을 이루는 삶에 충실할 수 있다. 문제는 그런 단절이 종종 지연되거나 거부된다는 것이다. 때로는 부모가 자녀의 온전한 성장을 막기도 한다. 메이너드 솔로몬(Maynard Solomon)은 볼프강 아마데우스 모차르트(Wolfgang Amadeus Mozart)의 전기에서 모차르트의 아버지 레오폴트(Leopold)가 아들을 부모 의존 상태에 붙잡아 두려 했다고 기록했다. 레오폴트는 아들을 어린아이로 취급했다. 솔로몬은 모차르트가 짧은 생애 동안 많은 문제를 겪은 이유가 성인으로 충분히 성장하지 못했기 때문이라고 지적했다.[1] 부모가 알게 모르게 자녀의 독립을 방해할 때마다 그런 일이 반복된다.

물론 책임이 비단 부모에게만 있지는 않다. 독립된 삶과 성인으로서 짊어져야 할 책임이 두려운 나머지 독립을 거부하는 자녀도 있다. 그런 자녀는 감정적으로나 경제적으로 부모에게 의존하려고 한다. 부모 자녀의 관계를 유지하는 것이 안전하다는 생각 때문이다. 그들은 성인으로 성장해 독립된 삶을 살아가기를 두려워한다.

하지만 온전한 성인으로 성장해야 이상적일 뿐 아니라, 소명을 이루는 삶을 살아갈 동력이 마련된다. 부모를 떠나지 않으면 의존적인 사람이 될 가능성이 높다. 하지만 문제는 이보다 훨씬 더 미묘하다. 때로 우리는 부지중에 자신이 속한 조직을 마치 부모처럼 여기곤 한다. 다시 말해 월급을 주는 회사를 부모처럼 생각하는 것이다. 감정적으로 어떤 대상을 의지하게 되면 필요한 선택을 하는 능력, 즉 조직을 떠나 다른 곳에서 마음을 붙일 대상을 찾고 하나님의 소명에 충실히 임하는 능력이 쇠퇴한다. 조직은 궁극적으로 우리를 실망시킨다. 의존 관계에서 벗어나지 못하는 한 우리는 조직으로부터 계속 배신감을 느낄 수밖에 없다.

부모로부터 독립할 때 하나님이 아버지가 되어 주신다. 우리는 땅 위의 부모를 의존하는 데서 벗어나 하늘에 계시는 하나님을 의존하는 성숙한 성인이 되어야 한다. 내가 우리 아이에게 원하는 것이 바로 그것이다. 나는 자녀들이 나를 아버지가 아니라 '형제'로 부르기를 원한다. 우리는 모두 하나님의 자녀이기 때문이다. 물론 나는 여전히 '아버지'다. 하지만 자녀들이 내가 아니라 하나님께 책임을 지는 삶을 살기를 원한다.

믿음과 소명은 매우 밀접한 관계가 있다. 결국 우리는 자신이 믿는 것을 선택하고, 그 믿음으로 살아가야 한다. 물론 어렸을 때 믿음을 가질 수도 있다. 하지만 성인의 믿음, 즉 삶에 목적의식과 방향과 의미를 제공하는 자신의 믿음을 받아들일 때 비로소 성숙한 사람이 된다. 부모의 믿음을 답습하는 것이 아니라 자신의 믿음을 가져야만 그런 결과가 나타날 수 있다.

부모는 자녀에게 은근히 자신의 기대를 불어넣는다. 부모를 즐겁게 하려는 욕망이 인간의 심리 안에 깊이 박혀 있다. 그 뿌리가 너무 깊어 성인이 되어서도 여전히 사춘기를 극복하지 못하는 이들이 많다. 그들은 부모의 기대와 소원에 부응하려고 노력한다. 심지어는 부모가 죽은 후에도 계속 그렇게 하는 경우도 있다. 그들은 자신의 참 모습을 찾지 못한 것이다. 한마디로 성인이라고 부를 수 없다.

부모가 자녀에게 자아의 참 모습과 소명을 자유롭게 추구할 기회를 주기를 주저하는 이유는 여러 가지다. 어떤 경우에는 부모의 교만이 문제일 수 있다. 이 경우 부모는 자녀가 좋은 직업을 찾아 출세하기를 간절히 바란다. 또는 부모가 스스로의 실패를 자책하며 자녀만큼은 훌륭한 사람이 되어 자신이 할 수 없는 일을 해주기를 바란다. 최근 나는 방송 분야에서 매우 성공적이고 만족스러운 경력을 쌓은 한 남자의 이야기를 읽었다. 그는 20대에 영문학 박사 과정을 밟기 시작했는데, 사실 그에게는 학문적 진로에 대한 열정이나 마음이 없었다. 그러다 문득 그는 깨달았다. 대학원 진학 기회조차 없었던 아버지가 자신이 가지 못한 길을 아들이 이루기를 간절히 바랐다는 사실을 말이다. 그리고 그는 자유를 얻었다. 아버지의 감정적 짐이나 기대를 짊어지지 않고, 자신의 마음과 부르심에 따라 살기로 했다.

어떤 부모는 자녀가 자기와 똑같은 직업을 선택하기 바란다. 일부 의사는 자녀가 의대에 진학하기를 바라고, 일부 사업가는 자녀가 가업을 이어 주기를 원한다. 이와는 달리 어떤 부모는 자녀가 자신들의 전철을 밟지 않고 복음의 일꾼이 되어 주기를 바란다. 자녀가 모두 선교사나 목회자로 일하는 가정을 부러워하는 사람이 있다. 하지만 나는 그런 말을 들을 때면 즉각 의심이 일어난다. 물론 그들 각자가 복음 사역에 부르심 받았을 수도 있다. 하지만 다른 사람을 통해서가 아니라 직접 하나님께 그 소명을 받았는지 확인해야 한다. 다시 말해 존재의 깊숙한 곳에서부터 부모의 칭찬이나 인정을 받으려는 마음 없이 오직 하나님께서 허락하신 재능과 마음으로 복음 사역에 임하고 있는지 살펴야 한다.

형제가 모두 선교사와 목회자로 성장한 가정에서 자란 사람이 겸손하고 용기 있게 목수나 의사로 부르심 받았다고 한다면, 그리스도인 부모는 그의 결정을 인정하든 않든 마땅히 그를 격려하고 후원과 지지를 아끼지 않아야 한다.

한편 자녀가 성인이 되기를 바라지만 인생의 과도기를 잘 극복하도록 도울 방법을 알지 못해 고민하는 부모도 있을 수 있다. 가정 이론이나 가족 체제를 다루는 학문은 이와 관련해 '차별화' 원리를 강조한다. 감정적으로, 경제적으로, 정신적으로 성숙한 사람, 즉 다른 사람의 비판이나 칭찬에 연연하지 않고 자신의 신념과 양심에 충실한 삶을 살며, 다른 사람과 책임 있는 관계를 맺고, 경우에 따라 다른 의견을 제시할 수 있는 독립된 인격으로 성장하려면 자기 자신을 철저히 차별화하는 과정이 필요하다. 이 과정은 부모에게서 독립하는 것에서부터 시작한다.

자신을 차별화하는 데 성공한 사람은 입에 발린 칭찬에 혹하거나 감정적으로 휘둘리지 않는다. 자신의 개성을 인정하고 스스로 만족하기 때문이다. 그는 늘 열린 마음으로 친절을 베풀면서도 거절할 때와 방법을 잘 알고 있다. 더욱이 확고한 신념을 가지면서도 늘 배우려는 자세를 유지하며 자신의 생각을 바꾸는 유연성을 잃지 않는다. 이는 속기 쉬운 사람이라서가 아니다. 오히려 그는 자신이 듣고 읽는 내용을 비판적으로 평가하고 분별 있게 배우는 능력을 지녔다.

부모로부터의 독립이 반드시 필요하다. 부모를 확실히 떠나지 않으면 독립된 개인, 즉 성인이 될 수 없다. 부모의 뜻이 확실하고 강할수록 부모의 기대와 이상을 거부하는 사춘기 자녀의 저항력도 더욱 거세진다. 사춘기 자녀가 갈등을 겪는 이유는 스스로를 차별화해 자신만의 정체성을 찾으려고 하기 때문이다. 그런 자녀가 사춘기를 겪는 동안 무엇보다 필요한 것은 인내와 이해와 격려다.

학교의 규칙이나 규정은 대개 획일적인 행동 양식을 확립하는 데 목적이 있다. 학교 체제는 예외를 인정하지 않는 경향이 많다. 사춘기 청소년 가운데는 단지 인위적으로 규정된 행동 규범에 따르지 않는다고 반항아로 간주되는 이들이 적지 않다. 물론 학교에는 규칙이 필요하다. 모든 조직체는 공동체의 삶을 규정할 규칙이 필요하다. 하지만 학교 규칙의 경우 진정한 공동체 정신을 함양하기보다 복종심을 주입하려는 경향이 있다. 청소년은 그런 규칙을 본능적으로 거부할 수밖에 없다. 그들의 행동을 나무랄 수만은 없다. 청소년 가운데는 덜 요란한 방법으로 규칙을 거부하는 이들도 있지만, 자신은 물론 다른 사람에게까지 피해를 입히는 방법으로 저항을 시도하는 이도 있다. 하지만 반드시 나쁜 동기에서 그런 행위를 저지르는 것은 아니다.

지금까지 부모로부터 독립하는 문제를 논했다. 내가 말한 내용은 주로 아시아와 라틴 아메리카의 문화적 상황에 근거한다. 나는 라틴 아메리카에서 성장했으며 성인 시기 대부분을 아시아에서 보냈다. 그곳 사람들은 북아메리카 사람보다 부모와 함께 사는 기간이 더 길고, 부모의 의견에 의존하는 경향이 더 많다(오늘날 두 문화권의 차이가 이런 식으로 설명되는 것이 보통이다). 하지만 내가 관찰한 바에 따르면, 지금까지의 내용은 북아메리카의 문화적 상황에도 똑같이 적용될 수 있다. 오히려 부모의 기대에 순종하라는 압력이 더 클 수도 있기 때문에 북아메리카의 문화적 상황은 부모로부터 독립하는 문제를 강조할 필요를 더욱 증폭시켜 준다.

부모로부터의 독립은 사춘기 초기에 일어난다. 하지만 사춘기에서 성인기로 접어드는 과도기적 과정은 단순히 부모로부터의 독립만은 아니다. 과도기는 배움과 자기 발견이 이루어지는 시기다. 이 시기에 인생의 밑거름이 될 교육이 이루어져야 이상적이다. 일찍 소명을 발견했다고 생각했지만 나중에 전혀 쓸모 없는 교육 과정을 밟는 실수를 저지르는 경우가 적지 않다. 항상 선택의 기회를 열어 놓아야 한다. 20대는 배우고, 성장하고, 친구 관계를 형성하고, 어떤 직업을 택할지를 탐색하면서 자기 자신을 알아가는 시기다.

선택의 기회를 열어 놓는다고 해서 아무 직업도 갖지 말라는 뜻은 아니다. 다만 너무 일찍 스스로를 전문화시켜 미래와 소명을 성급하게 결론 짓지 말라는 뜻이다. 설령 20대 후반이 되었는데 소명에 대한 확신이 없다는 이유로 조급해하지 말라. 그 시기를 배움과 자기 발견의 시간으로 삼아야 한다. 아마도 이 시기에 결혼해서 가정을 꾸리는 사람도 있을 것이다. 그런 경우에는 과거 부모와의 관계에서처럼 의존적 태도를 취하지 말고 오히려 결혼 생활을 통해 더욱더 자기를 발견하고 계발할 수 있어야 한다.

그렇지만 결국 핵심은 변하지 않는다. 성년기에게 가장 중요한 질문은 그들이 자신의 삶에 대해 개인적이고 성숙하게 책임을 질 수 있는 성인으로 성장할지 하는 것이다.

성년기에서 중년기

사춘기에 부모로부터의 독립이 건전한 방향으로 이루어졌다면 성년기라는 두 번째 과도기를 순항할 능력을 갖춘 것이다. 물론 어떤 과도기든 쉽지 않다. 하지만 올바른 독립이 이루어지면 사춘기 시절의 습성에서 벗어나 성년기의 문제를 자신의 관점에서 처리할 능력이 생긴다.[2]

성년기 심리 발달을 연구하는 사람들은 성년기에서 중년기로 넘어가는 과도기가 매우 중요하다는 데 동의한다. 이 시기는 사람에 따라 나타나는 시점이 다르지만, 대체로 30대 중반에 시작된다. 여기서 중요한 점은, 그 시점보다 모든 사람이 반드시 그 과정을 거친다는 사실이다. 소명을 발견하고 받아들이는 일이 바로 이 시기에 이루어진다.

융은 최소한 현대 심리학의 관점에서 볼 때 중년의 선택이 지니는 의미를 최초로 설명한 인물 가운데 한 사람이다. 그는 38세에 접어들 무렵 프로이트(Sigmund Freud)와 결별을 시도했다. 융이 스승의 그늘에서 벗어나려면 반드시 치러야 할 일이었다. 결별을 시도하지 않았다면 융은 위대한 정신 분석학자가 될 수 없었을 것이다. 나중에 그는 자신의 중년을 회상하며 심리 이론의 기초를 닦았다. 그는 인생의 유년기, 사춘기, 청년기가 세상에 첫발을 디디기 위한 준비 단계라고 했다. 대개는 그 시기에 직업을 선택하고 가정을 꾸린다. 하지만 그런 가운데서 우리는 필연적으로 "나는 도대체 누구인가?"라는 질문에 직면하기 시작한다.

사실 30대 중반이 되기 전에는 자신을 실제로 알 수 없다. 물론 그 이전에도 우리는 상당한 자기 지식(자신의 재능, 열망, 삶을 구성하는 요인 등)을 갖는다. 하지만 확실한 소명 의식이 생기려면 상당한 세월의 경험이 필요하다. 구체적으로 말해 30대 중반쯤 되어야 한다. 그래야만 비로소 "내게 가장 중요한 것이 무엇인가?"라는 의미 심장한 질문을 생각할 수 있다.

그때가 되면 "뚜렷한 목적의식과 방향 의식을 가지고 나에게 주어진 소명을 용기 있게 추구해야 하지 않을까?"라는 고민이 시작된다. 30대 중반에 이르면 자기 자신에 대한 상당한 지식을 갖추게 된다. 즉 재능, 열망, 기질 등 자신의 정체성을 구성하는 요소를 충분히 이해하고, 무엇을 해야만 자신의 정체성을 가장 잘 표현할 수 있는지 판단하는 안목이 생긴다.

결단은 결코 쉽지 않다. 결단을 내리는 사람과 그렇게 하지 못하는 사람이 반반이다. 어떤 일에 특별한 재능을 지니는 경우, 무엇이 자신에게 가장 중요하고 자신의 정체성을 가장 잘 표현할 수 있을지 신중하게 분별해야 한다.

나는 가르치는 일과 설교에 능하다. 강의실에서 학생을 가르치며 토론하는 일도 즐겁고, 교회에서 성경을 해설하며 말씀을 전하는 일도 큰 보람을 느낀다. 하지만 30대 중반이 되면서 세 번째 재능이 눈에 띄기 시작했는데 시간이 갈수록 점차 더욱더 중요하게 다가왔다. 바로 행정 능력이었다. 나는 교육 기관이 학생의 특성을 살리면서 주어진 사명에 충실하도록 이끄는 일에 점차 관심이 끌렸다. 친구들과 동료들도 내게 어울린다며 충고를 아끼지 않았다. 몇 년이 흐르면서 마침내 내가 기여해야 할 분야가 바로 행정과 리더십이라는 결론에 이르렀다.

하지만 선택이 필요했다. 우리는 팔방미인이 될 수 없다. 결단이 필요하다. 하나를 선택하면 나머지는 거부하고 선택한 것에 충실해야 한다. 쉬워 보이지만 사실은 그렇지 않다. 나는 중년기를 거치면서 선택에는 많은 고뇌와 갈등이 따른다는 사실을 발견했다. 랠프 에머슨(Ralph Waldo Emerson)의 말이 항상 귓전에 맴돌았다. 그의 말은 중년기를 거치면서 소명을 발견한다는 것이 무엇을 의미하는지 적절하게 표현하고 있다. 그는 에세이 『자기 신뢰』(Self-Reliance)에서 이렇게 말했다.

> 살다 보면 시기심은 무지이고, 모방은 자살이며, 잘되든 잘못되든 스스로 자신을 책임져야 하고, 넓은 세상에는 좋은 것이 가득해도 자기에게 할당된 땅을 땀 흘려 경작하지 않으면 옥수수 한 톨도 얻을 수 없다고 확신하게 되는 시기가 있다.[3]

참으로 지당한 말이다. 시기심을 극복하는 일, 즉 다른 사람과 자신을 비교하지 않고 다른 사람의 탁월한 재능이 자신을 초라하게 만든다는 생각을 버리는 것이 중요하다. 아울러 자신이 되기 원하는 사람이 되지 못하더라도 하나님의 은혜에 힘입어 주어진 소명을 이룰 수 있음에 감사해야 한다. 결국 그런 삶을 살려면 선택이 필요하다. 하나님이 원하시는 사람이 되겠다는 마음으로 소명을 이루어 나가야 한다. 자신의 참 모습을 이루고 받아들여야만 하나님께 충실할 수 있다. 이는 소명의 계발과 신앙의 성숙이 밀접한 연관을 맺고 있다는 사실을 보여 주는 또 하나의 증거다. 진정으로 나 자신을 알고, 내가 누구인지 받아들이고 기꺼이 품기 전까지는, 나는 어느 정도의 깊이로든 온전히 하나님께 자신을 드릴 수 없다.

중년에 접어들어 소명을 발견한다는 것은 서로 구별되면서도 불가분한 관계를 맺고 있는 두 가지 현실을 받아들이는 것이다. 첫째, 자신의 한계를 기꺼이 인정하고 자신에 대한 환상에서 가능한 빨리 벗어나야 한다. 둘째, 재능과 은사에 따르는 책임을 긍정적으로 인식하고 기꺼이 할 수 있는 일을 해야 한다.

우리 가운데는 첫 번째 현실 즉 우리의 한계를 인정하는 일 때문에 고뇌하는 사람도 있고, 두 번째 현실 즉 재능과 은사에 따르는 책임을 짊어지는 일 때문에 고뇌하는 사람도 있다. 어떤 경우가 되었든 문제의 관건은 우리의 한계를 인정하고 은사와 재능에 따르는 책임을 짊어지느냐에 달려 있다. 선택하지 않으면 결국 그 결과를 스스로 짊어져야 한다. 우리는 일주일 내내 우리를 소진시키는 바쁘고 정신없는 삶의 패턴에 휘말리거나, 점점 내성적으로 변해 일은 그저 의무적으로 수행하되 열정과 집중력, 그리고 부지런하고 의미 있는 일을 해내는 능력은 점점 사라지는 상황에 놓일 것이다.

세 번째 길이 있다. 바로 여유로운 속도로 열정과 집중력, 에너지, 그리고 무엇보다 기쁨을 가지고 효과적이고 의미 있는 일을 하는 것이다. 이 세 번째 길과 다른 길의 차이는 대개 매우 명확하다. 세 번째 길을 걷는 사람은 자신을 잘 알고 있으며, 자신의 강점과 한계를 받아들이고 평화를 이루고 있다.

중년기에 관심을 기울일 중요한 문제 하나는 자신의 참 모습, 즉 자신의 양심과 정체성에 충실한 삶을 선택하느냐 하지 않느냐 하는 문제다. 바꾸어 말해 '조직 생활'에서 살아남기 위해 자신의 영혼을 팔아 넘기느냐, 넘기지 않느냐 하는 문제다.

당신은 과연 조직을 위한 삶을 사는가, 아니면 자신을 위한 삶을 사는가? 결과에 연연하지 않고 기꺼이 신념과 양심에 따라 살기 원하는가, 아니면 조직이 믿는 대로 따르기를 원하는가? 자신의 참 모습대로 살고 싶은가, 아니면 힘을 가진 사람들의 인정을 받기 위해 자신과는 다른 정체성과 양심과 신념 체계를 따라 위선적인 삶을 살고 싶은가?

플로렌스 나이팅게일(Florence Nightingale), 넬슨 만델라(Nelson Mandela), 로자 파크스(Rosa Parks), 도로시 데이(Dorothy Day)를 탁월한 인물로 만든 요인은 과연 무엇인가? 물론 그들은 재능 있는 사람이었다. 하지만 그들의 삶을 형성하는 데 가장 중요한 역할을 했던 요인은 자신의 길을 가겠다는 용기였다. 그들은 필요한 경우에는 기존 체제에 과감히 맞섰고, 심지어 감옥에 가거나 주변으로 밀려나거나 무시를 당하는 것조차 개의치 않았다. 그들은 용기가 있었다. 결코 양심을 타협하지 않았다.

한편 사람들은 조직의 기대를 있는 그대로 인식하기보다 더 부풀리곤 한다. 다시 말해 조직이 실제로 기대하는 것보다 본인이 스스로에게 더 많은 기대를 짐 지우는 경우가 적지 않다. 조직의 기대와 규칙에 따라 살고자 하는 사람이 많다. 관료 체제가 보장하는 안전한 삶을 원하기 때문이다. 그들은 조직의 규정과 요구 사항에 대해 마치 특정한 정책이나 행동 방식을 반드시 따라야 하는 것처럼 이야기하는데, 실제로는 아무도 그런 것을 강요하지 않는다.

잭슨 베이트(Jackson Bate)는 새뮤얼 존슨(Samuel Johnson)의 전기에서 중년의 삶이 지니는 특성을 정확히 간파했다. 그는 노년기를 앞둔 중년기는 사춘기 이후 처음으로 자아의식과 정체성이 송두리째 흔들리는 과도기라고 지적했다. 그의 말에 따르면, 중년기의 위기를 직면하고 새로운 정체성을 확립하는 일을 부담스럽게 여겨 회피하는 이도 없지 않지만, 대개는 참 자아의 발견을 피하기보다 늦추는 경향이 많다고 한다. 결국 우리는 자신의 참 모습과 자신이 두려워하는 것을 받아들일 수밖에 없다.

새뮤얼 존슨도 다른 사람처럼 참 자아와의 만남을 미루려고 했다. 그는 바쁘게 살아가며 여러 가지 업적을 이룸으로써 참 자아와의 피할 수 없는 만남을 연기하고자 했다. 하지만 결국 다른 사람과 마찬가지로 정체성의 문제에 부딪혔고, 그로 인해 "두려운 심리적 고통을 맛보아야 했다."[4] 불행한 진실은 이렇다. 우리가 30대와 40대에 소명적 선택을 어렵다고 미루면, 결국 50대에 그 대가를 치르게 된다. 우리는 변화의 시기를 기꺼이 받아들이고 결정하기 어렵더라도 정직하고 분별 있고 용기 있게 자신의 참 모습을 선택해야 한다.

정체성의 위기는 영적 위기와 일맥상통한다. 신앙의 발달 단계에 비추어볼 때 중년기는 자신에게 무엇이 가장 중요하며 자신의 믿음이 어떤 식으로 표현되어야 할지를 충분히 알 수 있는 때다. 다시 말해 중년은 하나님과 이웃을 사랑하겠다는 결심을 통해 성숙한 믿음을 보여 줄 수 있는 나이다. 자신을 정직하게 바라볼 때, 그동안 아무리 많은 업적을 이루었고 아무리 많은 재능과 능력을 가지고 있다 해도 자신이 삶의 주관자가 아니라는 사실을 깨닫는 것이다. 이 사실을 기꺼이 인정하고 받아들일 때 영적 성장이 이루어지고 소명에 충실할 수 있다.

여기서 중요한 점을 짚어야 한다. 자신의 강점과 한계를 알고, 깊은 열정을 인식하고 확신한다 해서 즉시 직장을 그만두고 작가가 되라는 것이 아니다. 그것이 자신의 열정이어도 말이다! 소명은 가정의 필요, 경제적 여건 그리고 일부에게는 개인 건강이라는 제약 안에서 이루어진다. 그렇지만 우리는 그 꿈을 키우기 시작할 수 있으며, 주어지는 시간과 기회를 통해 그 꿈을 실천하고 돌볼 수 있다.

자크 엘룰(Jacques Ellul)에 대해 읽은 내용 중 주목할 만한 점이 있다. 그는 프랑스의 교수이자 사회학자로서, 그의 저술은 철학자와 여러 학자가 기술과 기법의 사용을 생각하는 방식에 깊은 영향을 미쳤다. 그럼에도 그는 자신의 신학 작업을 가장 중요한 공헌으로 여기고는 했다. 그는 다른 학문적 출판물을 계속 출간하는 중에도 초기부터 신학에 관해 글을 썼으며, 비록 신학을 주된 전문 분야로 여기지 않았지만 하루에 한 시간씩 이 분야에 시간을 할애했다.

결국 그는 성경 해석에 관한 논의(예를 들어, 열왕기상과 요한계시록에 관한 연구), 윤리학, 그리고 정치와 도시 생활에 대한 기독교적 관점에 대해 상당히 많은 저작을 남기고 생을 마감했다. 그의 경력 대부분에서 신학은 부차적인 분야처럼 보였으나, 결국 그것이 그가 이룬 가장 중요한 일이었을지도 모른다.

이 밖에도 중년기와 관련해 말할 수 있는 주제가 세 가지 더 있다. 첫째는 계속 배워 나가려는 태도이고, 둘째는 실패와 좌절을 딛고 거기서 교훈을 얻으려는 태도이며, 셋째는 휴식과 재충전의 기회를 찾으려는 태도다. 이 세 가지는 중년기를 거치면서 소명을 계발해 나가는 데 없어서는 안 될 요소다.

나는 9장에서 소명을 이루려면 계속해서 배워 나가는 자세가 필요하다고 강조할 것이다. 이는 중년기에 접어드는 시기에 특히 중요하다. 중년기는 지난 날을 돌아보며 버릴 것은 버리고 받아들일 것은 받아들이는 때다. 새로운 기회가 찾아오는 때이기도 하고, 전에는 전혀 예상하지 못했던 상황과 도전이 전개되는 때이기도 하다.

예를 들어 집에서 자녀를 돌보는 부모의 경우를 생각해 보자. 만일 부모 중 한 사람이 자녀 양육을 전담할 경우, 자녀가 모두 성장해

집을 떠나고 난 후에는 인생의 과도기가 찾아오기 마련이다. 양부모 역할을 하거나 보육원 교사가 아닌 다음에는 '어린아이들을 양육하는 것'을 소명이라고 말할 수는 없다. 물론 우리는 자녀들을 길러야 할 책임이 있다. 가정을 돌보는 것은 매우 고귀한 일이다. 하지만 결국 아이들은 성장하기 마련이고, 그 후에는 과도기를 원치 않아도 어쩔 수 없이 정체성의 위기에 직면할 수밖에 없다.

자녀 양육에 전념한 여성은 엄마 역할을 중단해야 할 시기가 오래 지난 후에도 여전히 자녀나 다른 사람을 엄마처럼 돌보려는 경향이 있다. 그런 태도는 바람직하지 않다. 자녀가 다 자라 집을 떠난 후에는 자신의 재능과 비전과 소명에 부합하는 일을 찾아 매진해야 한다. 보수를 받는 일이든 그렇지 않은 일이든 상관없다. 사람은 누구나 자신의 가치를 확인하기 위해 '집 밖에서 일해야' 한다.

물론 각 사람은 자신만의 소명이 있다. 예를 들어 사람을 대접하는 일처럼 집에서도 충분히 이룰 수 있는 소명도 있다. 이는 주로 손님과 여행객을 집으로 맞아들이는 환대의 형태일 수 있다. 중요한 점은, 가족 상황에 따라 다르겠지만, 아이들이 성장하여 결국 성인으로서 자기 삶에 책임을 지게 되는 전환기가 온다는 것이다. 자녀가 성인이 되어 독립하기 전이라도, 주된 양육자인 어머니는 자신의 정체성과 소명, 잠재력에 대해 명확히 인식할 수 있어야 한다.

중년기는 결혼한 부부에게 특히 중요하다. 중년기는 부부가 하나님이 자신을 함께 부르셨다는 사실에 익숙해지는 시기다. 부부는 누가 가정의 주수입원이 될 것이며, 누구의 소명을 좀 더 융통성 있게 열어 두어야 하는지 중요한 결정을 내려야 한다. 배우자가 훈련과 경험을 쌓도록 먼저 양보했던 이도 자신의 소명을 발견하고 표현할 기회를 가져야 한다. 많은 남편이 아내가 자신의 소명을 발견하고 표현하는 데 필요한 학업, 훈련 또는 경험을 쌓도록 몇 년간이라도 경력 계발을 잠시 멈추고 물러서기를 선택하고 있다.

소명은 경력이나 역할과 다르다는 사실을 잊지 말라. 반드시 보수를 받는 일을 해야만 소명을 이루는 것은 아니다. 소명을 이루는 방법은 매우 다양하다. 직책이나 직위 또는 직업이 없이도 얼마든지 소명을 이룰 수 있다. 부부는 이와 같은 소명의 의미를 이해하고 서로의 존재 이유와 목적에 상호 이바지하는 길을 모색해야 한다.

중년기에 발생하는 상황은 에릭 에릭슨이 '생산성'(generativity)이라고 일컫는 경험과 맞닿는다. 즉 중년기는 감정과 소명과 정신이 하나로 통합되는 과도기를 말한다. 이는 50대가 되기 전에는 충분히 알기 어려운 경험이다. 하지만 50대가 되어서도 자기 자신에게 충실하고, 자신의 참 모습을 받아들이며, 자기 정체성에 부합하는 삶을 살려고 노력해야만 그런 경험을 할 수 있다. 우리는 30대 중반에서 40대로 넘어가는 시기에 자기 자신에게 충실한 삶을 선택해야 한다. 그것은 우리가 무시해서는 안 될 선택이다. 허례허식이나 시기심이나 환상에 사로잡히지 않고 자신을 있는 그대로 받아들이고 자신의 정체성을 되찾아야만 하나님과 이웃을 온전히 섬길 수 있다.

많은 사람은 중년기에 중대한 위기나 좌절을 경험한다. 그리고 자신에게 닥친 상황에 어떻게 반응하느냐는 소명이 성장하는 데 결정적이다. 맥신 행콕(Maxine Hancock)은 17세기 세 인물, 조지 허버트(George Herbert), 존 밀턴(John Milton), 존 던(John Donne)이 모두 경력에 대한 기대가 좌절되었으나, 아이러니하게도 그 실망에서 작가와 설교자로서 영향력과 권세가 나왔다고 지적한다. 예를 들어 존 던은 원래 관료가 되고자 했으나, 결국 17세기 최고의 설교자 중 한 명이 되었다.[5] 맥신 행콕은 이들이 각기 한 방향으로 경력을 시작했지만 깊은 실망을 겪으면서 매우 풍성한 삶과 일의 자리로 재조정되었다고 관찰한다.

모든 일생에 전환기가 찾아온다. 특히 중년기에 우리는 이를 더욱 뚜렷하게 느낀다. 우리는 하나 혹은 여러 갈림길에 서게 될 수 있다. 예를 들어, 근무하는 회사가 구조조정을 하여 고용 위기를 맞거나, 점점 자신이 부름받은 일에 대해 더 깊이 깨닫게 되는 내면의 위기를 경험할 수 있다. 또는 자녀가 성장하여 이제는 보다 의도적으로 소명의 여정을 시작할 수 있을지 모른다. 어떤 상황이든, 어떤 좌절이나 실망이 배경에 있더라도 우리는 반드시 앞으로 나아가야 한다. 우리는 점점 나이를 먹고 있기 때문이다.

중년기에서 노년기

은퇴는 일의 중단을 의미한다. 대개 65세가 되면 그동안 해오던 역할이나 책임에서 벗어나 은퇴 생활이 시작된다. 본래 은퇴의 개념은 평균 수명이 비교적 짧았던 1930년대에 생겨났다. 당시에는 힘든 육체 노동을 하는 사람들이 많았고 고용의 기회가 한정되어 있었기 때문에 적절한 시기에 은퇴가 필요했다.

지금은 65세 이후에도 건강한 체력을 유지하며 20년 이상 충분히 일할 수 있는 상황이 되었는데도 여전히 구태의연한 고정관념이 남아 있다. 요즘의 은퇴는 곧 여가 생활을 즐기는 삶을 의미한다. 하지만 모든 책임에서 벗어나 여가 생활을 즐기는 삶(매일 직장 생활을 하다가 매일 골프장을 배회하는 삶)이 잘못되었다고 생각하는 사람도 적지 않다. 물론 이런 오해가 빚어지는 이유는 소명을 사회적 역할이나 경력과 혼동하기 때문이다. 일이나 경력을 쌓는 일에서 은퇴했다고 해서 소명 자체가 중단되는 것은 아니다. 우리는 계속해서 하나님의 소명을 찾아야 하고, 우리가 부딪혀야 할 한계와 선택의 범위 안에서 하나님의 부르심에 응답할 방법을 모색해야 한다.

은퇴는 원칙적으로 잘못된 개념이지만, 그럼에도 60대 중반에 이루어지는 은퇴는 상당한 의미가 있다. 중년기에서 노년기로 접어드는 과도기가 반드시 존재하기 때문이다. 대개 노년기는 60세 이후에 시작된다. 일의 중단이 노년기의 시작을 알리는 신호탄이자 노년 생활에 접어드는 중요한 변화가 될 수 있다. 하지만 일의 중단은 단지 한 가지 요인에 불과할 뿐 사람들 대다수에게는 그렇게 중요하게 작용하지 않는다.

이 또한 앞서 언급한 두 전환기만큼이나 필수적인 변화이다. 우리는 나이가 들고, 교회와 세상 안에서의 역할이 변한다. 점점 더 강하게 느끼게 되는 것은, 잘 은퇴하지 않으면 잘 살 수 없다는 점이다. 즉, 노년기를 효과적으로 받아들이고 살아내야 한다는 것이다. 이 시기는 인생의 완성 단계이자, 결정적이고 중요한 시기로, 많은 이에게 잠재적으로 가장 풍성한 삶의 시기가 될 수 있다.

나는 '놓아줌'의 필요성을 이야기하려 한다. 그러나 먼저, 우리 각자가 노년기에 세상에 변화를 일으킬 능력을 가지고 있음을 확언해야 한다. 사실, 나는 현재 노년기에 있으며, 이제는 '어르신'이라는 호칭을 더 선호한다. 이 주제로 처음 글을 쓰고 강연할 때는 중년이자 중견 경력자였으나, 지금은 삶의 마지막 계절에서 어떻게 소명을 발견하고 성취하는지 알려는 열망을 가진 어르신의 입장에서 말하고 글을 쓴다. 나는 이전보다 노년기에 놀라운 공헌을 하는 이를 더 잘 인식하고 있다. 이들은 '은퇴'하거나 '자리를 비우는' 대신, 70대를 지나서도 자신의 소명에 깊은 성숙함을 반영하는 기회를 적극적으로 받아들이고 있다.

P. D. 제임스(P. D. James)는 80대에 접어들어 또 하나의 매혹적인 범죄 소설을 발표했다. 앤서니 홉킨스(Anthony Hopkins)는 80대 초반에 영화 "두 교황"(*The Two Popes*)에서 베네딕토 16세(Pope Benedict)를 연기하며 최고의 기량을 선보였다. 도시 계획의 대가인 제인 제이콥스(Jane Jacobs)는 90세를 앞두고 도시 생활에 관한 또 하나의 중요한 분석서를 출간했다. 그리고 조지 미첼(George Mitchell)은 76세에 미국 특사로 중동에 파견되어 가장 해결하기 어려운 정치적 상황 중 하나에 대한 외교적 해법을 모색했다. 그는 다른 분쟁 상황에서도 놀라

운 기술과 끈기, 인내를 보여 주었으며, 다른 이들이 애리조나의 골프장에 있을 때 그는 평생 쌓은 경험, 북아일랜드 평화 협정에 기여했던 경력까지 동원해 변화를 이끌고자 노력했다.

노년기의 과도기가 오히려 큰 기회가 되는 경우가 많다. 소명에 좀 더 열심히 매진할 수 있는 경제적 독립, 시간적 여유, 활동의 폭이 넓어지기 때문이다. 개중에는 소명과 정체성을 새롭게 발견하는 이들도 있다. 어떤 사람이 은퇴 이전에 했던 모든 활동이 한갓 '서곡'에 불과했다고 말하는 것을 들은 적이 있다. 그는 마침내 자신의 존재 이유를 발견하고 열심히 그 길로 매진하는 중이었다. 이처럼 노년이 되어 자신이 가장 좋아하는 일을 할 수 있게 된 사람이 결코 적지 않다. 한 방송인이 자신이 65세에 은퇴하는 이유를 설명하며, 이제 대중에게 한 약속뿐 아니라 자신에게 한 약속을 지키려 한다고 했다. 즉, 소설을 쓰기로 마음먹었고, 그 일에 전념하기 위해 공적인 삶에서 벗어나야 한다는 뜻이었다.

노년기에 접어들었다는 것은 곧 소명을 발견하고 그것을 이루는 출발선에 섰다는 의미가 될 수도 있다. 소명은 나이에 상관없이 여전히 유효하며, 심지어는 하나도 변하지 않는다. 단지 소명을 이루는 방법이 바뀔 뿐이다.

이 전환의 가장 분명한 외적 특징은 이전에 우리의 소명을 표현했던 역할, 직함, 직위, 직업을 내려놓는 것이다. 우리는 권력과 영향력의 공식적인 구조를 내려놓는다. 이러한 책임에서 은퇴하는 것이다. 그 이유는 단순할 수 있다. 더 이상 신체적 힘이나 감정적 인내심이 없거나, 심지어 한때 우리에게 큰 의미였던 공식적 구조나 역할을 계속 유지하고자 하는 욕구가 없기 때문이다. 노년기에 접어들면서 우리는 소명이 더욱 미묘하지만 장기적으로는 더 영향력 있는 형태로 이루어진다는 것을 깨닫기 시작한다. 이제 우리는 진정으로 변화를 만드는 법을 배우게 된다.

어떤 이들에게 이 삶의 장은 단지 여가의 기회에 불과해지는 경우가 있다. 이는 안타까운 일이다. 반면, 은퇴를 원하지 않고 계속 일하기를 바라며, 자신의 지위나 책임을 내려놓으라는 어떤 제안에도 반감을 가지는 이도 있다. 중요한 점은, 사실 아무도 우리에게 소명에서 은퇴하라고 강요할 수 없다는 것이다. 회사가 우리에게 직위에서 물러나라고 요구할 수 있고, 경력에서 은퇴해야 할 수도 있다. 그러나 소명에서의 은퇴는 전혀 다른 문제다.

다시 말해, 옳든 그르든 우리는 은퇴를 요구받을 수 있다. 아마도 우리가 속한 조직이 젊은 인재에 투자하려 할 수도 있다. 이유가 무엇이든, 우리는 질문해야 한다. "이 문이 닫힌다면, 나의 능력과 열정에 맞는 방식으로 변화를 만들기 위해 어떤 다른 길이 열려 있는가?" 이런 의미에서 은퇴는 언제나 우리의 선택이다.

어쨌든, 노년기는 분명한 변화를 의미한다. 이상적으로 노년기는 더 큰 유연성과 덜한 조직적 압박을 가져야 한다. 우리는 더 이상 타인이 부과하는 인위적이고 경직된 근무 시간에 얽매이지 않는다. 덜 몰입하게 되는 것이 아니라, 삶과 일의 리듬에 중요한 차이가 생기는 것이다. 적은 시간에 더 많은 일을 할 수도 있는데, 즉 시간은 줄

었지만 진정 중요한 것이 무엇인지에 대한 인식이 더 깊어지기 때문이다. 여가가 없다는 말이 아니다. 오히려 정기적으로 골프장에 가고, 프랑스 남부를 느긋하게 여행하며, 손주와 시간을 보내고, 늘 읽겠다고 다짐했던 톨스토이(Tolstoy)의 『전쟁과 평화』(War and Peace)를 끝낼 기회를 가질 수도 있다.

노년기에 신체적, 감정적 힘이 줄었을지라도, 우리는 하나님께서 결국 모든 일을 주관하신다는 확신이 더 커진다. 그래서 일에 투자하는 시간이 줄더라도 그 시간은 더 신중하게 쓰이며, 점점 우리의 일은 무엇보다도 우리에게 의미 있는 기회들을 반영하게 된다.

노년기는 정해진 은퇴 일자로 결정되는 것이 아니다. 많은 이에게 은퇴는 65번째 생일이 지난 첫 달의 첫날에 갑자기 찾아오는 것이 아니라, 대개 10년가량의 기간에 걸쳐 점진적으로 다가온다. 은퇴는 결국 우리가 소명을 표현해 온 역할, 직함, 직위 등을 내려놓는 것을 의미한다. 그리고 이러한 것을 내려놓으면 영향력이 줄어들까 봐 두려워하지만, 오히려 그 영향력이 더 커질 수도 있음을 결국 알게 된다.

그렇다면 이 영향력의 성격은 무엇인가? 이것이 노년기의 부르심의 본질을 이해하는 데 있어 가장 중요한 질문이다. 노년기의 소명을 이해하는 데 도움이 되는 한 가지 방법은 소명을 두 가지 본질적 특성으로 특징 짓는 것이다. 성경에 따르면, 노인은 두 가지 주요 책임, 즉 두 가지 근본적인 방식으로 세상에 변화를 만든다. 지혜를 나누는 것과 축복을 베푸는 것이다.

첫째, 성경이 말하는 장로는 그들이 속한 공동체의 지혜로운 성도를 전제로 한다. 그들은 조언과 권면, 격려의 말씀을 통해 기여한다. 여기서 장로는 교회의 직분으로서가 아니라 자신이 속한 사회와 공동체의 연장자이자 선배로서의 의미다.

노년층은 사람들이 자기 말에 귀 기울여 주기를 바란다. 사람들에게 인정받고 싶어 한다. 일생 사람을 지도하는 직위와 직책, 역할을 담당해 왔기 때문에 앞으로도 그럴 것이라 생각한다. 하지만 은퇴 이후에는 그런 권위를 더 이상 행사할 수 없다. 직위나 직책이 없어졌기 때문이다. 오직 지혜로워야만, 즉 유익하고 고무적이고 영감이 풍부한 조언을 해줄 수 있어야만 사람들이 귀를 기울일 것이다.

이런 현실이 두려운가? 사람들이 말을 들어줄지 걱정인가? 다음 세대, 즉 지혜롭게 성장하고 우리에게서 배우려는 이에게 줄 것이 있는가? 만약 그렇다고 자신하지 못한다면, 우리는 내려놓기를 거부하고 싶을지도 모른다. 그러나 권력이나 영향력의 공식적 구조에 매달린다고 해서 얻는 것은 아무것도 없다. 우리는 내려놓아야 하며, 직위나 직함에 기반한 영향력이 아니라 우리 자신과 그동안 배운 것으로부터 자연스럽게 흘러나오는 영향력을 허용해야 한다.

노년층이 해야 할 또 하나의 역할은 축복하는 일이다. 이스라엘의 족장 이삭의 생애를 살펴보면, 후대에 복을 전하는 것이 그의 유일한 임무였던 것을 알 수 있다. 우리는 직책이나 직위같이 구체적으로 일을 결정할 권한을 지닌 자리에 있는 사람을 실세로 여기는 경향이 있다. 하지만 진정한 힘은 축복의 능력에서 비롯한다.

나는 자녀들이 사춘기를 거쳐 성장하는 모습을 지켜보았다. 그들을 지켜보면서 늘 "아이들이 누구의 말에 귀를 기울이는가? 그들이 만나는 사람 가운데 그들의 행동에 실질적으로 영향을 미치는 사람은 누구인가?" 하는 물음을 가져 왔다. 나는 그 대답을 바로 축복의 개념에서 발견했다. 아이들은 무엇을 해야만 한다고 말하는 사람, 즉 그들에게 기대를 거는 사람의 말에 귀를 기울이지 않았다. 시간과 노력을 들여 함께 어울리며 그들의 말을 들어주는 사람, 곧 그들을 축복하는 사람의 말에 귀를 기울였다.

몇 년 전 그리스도인 의사들이 매년 여름 가족과 함께 보내는 하계 수양회에 두어 차례 참석해 경건의 시간을 인도한 적이 있다. 우리 아이들도 함께 참여해 좋은 시간을 보냈다. 사람들은 우리 아이들에게 수상스키와 윈드서핑을 가르쳐 주었을 뿐 아니라 대화 시간을 갖기도 했다. 그들은 우리 아이들을 비롯해 수양회에 참석한 청소년들과 함께 어울리며 축복해 주는 일 외에는 아무 관심이 없는 듯했다. 그들은 결코 '~해야 한다'라는 말을 하지 않았다. 청소년이 가장 싫어하는 그 말을 말이다. 그들은 수양회에 참석한 내 아들과 다른 청소년을 축복하는 것 외에는 다른 계획이 전혀 없었다.

노년기에 후대에 가장 큰 영향을 미칠 수 있는 사람은 바로 축복을 베푸는 사람이다. 우리는 후손들이 우리만큼 헌신적이거나 선량하지 않다고 잘못 생각하기 쉽다. 그래서 후세대의 실패를 질타하며 과거의 가치관을 고집할 때가 많다. 하지만 후대의 실패를 질타하는 사람은 점차 분노와 실망과 냉소에 찬 삶에 치우치기 쉽다. 반대로 후대에 축복을 전하는 사람은 시간이 흐를수록 더욱더 기쁘고 은혜로운 삶을 영위할 뿐 아니라 후손에게 막대한 영향을 행사한다.

물론 판단이 필요할 때도 있고 평가와 비판이 필요할 때도 있다. 하지만 축복의 힘이 얼마나 막강한지를 아는 나로서는 나이가 들수록 판단하는 태도를 버리는 편이 좋다고 생각한다. 지혜를 베푸는 일에 미숙하며 인생의 깊은 통찰을 줄 수 없을지라도 축복을 베푸는 일은 얼마든지 가능하다. 더구나 축복을 베푸는 삶을 살다 보면 자연스레 지혜를 베푸는 사람이 될 수도 있다.

할아버지의 역할에서 그런 삶의 전형을 찾을 수 있다. 할아버지는 대개 손자 돌보는 일을 조금도 귀찮아하지 않는다. 손자에게 깊은 관심을 기울이며 축복하고 함께 어울리며 기쁨을 얻을 뿐 아니라, 늘 격려를 아끼지 않고 말썽을 피우더라도 크게 개의치 않는다. 우리가 이 말을 웃으며 넘기지만, 그 안에는 어느 정도 진실이 담겨 있다. 자녀를 옳게 훈련해야 할 책임은 부모에게 있고, 할아버지가 해야 할 역할은 따로 있다. 지역 사회에서 노인은 다른 방식으로 소명을 이루어 간다. 노인의 핵심 역할은 바로 축복하는 일이다.

할아버지 역할 자체가 소명인 사람도 많다. 팀 스태퍼드(Tim Stafford)는 『나이가 들수록』(*As Our Years Increase*)에서 어린 손자들이 성년으로 성장하는 데 조부모가 지대한 영향을 미친다고 했다.[6] 조부모가 자신의 삶에 많은 영향을 미쳤다고 말하는 이들이 적지 않다. 이처럼 노년기에 이른 사람에게는 조부모 역할이 중요한 비중을 차지한다.

우리가 점차 깨닫게 되는 것은, 우리 삶의 창조적인 원동력 중 하나가 바로 세대 간 공동체의 일원이 되는 것이라는 사실이다. 특히 가족 안에서 삼촌, 이모, 조부모와 같은 어른이 젊은 세대의 삶에 온전히 참여하고 깊이 관여하는 것이다. 세월이 흐르는 것을 원망하기보다, 나이 듦 자체를 하나의 선물로 볼 수 있다.

손자가 없는 사람은 "나는 누구에게 조부모 역할을 할 수 있을까?"라고 물을 것이다. 우리는 자녀들이 어렸을 때 필리핀에서 여러 해를 살았다. 당시 연로한 동료 선교사들이 우리 아이들에게 조부모 역할을 해주었다. 그때를 생각할 때마다 하나님께 감사드린다. 그들은 우리 아이들과 함께 어울리며 축복을 베풀어 주면서 아이들의 성격 형성에 커다란 영향을 미쳤다.

축복한다는 것은 인정한다는 뜻이다. 판단이나 규정 지으려는 태도 없이 상대방을 있는 그대로 기뻐하고 즐거워하는 것이 곧 축복이다. 축복은 종종 상대방과 어울리며 느끼는 기쁨을 통해 입증된다. 시간과 기회를 공유하며 재능을 전수하는 일이 모두 축복의 일환이다. 어린 손자의 손을 잡고 동물원에 가거나, 장성한 손자에게 자동차를 손보는 법을 가르쳐 주는 일도 축복의 증거다. 하지만 함께 시간을 보내며 재능을 전수하는 일은 부차적이다. 축복의 대상을 있는 그대로 기뻐하며 조건 없는 사랑을 베푸는 것이 가장 중요하다.

우리는 그런 삶을 터득해야 하고, 다른 사람을 축복하는 사람이 되고자 노력해야 한다. 사실 축복을 베풀지 못하면 다른 사람의 귀를 사로잡을 수 있는 지혜도 베풀 수 없다. 노년기에 해야 할 두 가지 역할(지혜를 베푸는 일, 축복을 베푸는 일) 가운데 후자가 전자를 선행한다는 점을 잊지 말자.

앞서 지적했듯이 노년기에는 권위와 주도권을 포기하는 일이 소명을 발견하는 데 중요하다. 노인이 되면 직책이나 직위가 아니라 지혜와 축복을 베푸는 능력으로 사람의 관심을 사로잡아야 한다. 이를 깨닫지 못하고 형식상으로라도 주도권을 쥐려는 사람이 많으니 참 안타깝다. 주도권을 포기하는 방법을 배우는 것이 무엇보다 중요하다. 지금까지 권위 있는 직책을 맡았던 조직이나 단체, 사람에게 더 이상 주도권을 행사하지 않겠다는 결심이 필요하다.

윈스턴 처칠(Winston Churchill)은 20세기 가장 위대한 정치가였다. 하지만 권력의 자리에 필요 이상으로 오래 머물렀다. 그 때문에 국가의 종복으로서 소임을 다하지 못했으며, 결과적으로 자신의 일생을 바친 대의명분을 저버리는 잘못을 범했다. 기꺼이 권력을 포기해야 할 시점이 왔는데도 그는 여전히 집착을 버리지 못했다. 아마 그가 좀 더 일찍 권좌에서 물러났다면 당시의 국가 상황에 더욱 긍정적인 영향을 미쳤을 것이다. 처칠의 삶은 권위와 주도권을 적시에 포기하고 지혜와 축복을 베풀며 노년기를 보내는 것이 얼마나 중요한지 일깨워 준다. 포기하지 않으면 지속적인 영향력을 행사할 수 없다는 점을 잊지 말자.

미하일 고르바초프(Mikhail Gorbachev)는 처칠과 정반대였다. 리처드 닉슨(Richard Nixon)은 "그는 권좌를 지키기 위해 개혁을 포기하기보다, 개혁을 위해 권좌를 포기하는 쪽을 택했다."고 했다. 고르바초프는 소련 연방에 자유 민주주의의 물꼬를 틈으로써 냉전을 종식시켰다. 닉슨의 말은 형식적인 권력과 영향력을 지닌 직책에 연연할 경우 긍정적인 영향을 미칠 수 없다는 사실을 일깨운다.

인생의 우여곡절을 겪으면서 우리의 가치, 즉 우리의 궁극적인 영향력이 직책이나 직위가 아니라 내면의 인격에서 비롯한다는 사실을 깨달아야만 기꺼이 권위와 주도권을 포기할 수 있다. 변화를 일으키는 힘은 특정 역할이나 직책에서가 아니라 지혜와 축복을 베풀 수 있는 능력과 인격에서 비롯한다.

물론 65세가 넘은 사람은 아무 직책도 가져서는 안 된다는 뜻은 아니다. 넬슨 만델라는 65세가 훨씬 넘은 나이에 남아프리카공화국 대통령이 되었다. 그에게 매우 적절한 일이었다. 하지만 나이가 들어 형식적 직책이나 직위를 유지하는 경우에는 일처리 방식이 전과는 달라야 한다. 넬슨 만델라가 대통령직을 맡았지만 정작 대통령 업무를 수행한 것은 참모들이다. 만델라는 많은 점에서 새로 태어난 남아프리카공화국의 아버지 또는 할아버지 역할을 담당했다. 교황 요하네스 23세(Pope John XXIII)도 연로한 나이에 로마 가톨릭 수장이 되었지만, 자신의 역할은 가톨릭교회 내에 개혁의 물꼬를 트는 여러 가지 변화와 혁신을 축복하는 일에 있다고 생각했다.

우리 모두에게는 주도권을 은혜롭게 내려놓고 다른 이들이 공식적인 권위를 행사하도록 허락해야 할 때가 온다. 그리고 나는 점점 더 자녀에 대한 통제와 공식적인 권위를 내려놓는 연습을 통해, 즉 '놓아줌'을 실천하며 이 과정을 가장 잘 해낼 수 있다는 확신이 커진다. 나는 담임목사로서 두 교회를 섬겼는데, 그들로부터 방문 초청을 받을 때는 비판자가 아니라 후임자를 축복하는 자로서 간다. 이 원칙은 내가 맡았던 모든 직위에 적용된다. 우리는 내려놓고 앞으로 나아가야 한다.

조직은 종종 리더십 전환에 어려움을 겪는다. 특히 전임 담임목사가 후임자의 길을 흐리게 하거나, 비영리 단체의 전임 회장이 '명예직'으로 남아 있을 때 후임자가 효과적으로 이끌기가 복잡해진다. 우리가 남길 수 있는 최고의 유산은, 깔끔하게 단절을 하고, 우리가 필수불가결한 존재가 아님을 분명히 하며, 모든 면에서 우리를 잇는 후임자를 축복하는 것이다. 즉, 후임자를 비판하거나 판단하지 않는 태도를 지키는 것이다.

소명과 노년기에 관한 이 장을 마무리하기 전에 한 가지 더 짚고 넘어가겠다. 나이가 들수록 건강은 더 취약해진다. 어느 정도 건강을 유지하지 않으면 노년기에 관대하게 섬기기 어렵다. 즉 나이가 들수록 신체적 안녕을 유지하는 데 더 많은 시간을 투자해야 한다. 우리는 의도적으로 신체 활동을 지속해야 한다. 계속 걷고, 유연성을 유지하며, 식단을 관리해야 한다. 단지 더 나은 음식을 먹는 것이 아니라, 젊었을 때보다 적게 먹는 것을 의미할 가능성이 크다. (젊은 이에게도 꼭 전해야 할 점이다. 많은 노인이 관대한 섬김과 소명을 수행하지 못하는 이유는 젊었을 때 건강과 체력을 잘 관리하지 못했기 때문이다.)

요약하자면, 각 삶의 단계별 소명 및 소명의 전환의 핵심은 다음과 같다.

- **성년기**: 자신의 삶에 책임을 지라.
- **중년기**: 좋든 싫든 자신을 있는 그대로 받아들이라.
- **노년기**: 놓아주고 축복하며 지혜를 나누라.

인생의 과도기에 따라 소명을 이루는 데 필요한 조건이 다르다. 성년기에 접어든 사람은 인생을 독립적으로 책임지는 일이 관건이다. 중년기에 접어든 사람은 랠프 에머슨의 말처럼 결과가 더 나빠지든 좋아지든 자신의 참 모습을 받아들여야 한다. 아울러 노년기에는 권위와 주도권을 포기하는 일이 무엇보다도 중요하다.

세 경우 모두 본질적으로 영적 문제로 귀결된다. 성년기에는 하나님 앞에서 자신의 삶을 책임지며 그분의 소명에 부응하려고 노력해야 한다. 중년기에는 자신의 한계를 기꺼이 인정하고 하나님이 재능을 주신 대로 살아가겠다는 성숙한 믿음을 발전시켜 나가야만 비로소 소명을 올바로 이해할 수 있다. 노년기에는 자신의 정체성이 일이나 직책이 아니라 하나님과의 관계에 놓여 있다는 사실을 깨달아야만 권위와 주도권을 기꺼이 포기할 수 있다.

소명의 역동성

우리의 소명은 점차 성장하고 발전한다. 감정적으로 성숙하거나 나이가 들면서 신체적 변화를 겪거나, 또는 자신과 세상을 다르게 바라보는 관점이 형성되거나 삶의 상황이 변화할 때는 소명의 초점도 변한다.

소명을 이루는 데는 여러 요소가 필요하다. 앞으로 이 점을 살펴보고자 한다. 이들 요인은 모두에게 중요하지만, 각자 성인으로 살아가면서 처하는 위치와 상황에 따라 소명을 둘러싼 고민도 달라질 것이다. 더욱이 살다 보면 다양한 상황과 시기에 따라 능력과 재능을 적절히 조율하는 노력이 필요할 때가 있다. 그런 경우는 미리 계획하거나 예견할 수 있는 상황이라기보다는 대체로 지난날을 돌이켜볼 때 비로소 깨닫게 될 가능성이 높다.

예기치 않은 상황 변화가 긍정적인 역할을 하는 경우도 없지 않다. 어쩔 수 없이 기존의 역할이나 직업을 포기하고 새로운 도전이나 기회를 맞이할 때 비로소 자신의 참 모습을 발견하는 사람이 많다. 도전이 불가피하다는 사실은 우리가 하나의 역할에만 국한될 수 없고 새로운 상황과 도전이 전개될 때마다 융통성 있게 대처해야 한다는 점을 다시 한번 분명히 한다.

각각의 과도기를 거칠 때마다 심각한 신앙적 고민이 뒤따른다. 성년기에는 자신의 삶에 목적과 방향을 부여해 줄 신앙을 선택한다. 중년기에는 자신의 꿈이 현실화되지 못한 상황에서 삶의 의미와 본질을 하나님을 신뢰하는 믿음 안에서 발견하려고 노력한다. 다시 말해 스스로의 한계를 인정하고 하나님을 신뢰하는 법을 배우게 된다. 노년기에는 자신의 일이나 경력이나 사역보다 더욱 위대하신 하나님을 신뢰하는 믿음을 가져야만 삶의 주도권을 포기할 수 있다.

소명을 발견해 계발하는 작업은 단지 직업 선택 문제에 국한되지 않는다. 우리는 일과 생활과 관계라는 전반적인 상황 속에서 우리의 삶을 이해해야 한다. 우리는 부모, 교인, 시민, 자원봉사자라는 여러 역할 속에서 직업의 선택과 가능성과 문제점을 고려하고 성찰해야 한다. 일이나 사역의 기회가 찾아왔을 때 그것이 그리스도인이 할 수 있는 일인지, 소명에 부합하는 일인지 판단해야 한다. 그 밖에도 소명에 관해 생각할 때는 우리가 처한 삶의 상황과 우선적으로 처리해야 할 일 등을 염두에 두어야 한다.

우리가 궁극적으로 어떤 일을 하게 될지와 상관없이 우리에게 주어진 현 상황이 부모 역할이나 기타 필요한 일이 요구된다면 기꺼이 그 일에 뛰어들어야 한다. 왜냐하면 하나님이 우리 앞에 두신 일이기 때문이다. 우리는 인내와 겸손으로 하나님을 신뢰해야 한다. 그러다 보면 새로운 기회와 책임이 주어지고, 그 일을 통해 우리가 부르심 받은 일과 해야 할 일을 할 수 있다.

인생의 과도기를 거칠 때마다 우리는 두 가지를 질문해야 한다. 먼저 "내가 지금 해야 할 일이 무엇인가? 이 시점에서 내 소명을 이루는 데 가장 필요한 일은 무엇인가?" 하는 물음을 떠올려야 한다. 그 대답은 현재 상황에 달려 있다. 예를 들어 네 자녀를 둔 아버지이거나, 대학 진학을 가장 절실하게 생각하거나, 중년에 접어들어 다시 학업을 시작해야 할 필요성을 느낀다면 그런 상황이 변수로 작용할 수 있다. 그런 경우라면 그것이 우선적으로 처리해야 할 과제가 된다. 또한 주일학교 교사로 일하는 것이 정체성과 소명에 부합하는 일이라면 그것이 곧 우선적인 비중을 두어야 할 소명이 된다. 다시 말해 우리가 하는 가장 중요한 일 가운데는 돈벌이와 아무 상관이 없는 일이 있을 수 있다. 우리의 소명이 교회와 사회에서 이루어지는 봉사 활동이나 환경 운동을 위한 일이 될 수도 있기 때문이다.

직업을 가질 필요도, 직업을 구할 수도 없는 상황이라면 자원봉사를 할 수 있는 시간적 여유가 훨씬 더 많아진다. 노인을 비롯해 중년에 접어든 사람에게는 자원봉사자로서 의미 있는 일에 참여할 기회가 얼마든지 열려 있다. 오늘날 사회는 자원봉사자의 역할과 공헌을 매우 중요하게 생각한다. 많은 봉사 활동 단체가 헌신적이고 유능한 자원봉사자의 도움을 필요로 한다. 우리는 세상을 변화시키는 의미 있는 일에 자원봉사자로 참여할 수 있다. 하지만 그 일이 소명과 일치하는지 생각해야 한다. 활동을 위한 활동은 바람직하지 않다.

소명의 역동적인 성격으로 돌아가 내용을 요약해 보자. 우리 대부분에게 부르심을 깨달을 기회는 인생에서 세 차례 찾아온다고 말할 수 있다.

첫째, 성년기에 접어들기 이전이나 사춘기에서 성년기로 넘어가는 과도기에 소명 의식을 느끼게 된다. 이때의 소명은 헌신적인 삶을 살겠다는 생각을 바탕으로 한다. 사업가, 의사, 사진사, 목회자 같은 직업에 종사하겠다는 막연한 생각을 품는 사람도 있고, 특정 일이나 복음 사역에 헌신하겠다는 구체적인 생각을 가진 사람도 있다. 물론 사람에 따라서는 의식하지 못하고 지나치는 경우도 있지만 이때의 소명 의식은 모든 사람에게 찾아온다.

둘째, 중년기에 접어들면서 또 한 번 소명 의식을 느끼게 된다. 이때의 소명 의식은 좀 더 세부적이다. 다시 말해 넓어진 안목으로 자신의 소명을 정확하게 의식한다. 개중에는 중년기에 이르러 완전히 새로운 길을 걷는 이도 있다. 중년기에 접어들면 자신의 참 모습과 능력과 열망을 알게 될 뿐 아니라, 스스로의 한계를 인정하고 하나님이 원하시는 사람이 되려고 노력한다. 물론 그렇다고 해서 처음에 생각했던 소명이 없어지는 것은 아니다. 특히 처음부터 구체적으로 소명 의식을 느꼈던 사람의 경우에는 더더욱 그렇다. 두 번째 소명 의식은 오히려 첫 번째 소명 의식이 좀 더 뚜렷한 방향성을 가지고 완결되게 한다. 이런 점으로 미루어 보아 두 번째 소명 의식은 좀 더 성숙해진 자의식에 근거한다고 하겠다.

셋째, 노년기에 접어들면서 마지막으로 다시 한 번 소명 의식을 느끼게 된다. 이때의 소명 의식은 앞선 두 번의 소명 의식에 비해 중요성이 결코 덜하지 않다. 노년기는 또래 집단이나 조직의 기대감을 충족시키려는 욕망이나 경력 생활과 일에서 비롯된 정신적 압박에서 자유롭다는 점에서 상당한 의미가 있다. 노년기에는 한결 느긋하게 지금까지의 인생이 앞으로 전개될 인생의 전주곡에 지나지 않았다고 생각할 여유를 가진다.

인생의 과도기를 여러 번 거치면서 그때마다 소명 의식이 약간씩 달라질지라도 우리의 참 모습과 소명을 하나로 통합하는 하나의 뚜렷한 삶의 주제가 존재한다. 나이가 들어 지난날을 돌아보며 자신의 삶을 생각하는 단계에 이르기 전에는 우리의 삶을 하나로 통합하는 요소가 무엇인지 알지 못할 가능성이 높다. 하지만 인생의 저변에는 변하지 않는 삶의 주제가 존재하고, 인생의 각 단계는 이를 표현하는 하나의 방식일 뿐이다.

살아오면서 종사해 온 일과 소명을 동일시해서는 곤란하다. 사회적 신분 상승을 위한 노력과 소명은 별개다. 우리가 일하는 목적은 이력서를 화려하게 장식하기 위해서가 아니라, 주어진 삶에 충실하기 위해서다. 우리 삶에는 때로 결코 꿈꾸지 못했던 기회나 예기치 않은 일이 발생하기도 하고 실패와 좌절에 빠질 수밖에 없는 상황이 벌어지기도 한다.

앞으로 어떤 결과를 맞을지 알 수 없는 상황에서 우리는 오늘 주어진 기회에 충실할 뿐이다. 우리는 경력을 쌓는 것이 아니라 주어진 시간, 주어진 장소에서 소명 의식을 갖고 우리의 참 모습과 하나님의 뜻에 부합하는 소명을 이루어 나갈 따름이다. 코라손 아키노(Cory Aquino) 같은 주부가 필리핀의 대통령이 될 수도 있고, 대학교 총장이 사표를 내고 작가가 될 수도 있다. 경력보다 소명의 관점에서 모든 일을 생각할 때 비로소 하나님의 소명을 은혜로 받아들일 수 있다. 그러나 출세와 성공의 관점에서 인생을 바라볼 경우에는 자신의 소명을 결코 이해할 수 없다.

한편 부적절하고 온당치 못한 방법으로 소명을 강요하는 바람에 부담만 가중시키는 경우가 종종 있다. 우리는 때로 젊은이들이 일찍부터 각자의 소명을 이해하고 그 길로 매진했으면 하는 마음에서 "어떤 인생을 살 생각이냐?" 하고 성급한 질문을 던지곤 한다. 하지만 그런 고압적 태도는 불필요한 부담만 줄 뿐이다. 젊은이에게 먼 미래나 인생 전체를 생각하며 사는 삶을 요구할 필요는 없다. 그들은 가까운 미래를 위해 현재에 충실하면 족하다. 미래의 가능성을 성급히 결정 짓지 말고 선택의 폭을 넓게 열어 놓는 편이 지혜롭다. 즉 미래에 예기치 못한 상황에 직면할 수도 있다는 생각을 늘 기억하고 현재를 끌어안는 일이 필요하다.

우리는 자기 삶에 존재하는 기회와 한계를 인식하며 살아야 한다. 나는 어떤 상황에 처해 있든지 소명을 이룰 수 있다고 확신한다. 심지어 나치 강제 수용소에 갇혀 있다고 해도 마찬가지다. 우리는 어떤 상황에서도 "나는 이곳에서 무엇을 해야 할까? 이 상황과 이 기회, 즉 내 도움을 필요로 하는 이 상황과 이 기회 앞에서 나는 어떤 열정을 품고 어떻게 행동해야 할까?"라는 질문을 생각해야 한다.

때로 우리는 마땅히 주어져야 할 기회가 주어지지 않았다고, 소명을 이루는 데 필요하다고 생각되는 조건이 형성되지 않았다고 불평을 토로하곤 한다. 하지만 늘 감사하는 마음과 겸손한 태도를 잃지 않고 "지금 내가 해야 할 일은 무엇인가?"를 생각해야 한다. 지금의 아내 또는 남편이 내 관심을 필요로 할 수도 있고, 어린 자녀가 몸져누운 상태일 수도 있다(심지어는 평생 불구로 살아갈 수밖에 없는 상태일 수도 있다). 그런 상황이라면 하루, 아니 그보다 훨씬 많은 세월 자녀를 보살피는 일이 소명이라고 결론짓지 않을 수 없다. 또 내가 오랫동안 병원 신세를 져야 할 경우도 있다. 하지만 그런 상황에서도 "이런 한계 속에서 내게 어떤 기회가 주어졌을까? 이곳, 이 장소, 이 시간에 하나님이 내게 주신 소명은 무엇이며, 나는 어떻게 다른 사람에게 생명과 은혜를 전달하는 도구가 될 수 있을까?"를 생각해야 한다.

어떤 예기치 않은 일이 일어날지, 어떤 기회가 주어질지 모른다. 우리는 항상 그 점을 염두에 두고 살아야 한다. 우리는 공동체 안에서 소명을 이룬다. 우리는 다양한 공동체 안에서, 다양한 시기에, 다양한 방법으로, 다양한 기여를 할 수 있다. 예를 들어 어떤 경우에는 내가 행정가로서 재능을 발휘할 수 있지만, 다른 경우에는 다른 사람이 더 유능하게 처리할 수도 있다. 그런 경우 나는 그들을 격려하고 다른 직책을 맡으면 그만이다. 자신이나 다른 사람의 소명을 너무 편협하게 생각하지 말아야 할 이유가 여기에 있다. 우리는 특정 역할이나 책임에 국한되거나 얽매일 필요가 없다.

예를 들어 당신이 구약신학 교수라고 가정해 보자. 그런 경우 평생 구약신학 교수로 재직할 가능성이 높다. 하지만 누가 알겠는가? 하나님이 지금은 구약신학을 가르치는 소명을 주셨지만 그렇다고 해서 장래에도 똑같은 일을 하게 되리라는 보장은 없다. 이따금 선교 사역이 자신의 평생 사역이라고 말하는 선교사를 본다. 안타깝게도 그들은 자신의 정체성이나 소명을 재고할 여력이 전혀 없는 듯하다. 한 가지 특정한 일에서만 정체성을 찾고자 하는 사람은 모두 마찬가지일 수밖에 없다. 어떤 학장은 은퇴하면서 "학장으로서의 역할에만 자신을 국한시키지 마세요. 항상 학장 외에 다른 일을 할 수도 있다는 점을 생각하시기 바랍니다."라고 조언했다. 나도 학장의 직위를 내려놓아야 할 때가 되면 그의 충고를 받아들일 생각이다.

내가 특별한 상황이나 정황에 상관없이 사람의 은사와 재능을 결정 지으려는 설문 조사나 테스트에 거부감을 느끼는 이유가 여기에 있다. 그런 설문조사에 응할 때마다 '글쎄, 상황에 따라 다르지.'라는 생각을 항상 염두에 두어야 한다. '성령의 은사'가 개인이 아닌 신앙 공동체인 교회에 주어졌다는 사실이 좋은 본보기가 된다. 어떤 형태의 공동체든지 번영하려면 은사가 필요하다. 우리는 늘 이 점을 염두에 두고 일해야 한다.

그러므로 첫째, "이 시간, 이 상황에서 하나님의 소명에 부응하려면 어떤 은사와 어떤 재능을 발휘해야 할까?"를 떠올려야 한다.

둘째, 늘 '살아 있는' 상태를 유지하려면 무엇이 필요한지를 항상 생각해야 한다. 우리에게는 배움과 우정과 여가와 휴식이 필요하다. 이는 인생의 다음 단계를 살아가기 위한 준비이자, 우리를 지혜와 기쁨 안에서 성장시키는 요소이다.

셋째, 과도기를 거칠 때면 반드시 손실이 발생한다. 성장은 항상 대가를 요구한다. 새로운 모험을 시작하려면 과거의 것을 포기해야 하는데 이는 결별의 형태를 띤다. 예를 들어 부모나, 옛 삶의 방식이나, 옛 세상과의 결별이 필요하다. 안락하고 편안한 것을 과감하게 버려야 한다. 과도기는 희생을 요구한다. 하지만 기꺼이 희생을 감수할 때 새로운 기회, 새로운 도전, 새로의 삶의 장이 활짝 열린다.

다시 강조하건대 소명과 직업은 별개다. 물론 서로 일치하는 경우도 있지만 대부분은 일치하지 않는다. 인생의 단계를 거칠 때마다 "나는 누구인가? 나의 소명은 무엇이며 어떤 일을 하라는 부르심을 받았는가? 나의 목적, 나의 존재 이유는 무엇인가?"를 생각해야 한다. 그다음에는 현재 무엇을 해야 하는지 물어야 한다. "하나님이 지금 내게 어떤 의무와 책임과 일을 요구하시는가? 내게 주어진 책임을 나의 정체성과 어떻게 조화시켜 나갈 수 있을까?" 현재의 책임이나 의무는 자녀 양육, 생계유지를 위한 일, 공부와 같이 매우 세속적인 일처럼 보일 수도 있다. 하지만 그것이 바로 지금 이 순간 우리에게 주어진 하나님의 소명이다. 우리는 그 일을 하나님의 소명으로 인식하고, 우리의 정체성과 소명에 비추어 생각해야 한다.

문제의 핵심

결국 "이 시간, 이 장소에서 하나님은 내게 무엇을 요구하시는가?"라는 간단한 질문에 대한 답변에 문제의 핵심이 담겨 있다. 앞서 2장에서 질문을 통해 자신을 객관적으로 생각할 수 있는 단초를 제시했다. 그것은 자신과 하나님의 소명을 좀 더 잘 이해하기 위한 방법이었다. 하지만 결국 소명의 발견은 우리 마음에서 이루어진다. 소명은 설문 조사나 테스트가 아니라 우리 마음 깊은 곳에서 신비롭게 들려오는 하나님의 부르심을 통해 이루어진다. 본서에 제시된 질문은 다만 그 길을 안내하는 이정표에 불과하다.

하지만 이 질문은 우리 삶을 해석하는 능력을 키운다. 지금까지 이루어진 개인적인 경험을 밑거름으로 그다음의 소명을 이해하기 때문이다. 우리는 지금까지의 삶을 돌이켜보며 인생의 다음 단계를 생각한다. 지난날의 삶을 토대로 각 질문에 답하고, 이를 통해 자신의 인생을 이해하며, 자기 정체성과 소명을 좀 더 온전히 알아갈 수 있다.

더욱이 우리는 항상 현재 상황에 비추어 소명을 이해해야 한다. 에콰도르의 시골 농촌 소녀가 나사(NASA) 우주 비행사가 되라는 부르심을 받을 가능성은 있지만, 그리 높지는 않다. 그렇다고 해서 하나님의 은혜로 말미암은 가능성이 훼손되는 것은 아니다. 이는 단지 하나님은 현실 세계에서 역사하시며, 우리는 실제 상황에서 자신의 소명을 이루어 나가야 한다는 사실을 강조할 뿐이다. 지금까지 자신의 이야기와 실제 삶을 고려할 때, 나는 어떻게 창조주께 영광을 돌리고 그리스도와 이웃을 사랑하는 마음으로 세상을 섬기라는 부르심을 받고 있는가?

05

소명을 추구하는 네 가지 자세

탁월함, 진리, 성실함 그리고 관대함

우리는 중요하고 의미 있는 일 즉 기쁨을 느낄 수 있는 일을 하고 싶어 한다. 우리는 우리의 손과 생각으로 하는 일이 선한 결과를 낳고, 우리의 말과 행위가 긍정적 가치를 지니기 원한다. 토머스 머튼(Thomas Merton)은 선하지도 않고 참되지도 않은 일, 즉 아무런 생명력을 지니지 못한 일에 대해 이렇게 설명했다.

> 격정과 초조함에서 비롯하는 부자연스러운 일, 즉 탐욕, 두려움 같은 온당치 못한 욕망에서 이루어진 일은 하나님 앞에 향기로운 제물이 될 수 없다. 하나님은 그런 일을 결코 원하시지 않는다. 단지 우리가 우리 죄와 우리가 속한 사회의 죄 때문에 아무런 목적의식도 없이 미친 듯이 일만 해야 한다는 사실을 용인하실 뿐이다. 그런 경우 우리는 그 사실을 인정하고 우리가 피할 수 없는 일을 기꺼이 참고 견뎌야 한다. 하지만 그렇더라도 건전하고 건강한 일과 부자연스런 수고를 구별하는 안목을 잃어서는 안 된다.[1]

머튼의 말은 우리가 두 가지를 갈망한다는 점을 상기시킨다.

첫째, 우리는 의미 있고 참된 보상이 따르는 일, 즉 기쁨으로 행할 수 있고 보람과 가치를 느낄 수 있는 일을 갈망한다. 우리는 자신이 변화를 만들고 있다고 알기 원한다. 둘째, 우리는 우리가 하나님이 기뻐하시고 축복해 주실 일을 하고 있는지 알고 싶어 한다. 다시 말해 우리는 의미 있고 스스로 만족할 수 있는 일만이 아니라 하나님을 기쁘시게 할 수 있는 일을 원한다.

이와 관련해 기억해야 할 성경 구절이 두 개 있다.

첫째, 전도서 저자는 "사람이 먹고 마시며 수고하는 것보다 그의 마음을 더 기쁘게 하는 것은 없나니 내가 이것도 본즉 하나님의 손에서 나오는 것이로다"(전 2:24)라고 했다. 일은 하나님이 주시는 선물이다. 우리는 그 안에서 기쁨과 만족을 얻는다. 둘째, 바울은 골로새서 3장 23절에서 "무슨 일을 하든지 마음을 다하여 주께 하듯 하고 사람에게 하듯 하지 말라"고 권고했다(참조. 엡 6:5-8). 이는 본래 노예에게 주어진 권고이다. 하지만 어떤 일에 종사하느냐에 상관없이 모두에게 적용되는 보편적인 원리다.

소명에 충실한 삶을 위한 근본 원리는 간단하다. '너 자신을 알라!'와 '너 자신에게 충실하라!'이다. 하지만 일이나 경력처럼 세상에서 행하는 활동이 참된 의미를 지니려면, 그 두 가지 원리를 보강할 약간의 지식이 더 필요하다. 그래야만 기쁨과 만족을 가지고 일에 임할 수 있다.

첫째, 일이 하나님의 명령이라는 점을 알아야 한다. 어떤 일이나 의무를 행하면서 기쁨과 만족을 느낄 수 있는 이유는 바로 하나님이 그 일을 명하시기 때문이다. 아이를 양육하는 일이든지, 사업체를 운영하는 일이든지, 교회를 목회하는 일이든지, 주일 학교에서 가르치는 일이든지 모두 하나님이 요구하시는 일이다. 둘째, 어떤 일을 하든지 "주께 하듯" 해야 한다는 점을 명심해야 한다(골 3:23). 하나님을 향하는 마음가짐으로, 즉 그분께 다시 드린다는 생각으로 일에 임해야 한다. 한마디로 일은 하나님이 주신 것이기도 하고, 그분께 다시 돌려드려야 할 것이기도 하다.

바울의 서신 가운데 디모데전후서와 디도서가 특히 소명에 충실한 삶을 강조한다. 그 가운데서도 디모데후서가 그렇다. 사도 바울은 디모데에게 근면함과 용기와 뚜렷한 목적의식을 가지고 소명을 이루라고 당부했다. 바울의 권고는 일차적으로 목회자인 디모데를 위한 것이었지만, 그 취지로 볼 때 특정 직업에 상관없이 모두에게 적용될 수 있다. 바울은 디모데후서에서 우리의 일이 하나님께서 주신 것이자 그분께 다시 되돌려 드려야 할 것이라는 점에서 즐겁고 만족스럽게 일에 임할 수 있다고 강조했다.

바울은 디모데를 포함해 그 누구라 할지라도 소명에 충실한 삶을 살려면 반드시 네 가지 자질을 갖춰야 한다고 생각했다. 바로 탁월함, 진실함, 근면함, 관대함이다. 이들 네 가지 자질을 갖추어야만 머튼이 말한 "부자연스런 수고"를 뛰어넘을 수 있다.

나는 이 네 가지 자질에 한 가지를 덧붙이고자 한다. 다섯 번째 요소는 탁월함, 진실함, 근면함, 관대함의 자질을 바탕으로 일을 해나갈 상황을 조성해 준다. 바로 '안식일의 쉼'이다.

이는 다른 네 가지 요소를 하나로 통합할 뿐 아니라, 각각의 요소가 극단으로 치우치지 않도록 막아 준다. 예를 들어 탁월함은 완벽주의로, 진실함은 편협함으로, 근면함은 분주한 삶으로 치우칠 수 있다. 관대함도 얼마든지 잘못된 방향으로 나갈 수 있다. 어떤 자질이든 극단에 치우쳐 부정적인 결과를 낳기보다 더욱 풍성한 생명을 얻는 방향으로 추구되어야 한다. 다섯 번째 요소인 안식일의 쉼은 나머지 요소를 은혜롭고 올바른 방향으로 이끈다.

탁월함

바울은 디모데에게 "너는 진리의 말씀을 옳게 분별하며 부끄러울 것이 없는 일꾼으로 인정된 자로 자신을 하나님 앞에 드리기를 힘쓰라"(딤후 2:15)고 말하며, 영적 생활의 중요한 원리를 재차 강조했다. 자신에게 충실하려면 은사와 재능을 최선을 다해 활용해야 한다.

성경은 탁월함을 요구한다. 하지만 성경의 요구에는 간과해서는 안 될 중요한 원칙이 있다. 곧 탁월함의 기준은 최선을 다하느냐 아니냐에 달려 있다는 것이다. 열 가지 재능을 지닌 사람은 네 가지 재능을 지닌 사람과 판단 기준이 달라야 한다. 주어진 상황, 기회, 교육, 능력에 따라 판단 기준이 달라진다.

탁월함이란 주어진 능력 안에서 최선을 다하는 삶, 즉 하나님을 섬기겠다는 헌신의 태도로 자신의 능력을 최대한 발휘하는 삶을 뜻한다. 탁월함을 향한 이 부르심에는 물론 우리가 자신과 하나님께 최선을 다할 책임이 있다는 전제가 포함되어 있다. 그러나 또한 만약 어떤 일이 할 가치가 있다면 잘할 가치도 있다는, 그리고 진정으로 타인을 아끼고 섬기기를 원한다면 최선을 다해야 한다는 전제도 분명히 존재한다.

그러나 탁월함의 기준은 여전히 우리의 '최선'이어야 하며, 그래야만 한다. 모든 사람에게 독단적이고 인위적인 기준을 적용한다면 곤란하다. 어떤 활동 분야에나 직능이나 직업에 각기 좋고 나쁨을 가늠할 수 있는 기준과 인정할 수 있는 최소한의 한계가 있기 마련이다. 예를 들어 충치를 치료하기 위해 치과 의사의 시술을 받는다고 하자. 나는 충분한 실력을 갖춘 치과 의사가 내 어금니를 치료한다는 사실을 믿고 편안하게 맡긴다. 결국 치아는 내 것이기 때문에 그가 최선을 다해 주기를 기대하기 마련이다. 하지만 치료가 잘못되었다면 의사가 아무리 침착하고 진지하게 말한다 해도 그의 진지함은 아무 소용이 없다. 그는 잘못된 치료에 책임을 져야 한다.

어떤 직능이나 직업이든 적절한 합격선이 있다. 우리는 그 한계에 머무르지 말고 최선을 다해 능력을 발휘해야 한다. 최선을 다하지 않고 만족해서는 안 된다.

그러면 어떻게 해야 탁월함의 기준에 부합할 수 있을까? 골로새서 3장 23절에 기록된 바울의 말에서 해답을 발견할 수 있다. 즉 어떤 일을 하든지 고용주의 눈치를 보기보다 "주께 하듯" 하면 된다. 다시 말해 탁월함의 판단 기준은 하나님 앞에서 자신 있게 최선을 다했노라고 말할 수 있는지 아닌지에 달려 있다. 오직 하나님만이 우리가 최선을 다했는지 아닌지를 알고 계시기 때문이다. 학문 활동이든, 영업 활동이든, 대중 연설이든 즉흥적으로 일을 처리하는 능력이 뛰어난 사람이 있다. 그들은 그 능력만 믿고 조심스럽게 준비하거나 깊이 연구하지 않는다. 하지만 결국에는 그 대가를 치르기 마련이다. 그들이 하는 일은 결국 질이 저하되고 초기의 탁월한 능력도 쇠퇴하고 말 것이다.

우리가 최선을 다했는지는 오직 하나님과 자신만 알 수 있다. 우리의 일을 "주께 하듯" 한다면 다른 사람의 판단이나 평가에 상관없이 최선을 다할 수 있다. 나는 어떤 치과 의사가 최선을 다하는지 잘 모른다. 그저 통증 없이 껌을 씹을 수 있으면 그만이다. 하지만 나를 치료한 치과 의사가 내가 알든지 모르든지 자기 일에 자부심을 느끼고 있다면 마음이 매우 흡족할 것이다.

탁월함을 추구하는 과정에서 반드시 확인할 것이 있다. 탁월함은 느리게, 점진적으로 이루어진다는 본질적인 원리다. 탁월함은 반복 연습과 훈련, 또 훈련을 통해 학습된다. 위대한 가수도 태어날 때부터 위대하지 않았고, 재능 있는 하키 선수도 막 태어났을 때부터 스틱과 퍽을 들고 있던 것이 아니다. 오히려 그들은 수없이 연습했다. 시드니 크로스비(Sidney Crosby)가 피츠버그 펭귄스 팀의 주장이 되기까지의 여정은 전설적이다. 그의 부모님 지하실 건조기에 수천 개의 퍽을 쏘아댔다는 이야기가 이를 증명한다. 연습 없이 재능만으로는 거의 무가치하다.

항상 이 원칙을 마음에 새기라. 탁월함은 느리지만 점진적으로, 연습을 통해 이루어진다. 그러므로 현재 적당히 잘하는 일을 할 때마다 더 나아지겠다는 결심을 하라. 만약 당신이 적당한 재능을 가진 설교자, 관리자, 작가라면 내일 당장 훌륭한 설교자, 관리자, 작가가 되겠다고 결심하기보다, 내일은 오늘보다 조금이라도 더 나아진 기술을 발휘하겠다고 다짐하라. 시간이 흐르면 당신은 그 분야의 대가가 될 것이다.

다시 말해 재능 자체만으로는 아무 의미가 없다. 능력이나 재능은 갈고 닦고, 훈련하며, 길러져야 한다. 우리의 기술은 연마되어야 한다. 그리고 이것은 시간과 헌신, 그리고 훈련을 필요로 한다. 즉 연습 말이다. 이는 훌륭한 작가든, 외과 의사든, 상담가든, 공개 연설가든 모두에게 동일하게 적용되는 원칙이다.

앞에서 지적한 대로 이 자질은 극단으로 치우칠 소지가 있다. 탁월함을 추구하는 것과 완벽주의는 마땅히 구별되어야 한다. 탁월함을 추구하는 태도가 왜곡될 때 완벽주의가 생겨난다. 하나님과 이웃에게 최선을 다해야 한다는 목적을 가져야만 진정한 의미에서 탁월함을 추구할 수 있다. 하지만 완벽주의자는 자기중심적이다. 그에게는 탁월함이 목적 그 자체가 된다. 완벽주의자는 자신은 물론 다른 사람에게 항상 만족하지 못한다. 그들은 항상 부족하다고 느끼기 때문에 일을 하면서 한 번도 기쁨을 느끼지 못한다. 사실 그런 사람은 선한 사람이 못 된다. 그들은 다른 사람을 위한 일을 잘 해놓고 그 자체로 기뻐하기보다 나르시시즘에 빠져 자신의 행동을 스스로 치하한다. 그들은 다른 사람과 더불어 즐겁게 일하기보다 완고하고 고압적인 자세로 늘 비판을 일삼는다.

진정으로 탁월함을 추구하는 마음은 섬김의 삶을 실천하겠다는 마음에서 비롯한다. 우리의 일은 하나님께서 허락하신 것이다. 따라서 감사의 제물을 바치듯이 그분께 다시 돌려드려야 한다.

진실함

보상이 따르는 훌륭한 일, 즉 "주께 하듯" 하는 일은 또한 진실함을 바탕으로 해야 한다. 다시 말해 진리의 편에 선 진실한 태도가 필요하다.

바울은 디모데에게 진리의 사역, 곧 진실한 말과 행동으로 말씀을 전하고 가르치는 사역을 강조했다. 바울은 디모데에게 "최선을 다하라"고 권고함과 동시에 "진리의 말씀을 전하는" 고귀한 일을 하려면 반드시 진실하게 사역해야 한다고 강조했다(딤후 2:15).

디모데는 진리를 가르치고 전하는 교사이자 설교자로 부름받았다. 바울은 자신의 소명을 언급할 때에도 동일한 원칙을 적용했다. 그는 자신이 하나님의 말씀을 매매하는 장사꾼이 아니라고 강조하면서 "우리는 … 하나님의 말씀을 혼잡하게 하지 아니하고 곧 순전함으로 하나님께 받은 것 같이 하나님 앞에서와 그리스도 안에서 말하노라"(고후 2:17; 참조. 4:2)고 덧붙였다.

교사, 정치가, 상담가와 같이 말을 사용하는 직업을 가진 모든 사람에게 동일한 원칙이 적용된다. 우리가 진리를 섬기기보다 자기 자신을 섬기며 한갓 장사꾼에 불과한 역할을 행한다면 우리의 소명을 떠받치는 근본 토대를 스스로 무너뜨리는 꼴이 된다.

진실한 태도는 말을 사용하는 직업에 종사하는 사람에게만 적용되지는 않는다. 모든 소명은 진리에 의거한다. 내 아내는 예술가다. 아내가 소명을 충실히 이루려면 진리를 따라야 한다. 소설가, 사업가, 광고업자, 법률가, 의사 같은 직업에 종사하는 사람에게도 동일한 원리가 적용된다.

비록 합법적인 일에 종사하더라도 이기적인 목적을 지향하거나 그릇된 명분을 위해 일할 경우에는 소명을 충실히 이행할 수 없다. 예를 들어 건축가가 건물에 심각한 하자가 있는데도 무시하거나 사업가가 불량 제품을 판매하는 경우가 그렇다. 그런 행위는 소명에 충실한 삶과는 거리가 멀다. 일의 목적을 전도시켜 다른 사람을 섬기기보다 자신을 섬기는 행위다. 소명에 충실하려면 고객이나 피고용인이나 주주에게 정직해야 한다. 심지어 자녀에게도 정직해야 한다. 목재를 다루는 목수와 정원을 장식하는 조경사도 하나님이 창조하신 재료로 일한다. 그들도 성실함과 진실함으로 임무를 수행해야 한다. 그렇지 않으면 겉만 번지르르하고 알맹이 없는 결과를 낳게 된다.

소명에 충실하려면 반드시 진리를 따라야 한다. 다시 말해 진리에 복종하겠다는 강한 의지가 필요하다. 하지만 주의해야 할 점이 있다. 진리를 섬긴다면서도 극단에 치우쳐 진리에 역행하는 잘못을 범할 수 있기 때문이다. 그러나 생각해 보라. 진리에 헌신한다고 말하면서 다른 모든 관점이나 시각을 부정하는 근본주의자에게는 무언가 잘못된 점이 있지 않은가? 내가 말하는 근본주의자는 종교적으로 편협한 사람뿐 아니라 정치인이나 민족주의자도 포함한다. 진리에 대한 열정이 우리를 다른 관점을 가진 사람과 다른 은사를 가진 사람, 그리고 우리와 매우 다른 시각을 가진 사람으로부터 배울 가능성을 보지 못하게 한다면, 무언가 잘못된 것이다.

때로 사람들은 진리의 일면만을 강조하는 원리나 신념에 사로잡혀 오로지 그것만 사수하려 든다. 비록 그 원리나 신념이 사실일지라도 편협한 사고방식을 가진 사람이 주장하면 치명적 해를 끼치기 마련이다. 진정으로 진리를 사랑하는 사람은 늘 공손한 태도로 스스로를 낮추며 배울 자세가 되어 있다. 우리는 "유익이 하나도 없고 도리어 듣는 자들을 망하게"(딤후 2:14) 하는 논쟁을 일삼는 이들을 경계해야 한다. 바울은 디모데에게 진리에 충실하라고 했다. 아울러 논쟁을 일삼는 이들을 피하고 온유함과 친절함과 인내심을 가지고 사역에 임하라고 권고했다(딤후 2:23-25).

이 밖에도 진리 안에서 소명을 이루어 나가려면 진실한 말을 해야 한다. 순전한 사람은 한 번 입 밖에 낸 말을 성실히 이행하고 자신의 신앙고백에 일치하는 삶을 산다. 예를 들어 사람들에게 빛 가운데로 걸어가라고 말하는 설교자는 자신의 삶과 행동에 있어서도 귀감이 되어야 하며, 정치가는 말로만 대의명분을 주장하지 말고 직접 실천에 옮겨야만 진정한 지도자가 될 수 있다. 건축기사는 정확한 자재를 사용해 설계도 그대로 건물을 지어야만 한다.

근면함

탁월함, 진실함과 함께 필요한 자질은 바로 근면함이다. 디모데와 디도에게 보낸 바울의 서신을 보면 근면함을 강조하는 대목이 종종 눈에 띈다. 특히 바울은 디모데후서에서 말씀 전파에 항상 힘쓰고 인내하라고 권고했다(딤후 4:2).

근면함에는 인내가 필요하다. 바울은 디모데에게 "때를 얻든지 못 얻든지" 인내하며 사역하라고 했다. 근면함은 그때그때 기분과 생각에 좌우되지 않고 항상 신중한 태도로 헌신적으로 사역에 임하게 한다. 마땅히 해야 할 일이기 때문에 하지 그 이상의 이유는 없다.

또한 바울은 "네 직무를 다하라"(딤후 4:5)고 권했다. 이는 근면함의 또 다른 측면을 보여 준다. 근면함은 철저한 태도를 요구한다. 그 무엇도 근면함을 대체할 수 없다. 어떤 일도 쉽지 않다. 운동선수도 천부적인 소질이나 재능보다는 성실히 훈련에 임할 때 탁월한 능력을 발휘한다. 훌륭한 선수는 팬이 보지 않는 장소에서 엄격한 체력 단련 프로그램에 따라 매일 고된 훈련을 감내한다. 음악가도 마찬가지다. 그 자체로는 아무런 보상도 없고 누구 하나 인정해 주지 않는 힘든 연습을 인내심을 갖고 철저히 소화해 내야만 성공할 수 있다.

우리 모두에게도 동일한 원리가 적용된다. 행정 업무를 담당하는 사람은 누가 보든 안 보든, 신경을 쓰든 안 쓰든 처리해야 할 일을 성실하게 처리해야 한다. 세심하게 일을 처리하느냐 않느냐는 전적으로 개인의 성실성에 달렸다. 다른 사람이 인정하든 그렇지 않든, 고마움을 표하든 표하지 않든 마땅히 해야 할 일을 했다는 데서 만족을 찾고 일이 잘 처리된 것에서 자부심을 느껴야 한다.

어떤 일이든 쉽게 생각해서는 곤란하다. 일을 적당히 대충 처리하지 않도록 주의하라. 물론 그렇다고 너무 병적인 완벽주의는 옳지 않다. 그저 끈기와 신중함과 근면함으로 일을 철저하게 처리해야 한다. 아울러 근면하고 성실한 태도는 분주한 활동이나 지나치게 일만 하는 태도와는 전혀 별개다. 전전긍긍하며 일만 생각하고 일에만 매달리는 사람이 많다. 그런 사람은 완벽주의자와 마찬가지로 결코 만족하지 못한다. 머튼의 말대로 그들의 수고는 "걱정과 초조함에서 비롯하는" 노동에 불과하다. 분주한 활동은 나태를 극복하는 해결책이 아니다. 자기 일이나 남 일이나 분주하게 참견하다 보면 정작 근면함과 부지런함으로 자신의 일을 제대로 해낼 수 없다.

물론 살다 보면 일에 집중적으로 매달려야 할 때가 있다. 운동선수가 큰 경기를 앞두고 훈련할 때나 교수가 학기 말에 학생들의 성적을 매겨야 할 때, 사업가가 특별 행사를 계획할 때 등이다. 하지만 늘 그런 식으로 분주히 일만 하다가는 잘못된 결과가 나타날 수밖에 없다. 그런 경우는 알맹이 없이 분주하기만 한 삶을 살기 쉽다. 그런 삶은 참된 근면과는 무관하다.

관대함

네 번째 자질은 관대함이다. 우리는 관대한 태도로 소명을 이루어 가야 한다. 사도 바울은 고린도후서 5장 17절에서 다른 사람을 인간적인 관점에서만 바라보지 말고 "새로운 피조물"로 여겨야 한다고 역설했다. 우리는 다른 사람의 잠재력을 인정하고 기대를 가지고 바라보아야 한다. 사람은 누구나 고귀한 가치와 의미가 있다. 관대한 태도로 다른 사람을 섬기며 살아야 한다는 바울의 주장에는 그 같은 신념이 깔려 있다.

관대한 삶과 계산된 삶은 분명한 차이가 있다. 계산된 삶은 늘 투자 비용과 얻게 될 보상을 생각한다. 이와는 달리 관대한 삶은 보상을 바라지 않고 기꺼이 베푸는 삶을 뜻한다. 관대하게 거저 베푼다는 것은 감사를 바라지 않는 삶을 말한다. 시몬 베유(Simone Weil)는 진정한 섬김이란 "배가 고플 때 음식을 먹듯이 본능적이고 즉각적일 뿐 아니라, 어제 먹은 음식을 잊어버리듯 한 번 행한 뒤에 다시 기억하지 않는 것이다."라고 말했다.[2]

우리의 섬김은 자신이 아닌 다른 사람을 위한 것이다. 우리는 그리스도의 사랑에 대한 보답으로 그분을 섬기며, 그분의 이름으로 다른 사람을 섬긴다. 가족과 친구, 교인과 세상 사람에게 우리는 거저 베풀어야 한다. 무슨 일을 하든지 사람이 아니라 하나님을 위해 한다고 생각해야 한다. 보수를 받고 일하고, 그 보수가 생계유지에 반드시 필요하다고 해도 계산적으로 행동해서는 안 된다. 비록 공립

학교에서 봉급을 받고 일하는 교사의 위치에 있다 해도 교실에 있는 아이들을 그리스도의 이름으로 섬긴다고 생각하며 동료 교사와 더불어 헌신적으로 일해야 한다. 어떤 일을 계산적으로 행하지 않도록 주의해야 한다. 부차적 이득을 염두에 둔 일, 즉 다른 사람의 협력이나 동의를 이끌어 내거나 추종 세력을 얻을 속셈으로 하는 일은 관대한 사역과는 거리가 멀다.

아울러 관대한 사역은 우리가 섬기는 사람의 자립심을 키워 준다. 그릇된 사역은 의존심을 키우는 반면, 사랑으로 이루어지는 참된 사역은 상대방이 스스로 베풀 경지까지 성장하게 한다. 사실 참된 사역에는 항상 받는 것이 주는 것에 뒤따른다. 간호사는 환자를 돌보며 보람과 기쁨을 느낀다. 물론 감사나 인정을 받으려는 마음으로 일해서는 곤란하다. 하지만 섬기는 사람과 섬기는 대상은 상호 의존 관계에 있다. 예를 들어 목회자는 교인들이 그의 일을 직접 도와주지 않는다고 해도 그들을 통해 섬김을 받는다고 할 수 있다. 서로 주고받는 관계이기 때문이다.

한 가지 주의할 점이 있다. 하나님은 우리에게 모든 일을 할 수 있는 은사를 주시지 않았다. 우리는 모든 사람을 만족시킬 수 없고, 그런 사람이 되라는 소명도 받지 않았다. 파커 파머는 하나님이 모든 사람을 사랑하시지만 모든 사람이 반드시 나를 통해 그분의 사랑을 경험해야 한다고 생각해서는 안 된다고 했다.[3]

우리는 초자연적인 힘이나 능력을 지니고 있지 않다. 우리는 유한한 존재다. 더욱이 우리는 일의 우선순위를 결정해야 한다. 다른 사람을 섬기는 일에만 골몰하다가 아내와 자녀를 소홀히 대하는 경우가 없지 않다. 시간과 장소를 불문하고 모든 사람에게 관대할 수는 없는 노릇이다. 우리의 시간과 에너지는 제한되어 있다.

가족과의 관계를 희생하면서까지 사람을 만족시키려고 사역에만 매달리는 사람은 겉보기에는 관대해 보여도 실상은 그렇지 않다. 자칫 잘못하면 남에게는 관대하면서 정작 자기 가족은 소홀히 하기 쉽다. 대개 그릇된 관대함의 소유자는 하나님께서 허락하신 소명과 그분이 부여하신 일의 한계를 뛰어넘으려고 한다. 그들 마음에는 종종 사람의 감사와 인정을 받으려는 심리가 도사리고 있다. 그 같은 사역은 소명과는 무관하다. 하나님은 우리의 삶과 관계가 허락하는 범주 내에서 이룰 수 있는 일 이상을 요구하시지 않는다.

일에 매몰된 채 분주한 생활을 할 때마다 한 걸음 뒤로 물러서서 소명을 다시 생각하며, 지금 이 자리에서 우리를 향한 하나님의 뜻이 무엇인지 헤아려야 한다. 심신이 탈진된 상태에서는 소명을 이행하는 것이 불가능하다. 거절할 때 거절할 수 있는 용기와 일의 우선순위와 한계를 파악하는 안목이 있어야만 참된 사역이 가능하다.

안식일의 쉼

탁월함, 진실함, 근면함, 관대함은 주어진 일을 하나님의 명령으로 알고 즐겁고 만족스럽게 해나가는 데 필요한 네 가지 자질이다.

아울러 이들 요소는 주어진 일이 "주께 하듯" 이루어지고 있는지 판단하는 근거이기도 하다.

각각의 경우마다 장점도 있지만 극단도 존재한다. 어떤 자질이든 그 자체가 목적이 되면 우리의 일은 끔찍하게 변할 수 있다. 구체적으로 말해 탁월함은 완벽주의로 치우칠 수 있고, 진실함은 편견, 즉 진리의 일면만을 강조하는 일차원적 왜곡된 열정을 부추길 수 있다. 근면함도 자칫 심신의 탈진을 유발하는 과도하고 분주한 활동으로 발전할 수 있다. 그런 삶은 공동체를 유익하게 하기보다 자신은 물론 다른 사람에게까지 큰 부담이 될 수 있다. 아울러 왜곡된 관대함은 과도한 헌신을 유발시켜 상식의 한계를 뛰어넘어 이렇다 할 목적의식 없이 오직 베푸는 데만 열심을 기울이게 만들 뿐이다.

그러므로 우리는 질문해야 한다. 무엇이 우리로 하여금 이 모든 특성을 생명력을 주는 목표로 추구하게 하며, 각각의 그림자로부터 우리를 지켜주는가? 삶의 균형을 유지하는 것만이 유일한 해결책이다. 즉 모든 요소가 골고루 갖추어진 온전한 삶이 필요하다. 우리는 일도 하고 휴식도 취하고, 기도도 하고 일도 하고, 예배도 드리고 봉사도 하는 삶을 살아야 한다.

일은 우리의 참 모습을 결정하는 유일한 근거가 아니다. 우리는 순전히 일만 하기 위해 태어난 존재가 아니기 때문이다. 우리는 다만 해야 할 일을 부여받은 인격체일 뿐이다. 일은 우리의 전인격을 구성하는 요소가 못 된다. 일은 틀림없이 중요하지만 그렇다고 가장 중요한 것은 아니다.

우리는 다양한 관계를 맺고 살아간다. 우리는 배우자도 되고, 부모도 되고, 친구도 되면서, 공동체의 일원으로 사랑하며 살아간다. 안식일의 쉼에 담긴 의미를 명확히 이해해야만 그런 삶이 가능하다. 고대 히브리인은 안식일을 휴식을 취하는 날로 엄격히 준수했다. 안식일은 그들의 삶, 특히 그들의 일 전체에 조화와 균형을 주었다. 그들은 일주일에 한 번씩 자신의 정체성을 결정짓는 것은 일이 아니라 하나님과의 관계라는 점을 상기했다.

히브리인은 안식일을 준수함으로써 일이란 기본적인 필요를 채우기 위한 수단에 불과할 뿐 하나님이 모든 것을 공급해 주신다는 믿음을 지켰다. 그들에게 안식일은 하나님이 지으신 세상과 서로의 관계를 즐거워하며 휴식과 재충전을 갖는 기회였다.

안식일의 쉼을 정기적으로 취할 때 일을 무거운 짐으로 생각하는 데서 자유로울 수 있다. 우리에게 6일 동안 맡겨진 일은 궁극적으로 하나님의 일이다. 우리는 일주일 내내 일해야 한다는 부담을 느낄 필요가 없다.

안식일은 조화와 균형을 가져다준다. 도시화된 사회에서는 의사, 목회자, 경찰관처럼 일요일에 일하는 직업이 많다. 하지만 모두가 똑같은 날에 휴식을 취하지 않는다고 해도 안식일의 쉼은 예외 없이 적용되어야 한다.

안식일은 단순히 쉬는 날이 아니라 예배와 기도와 교제와 휴식이 이루어지는 재충전의 날이다. 그날은 하나님과, 그분이 지으신 세상과, 다른 사람과 관계를 맺고 즐거워하는 날이다. 안식일을 휴일로 여겨서는 곤란하다. 그럴 경우 안식일은 단지 일하지 않는 날이라는 부정적 의미만을 갖게 된다. 안식일의 쉼은 그 자체로 의미가 있다. 일하라는 부르심을 받았듯이, 안식일에는 안식하라는 부르심이 주어졌다. 우리가 안식일을 즐거워하는 이유는 하나님과 다른 사람을 사랑하기 때문이다.

아울러 하루 중에도 안식일의 쉼처럼 고요한 경건의 시간을 가질 수 있다. 사람에 따라 아침이나 점심 시간에 잠시 일손을 멈추고 한적한 장소를 찾아 묵상의 시간을 가질 수 있다.

일주일에 하루, 하루 중 단 몇 분이라도 안식의 시간으로 삼아 잠시 일손을 멈춘 채 노동의 목적을 묵상해야 한다.

소명에 진실성을 부여하는 네 가지 실천

우리는 탁월함과 진리, 부지런함, 관대함에 대한 헌신을 가지고 우리의 일을 수행하며, 일주일에 하루는 안식일로 삼아 일을 내려놓겠다는 결심도 한다. 이 모든 과정에서 우리는 분명한 헌신을 유지한다. 즉, 우리의 일이 단순한 일이 아니라 하나님께서 우리에게 주신 일이며, 우리가 삶의 청지기로서 다시 하나님께 드리는 일임을 인식하는 것이다. 그러나 항상 긴장이 존재한다. 우리의 일이 단지 우리의 일이 되어 버리면, 이것이 진정 하나님께로부터 왔고 하나님께 드려지는 것임을 느끼지 못하기 쉽기 때문이다.

이럴 때 내게는 교회가 늘 인정해 온 네 가지 실천이 도움이 되었다. 이는 우리가 부름받은 일을 필수적으로 보완하는 요소이다.

- 관대함이 깃든 환대
- 가난한 이를 위한 자비로운 돌봄
- 자원을 통한 관대한 나눔
- 중보 기도

이는 영적 실천 또는 훈련으로, 우리에게 은혜의 수단이 되어 말과 행동에서 그리스도께서 세상에서 하신 사역과 일치하는 능력을 길러 준다. 우리는 우리의 일이 그리스도께서 행하시는 일과 조화를 이루길 원한다. 우리는 이 네 가지 실천을 통해 자신이 그리스도께 집중하고, 그리스도께서 세상 안에서 구체적으로 어떻게 임재하시는지 주목하게 된다. 이는 단순히 세상과 단절된 영적 훈련이 아니다. 하나님께서 은혜를 허락하실 때 그리스도께서 세상에서 행하시는 일과 맞닿아 우리를 세상과 적극적으로 연결하는 실천이다.

내가 말하는 환대는 예수님이 어린아이를 맞이하신 것처럼 어린이에게, 그리고 외국인과 낯선 이, 이민자에게 베푸는 환대를 의미한다. 이는 그리스도를 우리 삶과 가정, 공동체에 맞이하는 행위로서의 환대이다. 히브리서 저자는 이렇게 말한다. "손님 대접하기를 잊지 말라 이로써 부지중에 천사들을 대접한 이들이 있었느니라"(히 13:2). 그리고 본문은 감옥에 있는 자를 방문하라는 권면으로 이어지는데, 우리에게 올 수 없는 이를 생각하여 찾아가 환대를 베풀라고 제안한다.

가난한 이를 돌보는 것은 우리가 함께 나눌 헌신이다. 우리가 주린 이를 먹이고 벗은 이를 입히며 갇힌 이를 방문하는 것은, 곧 그리스도를 먹이고 입히며 방문하는 것과 같다. 이를 인식하는 데서 헌신이 비롯된다. 우리가 가진 물질과 재정을 관대하게 나눌 때 우리는 어떤 면에서 그리스도께, 그리고 그분의 사역에 드리는 것이다. 마지막으로, 중보 기도를 통해 우리는 다시 한 번 그리스도께서 그분의 때에 그의 통치를 이루신다고 확신하며 고백한다.

내가 강조하고 싶은 것은, 우리의 소명과 부르심이 어떠하든 간에, 우리는 시간이 없다고 말할 수 없다는 사실이다. 우리의 일이 너무 중요하거나 소명이 모든 것을 차지해서, 환대를 베풀고 가난한 이를 돌보고 물질적 자원을 관대하게 나누며 중보 기도에 시간을 할애할 여유가 전혀 없다고 말할 수 없다.

또한 네 가지 모든 경우에 있어 잘못된 관대함으로 인해 소명에서 벗어날 수 있다. 예를 들어, 초대 교회에서는 말씀과 기도 사역에 부름받은 이들이 식사 봉사에 치우쳐 본분을 소홀히 했고 그러지 말라는 권면을 받았다(행 6:1-4). 반대로 나는 하나님께서 중보 기도에 헌신하는 이에게 때로는 기도하기를 멈추고, 그들이 기도하는 이를 섬기라고 부르시는 것은 아닐까 종종 생각하곤 한다. 예수님은 자신의 사명이 가르침이라고 매우 분명히 말씀하셨지만(막 1:35-38), 다른 마을로 가시는 길에 누군가가 치유를 구하자 자비로 응답하셨다.

물론 이 실천들 외에 하나님이 우리에게 맡기신 일이 따로 있다. 그렇다면 우리 모두는 소명의 여정 중에 환대와 섬김, 관대함과 기도의 사람이 되라는 부르심을 받은 것이 아닐까? 예를 들어, 내가 아버지이자 학술 행정가, 교사로서 하는 일이 진정성을 가지려면, 아버지로서의 일이 자녀와 그 후손을 위한 기도로 보완되고, 행정가로서의 일이 내가 섬기는 이를 위한 규칙적인 기도로 보완되며, 교사로서의 일이 학생을 위한 중보 기도를 포함할 때만 "주께 하듯" 하는 일이 될 수 있다. 만약 이 네 가지 영적 실천에 시간을 내지 못하거나 시간적 여유가 없다고 느낀다면, 아마도 내가 부름받은 것 이상으로 너무 많은 일을 하는 것은 아닌지 생각해 보아야 한다.

함께 이 네 가지를 생각해 보자.

환대는 조건 없이 제공될 때에만 진정하다. 다시 말해, 수수료를 노리는 판매원이나 기부금을 유도하기 위해 '친구'를 만드는 모금 활동가, 또는 회원 모집 중인 교회와 혼동해서는 안 된다. 우리는 이기적인 형태의 환대에 늘 경계해야 한다. 환대를 베풀 때는 상대의 말을 경청하는 태도를 갖추는 것이 중요하다. 자신이 말하는 것보다 경청하는 것이 우선이다. 또 누구와 식사 교제를 함께 나누라는 부르심을 받았는지 살펴야 한다.

예수님의 말씀에서 분명히 알 수 있는 것은, 우리는 결코 가난한 이를 돌볼 시간이 없다고 말할 수 없다는 사실이다. 마태복음 25장 35-36절과 그 다음 구절들의 깊은 부르심은 모든 세대를 통틀어 교회에 울려 퍼진다. "내가 주릴 때에 너희가 먹을 것을 주었고 목마를 때에 마시게 하였고 나그네 되었을 때에 영접하였고 헐벗었을 때에 옷을 입혔고 병들었을 때에 돌보았고 옥에 갇혔을 때에 와서 보았느니라." 여기서도 마찬가지로 말할 수 있지 않을까? 우리의 소명이 어떠한 분야에 집중되어 있든 간에, 그 길을 가는 동안 가난한 이의 옹호자이자 섬기는 자가 되어야만 그 소명이 진정성을 지닌다.

우리는 또한 영적 실천으로서 '나눔', 즉 물질적 자원을 공유하는 일에 대해서도 말해야 한다. 이는 우리가 어떤 일에 집중하든지 간에 우리의 소명에 진실성을 부여한다. 초대 교회의 본보기를 보면, 그들은 자원을 나누는 것, 특히 도움이 필요한 이들과의 나눔을 교회 공동체에 주어진 소명의 필수 요소로 분명히 여겼다(행 2:44-45).

이 주제는 사도 바울의 서신들, 특히 고린도후서에서 더욱 강하게 드러난다. 바울은 우리에게 주어진 물질적 자원과 부를 나누는 일의 중요성을 강조하며, 고린도전서 말미에서 매주 첫날(일요일)에 우리가 벌어들인 '여분'에서 규칙적으로 기부하기를 권고한다. 고린도후서 8장과 9장에서는 나눔의 영적 근거와 목적을 설명하면서, 이것이 그리스도인의 삶에서 반드시 필요한 실천이며 축복의 원천이자 세상에서 하나님의 뜻과 일치하는 행위라고 말한다. 나눔의 중요한 유익 중 하나는 "많이 거둔 자도 남지 아니하였고 적게 거둔 자도 모자라지 아니"한 것이다(고후 8:15).

다음 장, 6장에서는 돈이 우리의 소명에 위협이 될 수 있으며, 어떤 소명을 가졌든 간에 돈이 우리를 부르심에 집중하지 못하게 할 수 있음을 지적하려 한다. 따라서 나눔을 실천할 때 우리는 부를 축적하는 수단으로 소명을 바라보지 않게 된다. 아마도 더 많이 벌 때의 진정한 이익은 더 많이 나눌 수 있다는 데 있을 것이다.

마지막으로, 중보 기도에 관한 원리도 마찬가지로 적용된다. 교회는 세상을 위해 기도하는 공동체다. 교회 공동체는 기도 공동체다. 우리는 단지 교회 활동만을 위해서가 아니라, 지역 사회와 전 세계의 필요를 위해 기도한다. 기도는 신앙 공동체로서 그리고 개인으로서 중요한 섬김의 수단이다. 중보 기도는 우리가 부름받은 보다 공적인 사역의 필수적인 요소이자 보완이다. 많은 이가 일을 하면서 다른 이와 세상을 위해 기도한다.

환대, 자비로운 돌봄, 나눔, 중보 기도는 가능하다면 조용히, 비밀스럽게 이루어지는 것이 가장 좋다. 익명으로 하는 나눔, 조용히 드리는 기도, 그리고 나눔을 베푸는 이에게 주목을 끌지 않는 자비로운 돌봄을 생각해 보라. 실제로 예수님은 마태복음 6장 4-6절에서 우리의 기도와 나눔이 비밀스럽게 행해져야 한다고 가르치신다.

이 네 가지 중 각 항목은 누군가에게는 하나의 소명, 즉 세상 안에서 부름받은 중심적이고 결정적인 방식일 수 있다. 예를 들어, 집 없는 사람에게 환대를 베푸는 여관 주인, 매일 난민을 돌보는 구호 및 개발 활동가, 상속받은 재산을 나누는 재단 이사, 혹은 조용한 고립 속에서 중보 기도로 하루를 보내는 이가 그럴 수 있다. 그러나 우리 대부분에게 이 중 하나는 소명 그 자체라기보다는, 세상 안에 있으되 세상에 속하지 않고 은혜와 진실성, 관대함으로 소명을 이루는 능력을 기르는 중요한 방식일 것이다.

결론

바울은 새로운 사역의 기회와 도전을 직면한 디모데에게 영웅이나 기적을 행하는 자가 되라고 권하지 않고, 단지 소명에 충실하라고 했다. 그의 말은 우리에게도 똑같이 적용된다. 세상에는 할 일이 산더미처럼 많다. 그런 현실 앞에서 자칫 세상을 구원할 영웅이 되고 싶은 마음이 들 수도 있다. 하지만 우리는 각자의 소명을 명확히 이해하고 진리를 따라 주어진 소명을 이행하는 데 헌신해야 한다.

때로 교만 때문에 소명을 그르치는 경우가 있다. 우리가 원하거나 받을 자격이 있다고 생각하는 보상이나 명예 또는 권세가 따르지 않을 때 주어진 소명을 마다하고 하나님의 부르심을 외면하려는 태도를 취하기 쉽다. 그러다 보면 자신의 능력을 과대평가하게 될 뿐 아니라, 자신의 한계와 일의 우선순위와 소명, 즉 우리의 참 모습을 정직하게 평가하는 능력을 잃는다. 결국 그런 거짓에 오래 얽매일수록 삶은 더욱더 공허해질 수밖에 없다.

우리의 유일한 소망은 하나님의 소명을 기꺼이 받아들이는 데 있다. 그래야만 자신은 물론 우리와 함께 일하며 살아가는 사람에게 기쁨과 생명이 주어진다. 하나님이 우리를 부르셨고, 우리에게 할 일을 주셨다는 것을 알고, 할 일 많은 세상에서 겸손하고 용기 있게 주어진 일을 해나갈 때 우리는 비로소 큰 기쁨을 얻는다. 기쁨은 소명에 전적으로 충실할 때 얻어진다.

06

소명을 방해하는 요소

소명을 실천하기 위한 지혜

우리는 쉽게 두 극단 사이에 끼어들기 쉽다. 이러한 극단은 우리 자신 안에서 발견되는데, 다른 이와 대화를 할 때도 이를 자각하게 된다.

어떤 이는 충만한 삶을 살기보다, 바쁘고 분주한 일상을 반복한다. 하루하루가 한 일에서 다른 일로 쫓기듯 지나가며, 평온하게 사는 능력을 잃었다. 그들은 지쳐 있고, 때로는 혼란스럽다. 선한 일과 섬김을 향한 열의는 진실하지만, 지나친 관대함으로 인해 무리하고는 한다. 그들은 결국 '바쁜 척하는 사람'에 불과할 위험에 처한다.

분주한 삶은 항상 아드레날린이 솟구칠 수밖에 없다. 늘 분주하게 사는 사람은 그런 삶을 정당하게 생각한다. 그들은 일에서 자신의 중요성과 존재 이유를 발견한다. 한마디로 일할 때 살아 있음을 느낀다. 하지만 사람의 활력과 중요성을 그런 식으로 이해하는 것은 잘못이다. 그런 삶은 결국 공허함을 가중시킬 뿐이다.

그들의 바쁜 삶에는 의미 있는 경계가 없다. 다른 이의 초대나 기대에 언제 "아니오."라고 말해야 하는지를 잃어버렸다. 그래서 피상적인 수준에서 살아가며, 인생을 그럭저럭 견디지만 모든 일을 대충대충 처리하고, 책상 위 쌓인 일을 끝까지 완수하지 못한다.

반면 어떤 이는 극명한 대조를 이루는데, 대체로 꾸물거리며 살아간다. 그들은 바쁘지 않고, 삶이 분주하지도 않다. 오히려 목적이나 집중력 없이 그저 형식적으로 하루하루를 보낸다. 삶과 일에 진정으로 몰입하지 못한 상태다. 어떤 경우에는 주변의 필요에 압도되어 어디서부터 시작해야 할지 모른다. 또 다른 경우에는 나태하거나 열정을 잃어 무기력해지고, 일에 대한 욕구를 잃으며, 일에서 기쁨을 거의 느끼지 못한다. 일부는 은퇴하여 연금 혹은 유산 덕분에 일을 하지 않아도 되며, 또 다른 일부는 안정된 회사에 고용되어 있어 최소한의 업무만 수행한다. 나는 이러한 모습을 주요 산업 현장과 지역 교회에서 보았다. 아무도 이들의 해고를 요구하지 않고, 이들은 최소한의 노력만으로 그저 생존할 수 있다.

한쪽은 지나치게 바쁜 사람들, 다른 한쪽은 꾸물거리거나 최소한의 노력만 하는 사람들이다. 두 경우 모두 그 영향력에 전염성이 있다. 상대방이 지나치게 몰입하거나 반대로 무관심할 때, 부름받은 일에 진정으로 몰입하는 우리의 능력에도 영향을 미친다.

우리 모두에게 가장 좋은 대응은 자신의 상황에 대해 소명을 묻는 것이다. "나의 부르심은 무엇인가? 내가 맡아야 할 일은 무엇인가? 나에게 주어진 거룩한 필요는 무엇인가?" 이러한 질문을 던지는 일은 우리 삶과 세상을 바라보는 독특한 관점에서 비롯된다. 이를 성향, 렌즈, 혹은 사고방식이라 부를 수 있다. 이번 장에서는 이러한 사고방식, 즉 삶과 일에 대한 신학적 비전을 기르고, 그 비전을 바탕으로 삶과 하루하루를 대하는 태도에 대해 이야기할 것이다.

소명을 생각하는 삶이 주는 이익

소명을 생각하는 삶이 주는 이익은 많다. 그런데 모두 가식의 탈을 벗고 주어진 소명에 충실할 자유를 가져다준다는 점에서 매한가지다. 이 자유는 기쁨으로 표현된다. 이때의 기쁨과 자유는 각자의 소명을 발견하고 그것을 용기 있게 받아들이는 데서 비롯한다.

다른 사람과 비교하지 않는 자유

소명을 생각하는 삶은 자아에 대한 올바른 평가에 근거한다. 자신을 깊이 성찰함으로 나의 참 모습을 발견하고 포용해야 한다. 그래야만 자신을 다른 사람과 비교하는 데서 자유로울 수 있다. 자신을 다른 사람과 비교하지 않고 그들의 재능, 능력, 기회를 시기하지 않을 때, 비로소 우리의 참 모습에 충실할 수 있다. 그렇지 않으면 다른 사람의 재능을 자신에 대한 위협으로 여길 수밖에 없다. 제임스 파울러(James Fowler)는 "다른 사람의 재능은 우리를 약화시키거나 위협하지 않고 오히려 보완해 준다."고 했다.[1]

오늘날처럼 인터넷과 텔레비전이 넘쳐나는 시대에 다른 사람과 자신을 비교하는 것은 큰 문제다. 이 플랫폼은 몇몇 재능 있는 사람을 '스타'로 띄우는데, 그들의 영향력과 화려함, 스타일은 우리가 결코 스타가 될 수 없다는 좌절감을 쉽게 안겨 준다. "왜 내가 성경 공부반을 가르쳐야 하지? 누구나 유명한 강사의 영상을 보고 들을 수 있는데."라고 생각하는 이도 있을 것이다. 이런 압박감 때문에 스타가 될 수 없다면 차라리 아무것도 하지 않는 게 낫다고 생각하는 사람도 생긴다. 하지만 유명해지지 못해도 내가 해야 할 일이 있다는 사실을 의식할 때 비로소 참된 소명 의식이 싹튼다. 자신의 참 모습에 충실하겠다고 다짐할 때, 비로소 소명을 이룰 뿐 아니라 하나님께 충실할 수 있다.

비교 의식에서 자유로워지면 불필요한 경쟁 심리에서도 해방된다. 다시 말해 다른 사람의 발전이나 성공은 자신의 길을 가로막는 방해요인이라 여기며 어떻게든 그들을 앞질러야만 소명을 이룰 수 있다는 잘못된 생각을 극복할 수 있다. 그렇게 되면 다른 사람의 성취를 위협으로 느끼는 두려움에서 벗어나 그들의 업적을 진심으로 축하해 줄 수 있다.

탁월함에 대해 인위적인 판단을 일삼지 않는 자유

소명의 관점에서 삶과 일을 생각할 때는 경쟁 의식이 아니라 우리의 참 모습과 잠재력을 바탕으로 탁월함을 추구하는 태도가 필요하다. 그래야만 심리적 부담을 느끼지 않으면서 주어진 일을 잘하겠다는 마음을 가질 수 있으며, 실패를 두려워하지 않고 재능과 은사를 자유롭게 활용할 수 있다. 실패는 단지 배워가는 과정일 뿐이다. 실패했다고 해서 위축될 필요는 없다.

인위적인 잣대를 적용해 심리적인 부담을 느끼지 말라. 자신의 잠재력은 물론 자신의 한계도 아울러 인정해야 한다. 설령 한계(잘할 수 없는 일)가 있더라도 위축되지 말고 겸허하게 인정하면 그만이다.

우리는 자신의 참 모습에 충실할 뿐 아니라, 소명을 생각하며 살아갈 능력을 기르는 성숙한 마음 자세가 필요하다. 마틴 루터 킹 주니어(Martin Luther King Jr.)는 특별한 자유를 추구했다. 그는 칭찬받을 때 으쓱하는 마음과 비판받을 때 절망하는 마음으로부터의 자유를 추구했다. 때로 우리의 일은 칭찬을 받기도 하고 부적절하다는 비판을 받을 수도 있다. 사는 동안 우리는 칭찬과 비판을 여러 차례 겪게 된다. 사실 둘 다 없어서는 안 될 요소다. 칭찬과 비판은 우리를 성숙케 할 뿐 아니라 분별력을 키워 준다. 칭찬을 통한 격려나 비판을 통한 질책 모두가 필요하다. 특히 후자는 책임감을 고양시킬 뿐 아니라 우리의 열망이 옳은지 아닌지를 점검해 준다. 하지만 주의하지 않으면 칭찬이든 비판이든 우리의 마음에 부정적인 영향을 미칠 수 있다.

탁월함의 기준을 우리의 소명과 능력의 한도 내에서 설정해야만 칭찬받을 때나 비판받을 때나 겸허한 자세를 취할 수 있다. 그래야만 칭찬에 교만해지거나 비판에 절망하지 않는다. 기쁨과 자유 안에서 일하며 살아가려면 그런 태도가 반드시 필요하다.

다른 사람을 즐겁게 하려는 부담에서 벗어나는 자유

자신의 소명을 분명히 이해하면 모든 사람을 기쁘게 하려 하거나 모든 사람의 인정을 받으려는 부담에서 자유로울 수 있다.

모든 사람을 기쁘게 하기란 불가능하다. 그런 삶은 우리가 감당할 수 없는 짐이다. 모든 사람을 기쁘게 하려고 하는 사람은 순전한 인격을 지닐 수 없다. 정치가는 대개 사람을 기쁘게 하고 사방에서 인기를 얻고자 하지만 그렇다고 해서 지역구민의 요구에 일일이 부응하기는 어렵다. 행정가도 조직원을 모두 만족시킬 수 없고, 부모도 자녀가 원하는 바를 모두 들어줄 수 없다. 그런 삶은 불가능하다.

다른 사람을 기쁘게 한다는 것은 심리적 부담을 줄 뿐 아니라 결국에는 거짓된 삶을 살게 한다. 다른 사람의 기대를 충족시키려다가 자신의 참 모습 및 소명과 거리가 먼 삶을 살게 될 수 있다. 개중에는 그런 삶을 상당히 오랫동안 지속해 온 이들도 있다. 우리는 카멜레온처럼 행동할 수 있다. 주위 사람에게 마치 우리가 그들의 안위에 가장 큰 관심을 기울이는 듯한 인상을 심어 줄 수 있고, 그들이 듣고 싶어 하는 말을 앵무새처럼 되풀이할 수도 있다. 하지만 그것은 결국 거짓된 삶으로 귀결된다. 집에서든 일터에서든 중요한 결정을 내려야 할 순간이 오면 우리는 느닷없이 태도를 돌변할 수 있다. 모두를 기쁘게 하기란 불가능한 과제다.

시간의 속박과 억압으로부터의 자유

소명을 생각하는 삶은 가능한 한 많은 일을 처리하겠다는 압박감에서 자유로운 삶을 뜻한다. 단지 자신을 정당화하고 자신의 가치를 입증할 목적으로 일을 하거나 너무 많은 일을 한꺼번에 하려는 태도는 바람직하지 않다. 우리는 일을 위한 일을 추구하는 분주한 삶에서 자유로워야 한다. 우리에게는 소명을 이룰 시간이 충분하다. 이를 기억하고 시간과 에너지를 적절히 안배해야 한다. 파울러가 지적했듯이 가능한 한 많은 일을 하겠다는 생각을 버리고 시간의 속박으로부터 자유로워야만 비로소 시간이 적이 아닌 친구가 된다.[2)]

소명을 생각하며 살아가야만, 일을 해야 한다는 걱정이나 무엇을 이뤄야 한다는 야심 또는 주어진 시간 내에 일을 마쳐야 한다는 강박 관념을 털어 버리고 예배와 여가, 놀이 시간을 자유롭게 즐길 수 있다. 하나님이 지금 이 순간에 무엇을 요구하시든지 우리에게 주어진 시간의 한계 안에서 충분히 이룰 수 있다. 하나님은 가족과의 관계를 희생하거나 잠과 휴식과 재충전과 예배와 친구 관계를 소홀히 해야 할 만큼 많은 일을 요구하시지 않는다. 소명을 생각하는 삶은 시간의 속박과 강박 관념에서 우리를 해방시킨다.

다른 사람을 사랑할 자유

바울은 로마서 12장 3절에서 자신을 냉철히 판단하라고 했다. 자신의 참 모습을 진실하고 정직하게 생각하라는 뜻이다. 그런 다음 그는 서로 사랑하라고 했다. 특히 거짓이 없는 사랑을 강조했다(롬 12:9). 바울의 사상은 소명을 생각하는 삶을 살 때, 즉 우리가 기꺼이 우리의 참 모습을 받아들일 때 다른 사람을 가식 없이 진심으로 사랑할 수 있다는 논리를 전제로 한다.

그 외의 태도는 부담만 가중시킬 뿐 진정한 사랑을 이루지 못한다. 때로 관대한 태도도 극단으로 치우칠 수 있고, 다른 사람에 대한 사랑도 즐겁고 차분한 마음에서가 아니라 분주하고 바쁜 마음에서 형식적으로 행해질 수 있다. 우리는 이따금 사랑받고 싶은 마음에 사로잡히거나 모든 사람이 우리를 좋아했으면 하는 바람을 갖는다. 하지만 그런 마음은 진정한 사랑을 실천하는 능력을 약화시킨다.

소명을 생각하며 살 때 토저가 말한 "가식의 짐"에서 해방되어 겸손함의 자유를 만끽할 수 있다. 토저는 다른 사람에게 좋은 인상을 심어 주기 위해 가식적 행위를 일삼는 데서 자유롭게 될 때 비로소 기쁨의 삶을 살아갈 수 있다고 했다.[3] 소명의 원리를 회복하면 참되고 진실하고 진정한 삶을 살 수 있다. 이것이 바로 자유, 곧 다른 사람을 진정으로 사랑할 자유다.

소명의 실천을 방해하는 요소

소명을 생각하는 삶이 주는 유익도 많지만, 그런 삶을 살아갈 능력을 앗아가는 방해 요소도 적지 않다. 소명의 실천을 방해하는 요소는 사람에 따라 각기 다르지만, 소명을 발견하고 포용하는 능력을 저해하는 요소라는 점에서 공통적이다. 대개 그것은 우리를 짓누르는 무거운 짐으로 다가온다.

거룩한 것과 속된 것의 구분

소명을 발견하고 이루는 일을 방해하는 요인 가운데 하나는 잘못된 신학적 사고에서 비롯한다. 구체적으로 말하면 모든 직업이 거룩하다는 점을 이해하지 못하는 데서 발생한다. 거룩한 것과 속된 것을 구분하는 사고방식은 세상에서 이루어지는 하나님의 역사를 잘못 이해하는 데서 생겨난다. 모든 직업이 거룩하다는 점을 부인하면 두 가지 잘못을 저지르게 된다.

첫째, 참 소명과는 다른 직업을 선택할 소지가 높다. 예를 들어 목회자나 선교사를 가장 고귀하게 생각하고 너도나도 성직자가 되고 싶어 할 수 있다. 하지만 그 길이 자신의 참 소명과 무관하다면 큰 부담과 짐으로 다가올 수밖에 없다. 진로를 결정할 때 '그 일을 해야 마땅해.'라는 생각에서 직업을 선택한다면, 하나님의 소명을 수행하고 있다는 확신으로 일하는 사람과는 달리 기쁜 마음으로 일에 매진할 수 없다. 그런 삶은 점차 자신은 물론 주변 사람에게까지 부담을 준다. 기쁨이 없는 삶을 사는 한 다른 사람과 조화를 이루며 함께 일할 수 없다. 자신의 참 모습에 충실하지 못하기 때문이다.

선교사나 목회자의 길을 걷지 않는 사람은 마치 꼭 그런 길을 걸어야 할 것처럼 생각하기 쉽다. 전임 사역자의 길이 소명이 아닌데 그런 식으로 생각할 경우, 두 번째 잘못 즉 하나님이 허락하신 참 소명을 소홀히 하는 잘못을 범하게 된다. 예를 들어 농부나 사업가가 자신의 소명에 충실하기보다, 자신의 일이 그리스도인이 해야 할 이상적 직무와 거리가 멀다고 생각하며 해이해지기 쉽다. 그런 사람은 하나님이 원하시는 일을 하지 못했다는 자괴감을 보상받기 위해 대개 자녀에게 성직자의 길을 강요하곤 한다.

거룩한 것을 구분하려는 태도는 다양한 상황에서 좀 더 미묘하게 작용하기도 한다. 나는 필리핀에 있을 때 선교사 사이에 은연중에서열이 매겨진 것을 보고 깜짝 놀랐다. 그들은 복음을 전하고 교회를 설립하는 일을 맡은 선교사를 '참된' 선교사로, 행정 업무와 구제 및 개발 업무를 맡은 선교사를 '유사' 선교사로 인식했다. 학계에서도 연구 교수를 높게 평가하는 반면, 대학의 효율성을 높이는 그 밖의 직임에 대해서는 다소 낮게 평가하는 경향이 많다.

모든 직업이 거룩하다는 점을 인식하지 못하면, 정작 하나님이 주신 참 소명을 등한시하고 자신의 소명과 다른 직임이나 책임을 수행하는 부담을 떠안아야 한다. 더욱이 스스로도 불필요한 짐을 지게 될 뿐 아니라 다른 사람에게까지 부담을 안겨 줄 소지가 높다.

소명과 직업의 차이를 구별하지 못하는 태도

소명에 충실한 삶을 가로막는 또 하나의 방해 요소는 소명과 직업의 차이를 구별하지 못하는 데서 비롯한다. 사람들은 소명이 특정 직업이나 역할에 국한되는 것처럼 생각한다. 언젠가 한 젊은 선교사가 평생 필리핀에서 일하라는 소명을 받았다고 했던 말이 기억난다. 필리핀 사람이 그가 일생 그곳에서 일하기를 원치 않을 수도 있는데, 대담하게도 그런 식으로 단정하는 말을 듣고 깜짝 놀라지 않을 수 없었다. 물론 하나님은 변덕스러우시지 않다. 하지만 소명을 생각하는 삶이 이루어지려면 좀 더 유연한 마음가짐이 필요하다. 소명을 특정 직업이나 역할에 국한시켜서는 안 된다.

회사나 조직에서 해고될 가능성도 배제할 수 없다. 하지만 그렇다고 해서 소명이 없어지는 것은 결코 아니다. 목회자 사모 가운데는 남편의 보조 역할을 담당하는 것으로 만족하는 사람이 있다. 그들은 남편이 목회 사역을 그만 두었을 때 자기 정체성과 소명의 위기를 겪을 가능성이 높다.

그런 가능성은 둘째로 치더라도, 일단 소명을 특정 회사나 조직에 일치시키거나 배우자의 소명이나 직업을 자신의 것으로 받아들일 경우, 자기 삶과 소명에 충실할 능력이 약화될 수밖에 없다. 물론 배우자나 교회 또는 조직에 헌신하는 것이 쓸모없다는 뜻은 아니다. 나는 동료들이 학교 일에 헌신하며 맡은 직무를 다하는 모습을 볼 때마다 흐뭇하다. 하지만 다른 곳에서 일할 가능성을 배제한 채 평생 한 직업이나 한 역할을 수행해야 한다는 생각을 떨치지 못하면 문제가 발생할 수밖에 없다.

배우자를 돕고 격려하며 남편 또는 아내의 소명을 자신의 소명으로 받아들이려는 마음은 참으로 고귀하다. 하지만 배우자의 직업이 바뀔 경우 자연히 정체성의 위기에 직면할 수밖에 없다. 그동안 배우자의 역할보다는 단순히 보조 역할에 자신의 삶을 일치시켰기 때문이다. 어떤 사람이나 조직에 자신을 너무 깊이 매몰시킬 경우 소명의 위기에 직면할 수밖에 없다. 불가피한 변화가 발생하면 마치 망망대해에 홀로 있는 듯한 느낌을 받게 될 것이다.

조직은 변한다. 조직은 단순히 생존만이 아니라 새로운 기회와 상황에 효과적으로 대처하기 위해 반드시 변화를 겪기 마련이다. 자신이 속한 조직에 깊이 매몰되어 다른 곳에서는 일을 할 수 없다고 생각하는 사람은 조직의 미래를 위해 반드시 필요한 변화를 거부하기 쉽다. 그런 사람은 사실 조직에 헌신한다고 볼 수 없다. 그들은 다만 조직의 과거나 조직에 대한 스스로의 생각에 집착할 따름이다.

3대 유혹

소명을 생각하는 삶을 위협하는 3대 유혹은 예수님이 공생애를 시작하시기 전에 광야에서 겪으셨던 세 가지 유혹을 말한다(눅 4:1-13). 즉 권력의 유혹, 물질적 안정과 편안함의 유혹, 명예 또는 명성의 유혹이다. 이 3대 유혹은 강력할 뿐 아니라 미묘한 특성이 있다. 우리는 이 유혹에 끌려 직업을 선택할 소지가 매우 높다. 다시 말해 그같은 유혹에 이끌려 자신의 선택을 정당화하기 쉽다. 하지만 이 유혹은 소명에 치명적인 해악을 끼친다.

삶의 수준이 저하되거나 경제적 안정이 위협받는 상황을 용납할 수 없다는 생각 때문에 이런저런 변명을 내세워 하나님의 소명을 회피하는 사람이 얼마나 많은지 모른다. 또한 대다수의 사람이 두둑한 연금과 안락한 은퇴를 보장해 준다는 이유만으로 직업을 선택한다. 그 밖에도 채무나 경제적 책임 때문에 하나님의 소명에 충실하지 못한 사람도 많다. 돈 자체가 악은 아니다. 하지만 물질적 성공과 안전을 바라는 욕망 때문에 많은 사람이 소명에 부합하지 않은 일을 하고 있다. 자신의 일을 절대적으로 싫어하면서도 그 스트레스를 계속 안고 살아가는 사람들을 볼 때 참으로 안타깝다. 그들은 경제적 여유가 없어서가 아니라, 편안한 은퇴를 맞이하기 위해 오랜 시간을 그저 참아 내고만 있다.

모차르트는 오늘날 주로 작곡가로 알려져 있지만, 사실 가족으로부터 연주자가 되라는 큰 압박을 받았다. 당시 연주자가 작곡가보다 더 수익성이 있었기 때문이다. 그의 전기를 쓴 메이너드 솔로몬은 모차르트가 뛰어난 연주자이자 널리 인정받는 피아니스트였음에도 불구하고 자신은 작곡가로 부름받았다고 믿었다고 지적한다.[4] 그의 작곡가로서의 영향력은 말할 것도 없이 훨씬 더 컸다.

다른 이들은 각기 다른 목적에 이끌린다. 예를 들어 교회의 경우 전임 사역자의 길을 가면 칭찬과 명예가 뒤따른다. 그리스도인은 선교사를 사람의 평가나 비판에서 자유로운 가장 신성한 소명으로 간주한다. 이를테면 선교사는 비판은 없고 칭찬만 있는 직업이다. 그런 점에 매혹되어 선교사가 되고 싶어 하는 사람이 많다.

소명에 관해 가르칠 때 강의를 들었던 한 학생이 생각난다. 그는 13세 때 한 선교 집회에서 선교사가 되겠다고 했더니 사람들이 모두 경탄하며 강단 앞으로 불러내 자신을 위해 기도해 주었다고 한다. 성인이 된 시점에서 당시를 돌아본 그는, 사람들이 13세의 어린 소년을 지나치게 칭찬하고 격려했다는 사실에 눈뜨게 되었다. 아무튼 그는 당시에는 큰 자부심을 느꼈지만, 결국 그 일로 인해 자신의 소명을 객관적으로 분별하는 능력을 잃고 말았다.

어떤 사람은 그의 이야기를 듣고 13세 때 받았던 소명에 충실해야 한다고 충고할지도 모른다. 그러나 사실 기독교 공동체는 각자에게 주어진 하나님의 소명을 강조하는 한편, 사람들을 특정 직업이나 역할에 국한시키지 말고 하나님이 어떤 일을 요구하시든지 충성할 수 있도록 격려해 주어야 한다.

내가 말하는 이 칭찬은 젊은이에게뿐 아니라 나이든 이에게도 너무나 쉽게 방해물이 될 수 있다. 우리는 칭찬과 인정, 명성을 갈망하기 때문에 너무도 쉽게 맡은 일이나 책임을 받아들이거나 선택하게 된다.

그 밖에도 권력의 유혹 때문에 참 소명을 저버리는 사람이 있다. 예를 들어 자신의 소명과 전혀 상관없는데도 행정 업무나 경영 업무를 맡는 이가 있다. 그들은 직책에 수반되는 권력과 영향력에 눈이 어두워 걸맞지 않은 직위를 받아들인다. (나도 개인적으로 학장직이 소명인지 거듭 묻고 확인하려고 노력했다.) 선교사로 일할 당시 동료 선교사 중에는 선교 집행 위원이나 선교 현장 리더로 선출되고 싶어 하는 욕망에 사로잡힌 이들이 있었다. 그들은 자신의 정체성과 소명에 부합하는지 확인하지도 않고 무조건 직책을 맡으려고 했다. 그 직책이 자신의 참 소명을 이행하는 데 걸림돌이 될지도 모른다는 생각은 전혀 없었다.

우리가 경제적 성공이나 명예, 권력을 바라고 직책이나 역할 또는 직업을 선택하는 이유는, 심리적 공허 즉 영혼의 깊은 갈망을 돈이나 명예나 권력으로 채울 수 있다는 그릇된 신념 때문이다. 예를 들어 사람들은 종종 자라면서 아버지에게 한 번도 인정을 받아 보지 못한 탓에 그 보상심리로 현재의 직업을 선택했다고 말하곤 한다.

자신의 동기를 비판적으로 성찰하고, 어떤 일을 결정할 때는 무엇이 결정에 영향을 미치는지 진지하게 생각해야만 소명을 생각하는 삶에 충실할 수 있다. 자신의 동기를 솔직히 파헤쳐야만 소명을 올바로 분별할 수 있다.

왜곡된 의무감

왜곡된 의무감도 소명을 이루는 삶을 가로막는 방해 요소 가운데 하나다. 왜곡된 의무감은 다양한 형태로 나타난다.

예를 들어 파커 파머는 교육이나 훈련 프로그램에 시간과 돈을 투자해야 한다는 강박 관념에 시달리는 사람들이 있다고 말한다.[5] 그들이 느끼는 강박 관념은 스스로 갖는 의무감이나 그들의 교육을 물질적으로 후원하는 이들에게서 비롯한다. 특히 후자의 경우, 후원을 하는 사람은 수혜자가 교육을 받은 후에 특정 직업을 갖고 그동안의 비용을 보상해 주기를 기대한다.

이로 인한 문제는 두 가지다.

첫째는 자신의 정체성과 소명을 발견할 능력을 갖추기도 전에 값비싼 교육 과정을 이수하는 경우다. 둘째는 특정 분야(예. 의학)를 공부하는 데 지나치게 많은 돈을 썼다면 그 분야에 전문적으로 종사하지 않을 경우(예. 의사가 되지 않을 경우) 그 돈이 헛되이 쓰였다는 불행한 생각을 하게 되리라는 점이다.

사실 우리가 생각하는 '낭비'라는 개념은 항상 상대적이다. 소명을 낭비하는 것, 즉 의사라는 직업이 참 소명에 맞지 않는데 단지 의학을 수료했기 때문에 의무감에서 의사 일을 하는 것이 훨씬 더 큰 낭비가 아닌가?

낭비된 교육이라는 개념은 우리 삶에서 이루어지는 하나님의 역사를 좁은 안목으로 바라보는 데서 비롯한다. 하나님이 함께하시는 한, 시간 낭비란 있을 수 없다. 우리는 장차 하나님이 우리 삶의 날줄과 씨줄을 엮어 놀라운 결과를 만들어 내시는 모습을 보고 경탄해 마지 않을 것이다. 우리는 상황이 어떤 식으로 이루어지는지 모를 때가 많다. 우리가 할 수 있는 것은 지금 이 시간에 우리의 참 모습과 소명에 충실하는 것뿐이다. 제아무리 값비싸고 훌륭한 교육이라 해도 소명을 올바로 생각하게 하는 능력을 저하시킨다면 백해무익하다.

한편 왜곡된 의무감은 영적 훈련을 바탕으로 한 올바른 순종과 단순한 순응을 혼동할 때 발생하기도 한다. 우리는 기독교 공동체 내에서 순종하며 살도록 부르심 받았다. 누군가 권위를 가진 사람이 존재하고, 그가 우리가 원치 않는 결정을 내릴 수도 있다는 현실을 인정하지 못하면 몸담고 일하는 조직에서 주어진 역할을 효율적으로 수행하기 어렵다.

하지만 순응은 순종과는 판이하게 다르다. 권위를 가진 사람이 순응을 요구한다는 것은 곧 아무 생각이 없는 맹목적 복종을 요구하는 것과 같다. 그런 식의 복종을 요구하는 종교 지도자가 많다. 그들은 자신의 뜻을 받들지 않는 사람을 교회에 불충실한 사람으로 생각한다. 그들은 순응과 순종을 똑같은 것으로 생각한다.

우리는 순종하는 태도로 책임 있는 삶을 살라는 부르심을 받았다. 우리의 소명은 기독교 공동체 안에서 조화를 이루며 사는 것이다. 그러기 위해서는 반드시 지도자의 인도를 받아야 한다. 하지만 지도자의 메시지와 하나님의 메시지를 동일시해서는 곤란하다. 우리는 권위를 지닌 인간의 목소리를 성령의 감동과 구별해야 한다. 늘 공손하게 복종하는 삶을 살아야 하지만, 하나님의 말씀을 분별할 줄 알아야 한다. 우리를 다스리는 권위자의 메시지와 하나님의 메시지가 반드시 일치하는 것은 아니다.

이 밖에도 왜곡된 의무감이 소명에 충실한 삶을 방해하는 경우는 우리의 행동이 타인에게 상처를 줄지도 모른다는 우려감에서 행동할 때 발생한다. 우리는 때로 기회가 있어도 행동하기를 주저한다. 심지어 소명을 이루는 일인데도 가만히 있기만 한다. 우리의 행동이 다른 사람에게 실망을 줄지도 모른다는 쓸데없는 걱정 때문이다. 누군가가 우리의 성공에 위협을 느낀다면 그것은 그 사람의 문제다. 그런데 우리는 자신의 문제로 받아들인다. 우리는 배우자에게 상처 주기를 원치 않는다. 또한 친구를 기죽이기 싫어서 행동을 자제하는 사람도 있고, 직장 상사에게 위기 의식을 주기 싫어서 두각을 나타내기를 꺼리는 사람도 있다.

물론 당연히 다른 사람의 감정을 고려하며 살아야 한다. 하지만 감정적으로 미성숙한 사람까지 고려할 필요는 없다. 하나님이 주신 은사와 재능을 "불일듯 하게" 하려면 다른 사람도 중요하지만 자신과 하나님께 충실하는 것이 무엇보다 중요하다. 우리는 은사와 재능을 잘 맡아 관리해야 한다. 다른 사람의 성숙하지 못한 감정을 보호하려는 태도는 그들에게 호의를 베푸는 것과는 거리가 멀다. 아울러 자신을 해치는 태도이기도 하다.

또한 이미 물러나거나 중단했어야 할 직위나 직업에 연연할 때도 왜곡된 의무감이 발생할 수 있다. 우리는 의무에 가장 큰 가치를 부여한다. 우리 중에는 자신의 정체성을 회사나 조직과 동일시함으로써 과도한 충성심을 발휘하는 사람이 있다. 그런 사람은 결국 소명과는 거리가 먼 일을 하기 마련이다. 회사나 학교나 종교 단체나 각종 운동 단체에 일생 헌신하라는 소명을 받는 경우는 극히 드물다. 하나님은 대개 조직에 헌신하기보다는 다른 사람을 섬기는 일에 헌신하기를 원하신다. 더욱이 하나님은 언젠가 다른 일을 요구하실 수도 있다. 변덕스럽게 이 일 저 일 마구 뛰어드는 것도 자제해야겠지만, 하나님이 떠나기를 원하시는데도 너무 오래 한자리에 머물러 있어서도 곤란하다. (11장에서 본격적으로 다룰 예정이다.)

다른 사람을 모방하거나 다른 사람의 기대에 순응하지 않고 참 소명에 충실하기로 결심할 때 성숙한 삶을 살 수 있다. 참된 의무감은 우리의 참 모습과 소명에 충실하겠다는 결심 속에 반영되어 나타나야 한다.

한계를 인정하지 않는 태도

소명을 생각하는 삶을 가로막는 방해 요소가 두 가지 더 있다. 이 두 요소는 언뜻 보면 무관한 듯하지만 실은 우리의 삶과 일에 존재하는 한계를 이해하지 못하게 방해한다는 점에서 공통적이다. 곧 자신의 삶과 일에 존재하는 한계만을 지나치게 강조하는 경우와, 자신의 한계를 전혀 의식하지 않는 경우다!

첫 번째 유형은 항상 스스로를 희생자로 생각한다. 그들은 마치 자신이 순교자나 된 것처럼 말한다. 그들은 자신이 느끼는 한계를 다른 사람의 탓으로만 돌린다. 예를 들어 부모, 동료, 고용주(전임 또는 현 고용주) 등을 탓한다. 스스로의 행동과 삶을 책임지기보다 다른 사람을 원망하는 데 급급하다. 이런 사고방식은 스스로를 구속할 뿐이다.

두 번째 유형은 영웅주의에 사로잡혀 자신이 하나님을 위해 위대하고 고귀한 일을 할 수 있다고 자부한다. 그리고 다른 사람에게도 하나님을 위해 위대한 일을 하라고 요구한다. 미국 문화의 저변에는 의지와 결심만 있다면 무엇이든 될 수 있고 어떤 일이든 할 수 있다는 사고방식이 깔려 있다. 굳센 의지로 열심히 일하면 모든 것이 다 이루어진다는 식이다. 이러한 사고방식은 서구 문화권 사람에게 커다란 영향을 미쳐 왔다. 하지만 이는 올바른 관점이 아니다. 단지 사실이 아니어서가 아니라, 부분적으로만 사실이기에 진실이라고 볼 수 없다. 이 관점에는 '열심히 일하는 것의 가치'라는 진실이 담겨 있지만, '우리 모두가 하나님을 위해 위대하고 거창한 일을 할 영웅으로 부름받았다'는 개념에서 그 오류가 드러난다.

오히려 하나님은 이름 없이 빛도 없이 주어진 일에 충실한 사람을 원하신다. 그분은 보통 사람의 평범한 일을 통해 가장 중요한 사역을 이루신다. 이런 점에서 평범한 일상에 막연히 충실하는 것만으로는 부족하다. 평범한 일을 더욱 귀하게 알고 더욱 열심히 매진하는 태도가 필요하다. 거창한 일만 찾느라 소명을 이룰 기회를 놓치는 사람이 적지 않다. 삶의 한계를 인정하지 못하는 사람, 즉 작고 평범한 일을 통해 하나님의 사역이 이루어진다는 사실을 깨닫지 못하는 사람이 많다. 또한 종종 이루기 힘든 과제가 주어질 때도 있고 일이 조금씩 더디게 이루어질 때도 있지만 그것을 인식하지 못하는 경우가 많다. 우리는 영웅이 아니다. 매일매일 최선을 다하는 사람일 뿐이다.

진리와 자유의 진정한 탁월함은 우리의 한계를 과장하지 않고 받아들이는 데 있다. 한계를 품위 있게 받아들이되, 영웅적이거나 과장되거나 순진하지 않으면서도 은혜의 가능성으로 눈을 돌리는 데 그 본질이 있다.

지금까지 소명을 분별하는 데 있어서 여러 잠재적 장애물을 확인했다. 소명을 실천하는 삶을 방해하는 요소 가운데는 거룩한 것과 속된 것을 구분하는 사고, 소명과 직업의 차이를 구별하지 못하는 태도, 3대 유혹, 왜곡된 의무감, 한계를 인정하지 않는 태도만 있는 것은 아니다. 그 외에도 많다. 다시 한번 소명을 실천하는 삶의 방해 요소를 복습하면서 자신의 참 소명을 발견하고 이루기를 방해하는 가장 큰 요소가 무엇인지 정직하게 생각해 보면 도움이 될 것이다. 정직하게 생각할수록 방해 요소를 극복하고 "하나님의 은사를 다시 불일듯 하게"(딤후 1:6) 할 가능성이 더욱 커진다.

결국 우리 소명에 가장 큰 위협이 되는 것은 두려움이다(8장 참조).

소명을 실천하는 삶에 필요한 두 가지 능력

소명을 생각하며 살아가는 방법을 터득해야만 소명을 계발하는 삶을 가로막는 방해 요소를 극복할 능력이 생겨난다. 소명을 생각하는 삶은 두 가지 근본적인 능력을 요구한다. 이 두 가지 능력은 각각 따로는 힘이 없지만 하나로 통합되는 순간 진리 안에서 생각하고 행동하는 능력을 부여한다.

과거를 성찰하는 능력

과거에 대한 성찰은 소명을 생각하며 사는 사람들, 즉 자신의 한계와 잠재력을 동시에 인정할 줄 아는 사람이 지녀야 할 가장 중요한 능력 가운데 하나다. 곧 과거의 경험과 그동안 살아오면서 경험한 성령님의 일을 깊이 생각하는 능력을 말한다.

지난날 경험한 하나님의 역사와 우리 행동과 사건과 기회에 대한 우리의 반응, 우연한 사고와 불행을 돌이켜보며 그것들이 현재와 어떤 관계를 맺고 있는지 깊이 숙고할 때 진정한 자기 인식이 이루어진다. 자신을 알려면 과거를 알아야 한다.

예를 들어 과거에 대한 성찰에는 자라온 가정 환경이나 가족 관계를 생각하는 일이 포함된다. "그 시대에 그런 가정에서 태어나 성장한 것은 무슨 의미였을까? 부모의 행동과 성격이 나의 성격 형성에 어떤 영향을 미쳤는가? 우리 형제의 출생 순서에는 어떤 의미가 있을까? 가정 환경이 우리의 현재에 어떤 영향을 미쳤는가?"와 같은 문제를 생각해 볼 수 있다.

하지만 이는 단지 우리가 고려할 수 있는 한 요소에 불과하다. 우리는 과거에 대한 성찰을 통해 우리의 정체성과 소명이 어떤 식으로 전개되어 왔는지 해석할 수 있다. 우리의 소명 의식을 형성하는 요인이 바로 우리의 정체성을 구성하는 요인이다. 우리가 지난날 살아오면서 겪은 사건과 상황을 깊이 숙고할 때 비로소 그 의미가 드러난다. 우리에게 무엇이 중요하고 우리의 소명이 무엇인지 명백히 떠오른다. 이는 소명이 결코 고립된 상태에서 분별되지 않기 때문이다. 항상 이야기가 있고, 과거와의 연속성이 있으며, 지금까지 우리를 이끌어 온 그것이 앞으로 나아갈 방향을 가리킨다.

하지만 덧붙여 말하자면, 과거를 따르는 것이 의무는 아니다. 하나님은 언제나 우리에게 예상치 못한 방향이나 참여 방식을 인도하실 수 있다. 그럼에도 나는 우리 삶의 새로운 장이 늘 지난 삶 안에 씨앗처럼 존재해 왔으며, 이제야 비로소 물을 받고 자라고 있다고 생각한다. 누군가가 수년간 사무실에서 숫자와 씨름하다가 갑자기 소설가가 되고 싶어 했다면, 그게 정말 갑작스럽게 일어난 일일까? 아마도 여러 해에 걸쳐 "언젠가 글을 쓸 기회가 오리라."는 내용의 일기가 있었을 것이다.

때로는 과거에 대한 성찰을 통해 우리가 소명에 부합하는 일을 하고 있다는 사실을 발견하게 된다. 우리가 맡은 일과 역할에 우리의 정체성과 소명의 근간을 이루는 무언가가 반영되어 나타날 때가 있다. 내가 필리핀 마닐라에 위치한 신학교 학장직을 맡은 이유는 그 자리를 맡을 마땅한 사람이 없었기 때문이다. 하지만 나는 그 당시 그 직책이 내 소명일 수도 있다는 생각이 들었다. 이와 유사한 이야기가 많다. 어떤 사람은 우연히 주어진 기회에 글을 한 편 썼다가 그것이 계기가 되어 아예 작가가 된 경우도 있다. 내가 젊은이에게 항상 개방적인 태도로 다양한 의무와 책임을 맡아 열심히 활동하라고 권하는 이유가 여기 있다. 우리는 행동을 통해 자신을 발견할 수 있다. 행동은 성찰의 단초를 제공한다.

아울러 과거에 대한 성찰은 삶의 단계를 통해 겪은 어려운 순간을 생각하게 한다. 우리는 삶에 영향을 미친 실패와 좌절의 의미를 이해해야 한다. 과거에 겪은 어려움이 현재에 미친 영향을 파악하려면 그 사건이 오늘의 우리가 있기까지 어떤 역할을 했는지 비판적으로 성찰할 수 있어야 한다. (어려움에 대해서는 10장에서 살펴볼 것이다.) 직장을 그만 두었을 때나 채용을 거절당했을 때의 경험이 어떤 의미를 지니는지, 그 아픔이 또 다른 기회의 문이 열리는 기회가 되지는 않았는지, 또는 사별이나 이별의 고통이 우리의 성격 형성에 어떤 영향을 미쳤고, 그런 상황에서 내 행동이나 반응은 어땠는지 생각해 보아야 한다. 우리는 과거를 돌아보고 지난 삶을 해석함으로써 오늘의 자신을 이해할 수 있다.

현재에 충실할 능력

과거에 대한 성찰은 지난날을 감상적으로 돌이켜보는 것을 의미하지 않는다. 과거에 매몰되거나 감상적인 추억에 사로잡혀 후회를 일삼는 것은 아무런 도움이 되지 않는다. 지난날을 돌이켜보되 목전의 상황 즉 우리의 현재를 구성하는 현실에 충실해야 한다.

지난날의 일은 현재, 즉 우리 앞에 지금 놓인 기회를 위한 전주곡에 불과하다. 우리는 과거에 대한 향수나 후회 또는 과거에 아픔을 주었던 사람에 대한 원망을 떨치고 현재에 충실해야 한다. 지금 이 순간에 필요한 일을 어떻게 처리하고 또 어떻게 기꺼이 섬김의 삶을 실천할 수 있는지 고민해야 한다.

현재에 충실하려면 현재를 과거의 빛에 비추어보는 능력, 즉 지난날의 일들, 사건, 상황 및 당시의 반응과 행동이 오늘의 우리가 있기까지 어떤 영향을 미쳐 왔는지 이해하는 능력이 필요하다. 과거에 대한 성찰이 필요한 이유는 지난날의 일을 반추함으로써 현재에 충실하기 위해서다.

하나님은 한 번에 한 걸음씩 우리를 인도하신다. 하나님의 섭리를 통해 이루어진 인생의 한 단계나 한 사건의 의미를 지나치게 과장해서는 곤란하다. 나는 1970년대 후반에 신학교를 졸업하면서 설교자가 되는 것이 나의 소명이라고 확신했다. 그러다 시간이 지나면서 설교자의 직무가 소명에 포함되기는 하지만 소명의 전부는 아니라는 점을 깨달았다. 하지만 돌이켜보면 설교자의 직무가 나의 사역을 시작하는 좋은 출발점이 되었던 것은 분명하다. 현명한 조언 덕분에 한 가지 역할에 매몰되지 않고 그것을 바탕으로 또 다른 하나님의 인도하심을 깨닫게 된 것이 참으로 기쁘다.

다시 한번 강조하지만 과거를 돌아보는 목적은 현재에 충실하기 위해서다. 내가 좋아하는 운동선수 중에 스페인의 프로 테니스 선수 아란차 산체스 비카리오(Arantxa Sanchez Vicario)가 있는데 그녀의 삶이 이를 분명히 보여 준다. 키가 165센티미터 정도였던 비카리오는 처음에는 사람들에게 유망한 운동선수라는 인상을 심어 주지 못했다. 그녀가 세계적인 프로 테니스 선수로 성장할 것이라고는 아무도 예상하지 못했다. 그녀의 성장 비결은 강한 집중력에 있었다.

비카리오가 1995년 윔블던(Wimbledon) 준결승에서 승리를 거둔 후에 「런던 타임스」(London Times)에 그녀의 탁월한 기량을 평가하는 기사가 실렸다. 그녀는 연이은 실점에도 전혀 기죽지 않았으며, 상대방 선수가 변칙적인 수법을 동원해 의도적으로 신경전을 펼칠 때도 전혀 개의치 않았다. 또한 심판의 오심에도 결코 좌절하지 않았다. 무엇보다도 그녀는 지칠 줄 모르고 짧은 다리를 활발히 움직였다. 그 결과 신체적으로 월등했던 상대방 선수를 제압할 수 있었다.

비카리오는 우리 모두의 귀감이다. 많은 사람이 재능이 있으면서도 잠재력을 발휘하지 못하는 이유는 집중력을 잃고 너무 쉽게 포기하기 때문이다. 지난날의 향수에 잠기거나 과거를 불평하는 사람이 많다. 그들은 적절한 환경이 조성되지 않았기 때문에 또는 누군가 상처를 주거나 제약을 가했기 때문에 실패했다며 생을 한탄하거나 이미 지나간 과거에 대한 미련을 떨치지 못한 채 살아간다.

반대로 성공에 대한 강한 집착에 사로잡힌 이도 있다. 그들은 오로지 꿈만 좇을 뿐 현재에 충실하지 못하다. 그들에게는 사람과의 만남이나 현재의 기회와 상황은 단지 꿈을 이루기 위한 수단에 불과하다. 물론 현재는 인생의 한순간에 불과하다. 하나님이 장래에 우리를 다른 곳으로 인도하실 수도 있다. 하지만 바라는 직업을 갖는 데 필요한 경험만을 원하거나 다른 사람의 주목을 끌려는 목적으로 일하는 것은 소명에 어긋난 행동이다. 그런 식으로 일하다 보면 함께 일하는 동료를 자신의 목적을 위한 수단으로 이용하는 잘못을 범하기 쉽다.

예를 들어 목회 사역을 자신의 소명이라고 생각하지 않고 다른 사역의 기회를 모색하며 참 소명을 발견하기 위해 고민하는 목회자가 있을 수 있다. 하지만 그는 참 소명을 발견하기까지 교회를 맡아 여러 현실적인 문제를 끌어안은 교인을 도울 수 있다. 하나님이 다른 사역을 맡기실 때까지 일단 현재에 충실해야 한다. 또한 한 대학에 머물러 평생을 보내는 것이 자신의 소명이 아니라고 생각하는 대학 교수가 있을 수 있다. 하지만 그런 경우에도 참 소명을 찾을 때까지는 대학의 목표에 헌신하고 동료 교수와 학생들과 충실한 관계를 맺어야 한다.

이 밖에도 항상 집에서 자녀만 돌보는 것이 아니라 언젠가는 다른 일을 하게 되리라고 확신하는 여성이 있을 수 있다. 하지만 현재는 가사에만 매달려야 하는 가정주부이기 때문에 관심의 초점을 가정과 자녀에게 두어야 한다. 가족을 돌보는 부담에서 벗어나기 원하거나 인생을 한탄하기보다, 아이가 자라고 나면 새 인생을 살 것을 믿고 현재는 가정에 충실해야 한다. (실제로 그녀는 그 변화가 얼마나 빠르게 일어나는지 놀랄 것이다.)

하지만 현재에 충실하려면 과거에 대한 성찰이 반드시 필요하다. 산체스 비카리오는 점수 차이를 잊을 정도로 경기하는 순간에만 집중했던 것이 아니다. 그녀는 앞서 지나간 게임을 잊지 않았다. 그녀는 스코어를 알고 있었다. 그랬기 때문에 더욱더 순간에 충실할 수 있었다. 과거를 돌아볼 줄 아는 사람, 즉 과거의 경험을 해석할 줄 아는 사람은 목전의 상황, 기회, 사건에 더욱더 충실할 수 있다. 소명을 생각하는 삶은 과거를 돌아보며 현재에 충실한 삶을 뜻한다. 과거에 대한 성찰은 현재에 충실하도록 돕는다.

의도성과 마음 챙김

소명을 생각하는 삶은 능동적인 삶을 의미한다. 우리는 수동적인 존재가 아니다. 주어진 상황과 사건에 단순히 반사적으로 반응하는 데 그쳐서는 곤란하다. 오히려 사려 깊게 반응하며 의미와 목적의식이 뚜렷한 행동을 취해야 한다. 상황이나 다른 사람에 의해 무력하게 희생하는 삶을 살아서는 안 된다. 두려움이나 다른 사람의 불합리한 기대에 의해 우리의 행동이 결정되도록 방치해서는 안 된다. 우리는 정체성과 소명에 걸맞은 행동을 결정해 나가야 한다.

수동적 삶을 살 것인가, 아니면 자신의 미래를 능동적으로 개척해 나갈 것인가? 마땅히 받아야 할 대우를 받지 못하고 살아왔다고 한탄하며 원망과 좌절에 빠져 살 것인가, 아니면 지난날의 아픔과 원망을 털어 버리고 현재의 기회에 집중하며 앞으로의 진로를 개척해 나갈 것인가?

수동적으로 살 것인가, 능동적으로 살 것인가? 신중한 성찰과 사고를 바탕으로 뚜렷한 목적의식을 갖고 자신의 행동을 결정해 나갈 것인가?

온갖 의무와 기대가 난무하는 요란한 일상 속에서 평정을 잃지 않고 건강하게 살아가려면, 거절해야 할 때 거절하는 용기가 필요하다. 혹시나 거절하면 스스로 소명을 저버리는 행위가 될까 봐 두려워하는 사람이 많다. 다시 말해, 우리가 받아들이는 초대, 요구, 기대에 "아니오."라고 말하는 법을 배우려면, 우리가 부름받은 바가 무엇인지, 우리가 반드시 "예."라고 대답해야 할 것이 무엇인지 내면 깊은 곳에서부터 명확히 알아야 한다. 우리의 "아니오."는 진정한 "예."를 가능하게 하는 자유를 준다.

07
—

네 가지 유형으로 보는 소명

사업가, 예술가, 교육가 그리고 종교 지도자

지금까지 소명에 대해 알아보았다. 이제 보다 구체적으로 설명하기 위해 네 가지 뚜렷한 직업을 예시로 들어 살펴보려고 한다.

- 사업과 상업에 대한 소명
- 시각 예술뿐 아니라 음악과 연극 등 예술 분야에 대한 소명
- 교육, 가르침, 학문 연구에 대한 소명
- 종교적 리더십 또는 목회직에 대한 소명

이 네 가지 소명 중 무엇을 우선순위로 두거나 더 중요하거나 높은 소명이라고 제시하는 것은 아니다. 그보다 이들은 소명의 개념에 구체적으로 접근하기 위한 예시일 뿐이다. 즉, 실제 현장에서 어떻게 나타나는지 보여 주려는 것이다. 분명히 일부 독자는 이 네 가지 소명 중 하나에 자신을 동일시할 것이다. 그리고 다른 독자는 이를 사례 연구나 예시로 보면서 자신만의 소명의 본질과 윤곽을 보다 깊이 이해하는 데 도움을 얻을 수 있다면 좋겠다.

덧붙여, 나는 직업에 대해 이야기하겠지만 직업과 소명을 동일시하는 것은 아니다. 직업을 통해 소명을 설명하는 과정에서 내가 경

계해야 한다고 했던 바로 그 함정을 범할 위험이 있다. 이들은 잠재적으로 직업일 수 있으며, 일부에게는 생계를 유지하는 수단이 될 수도 있다. 그러나 내가 보여 주려는 것은 이들이 단순한 직업이라기보다는 세상에서 존재하는 방식, 세상을 바라보는 시각, 세상의 가장 깊은 필요를 느끼고 열정으로 반응하는 방식이라는 점이다.

이 네 가지를 살펴보기 전에, 소명을 탐구하기 위한 두 가지 개념이 있다. 첫째, 소명은 은사, 즉 교회와 세상에 주어진 하나님의 선물이다. 여기서 다루는 네 가지 소명을 포함한 모든 소명은 하나님의 선물이다. 하나님은 각 사람의 재능, 헌신, 에너지를 통해 세상에 은혜를 부어 주신다. 이 은혜는 세상에 나타난 하나님의 은총으로, 다양한 소명을 통해 즉 사람들이 세상에서 하나님과 함께 그리고 하나님을 위해 변화를 이루도록 부름받은 여러 방식을 통해 드러난다.

이 네 가지를 소개하며 내가 보여 주고자 하는 것은 이 각각이 하나님께서 주신 매우 귀한 선물이며, 우리 모두에게 필요하다는 점이다. 우리는 매일 이 네 가지 '직업'에 부름받은 이들에게 의존하며 살아간다. 그렇다, 매일이다. 이 네 가지 없이는 삶을 상상할 수 없다. 우리는 이들을 살펴봄으로써 각자가 자신의 소명을 이루는 가운데 깊은 상호 의존성을 더욱 잘 이해하게 될 것이다.

하나님이 짜시는 태피스트리에서 이 은사는 인간의 관점으로 볼 때 '필연성'(necessity)이라는 단어로 표현된다. 이 '필연성'이라는 단어는 헨리 나우웬과 애니 딜라드(Annie Dillard) 두 저자에게서 차용한 것이다.

헨리 나우웬은 기도하는 삶에 있어 고독의 우선순위를 말하며, 우리에게는 "받아들이는 고독"(receptive solitude)이 필요하다고 강조한다. 그는 고독이 매우 필수적이라고 깨달았는데, 오직 고요함 속에서 타인과 거리를 두고 하나님 앞에서 침묵할 때에만, 우리가 자신과 화해하고 "이 필연성에 따라" 하나님과 그분의 부르심에 응답하며 삶을 세워 갈 수 있다고 말한다.[1]

딜라드는 특히 그녀가 울창한 길을 걷다가 만난 족제비에게서 발견한 강렬한 이미지를 사용한다. 이 만남과 족제비의 삶의 방식을 성찰하면서, 족제비가 "치열하고 명확한 의지"를 가지고 "한순간도 놓치지 않고 단 하나의 필연적인 자유에 온전히 순응하며" 살아간다는 점에 놀라움을 느꼈다고 한다.[2]

양쪽 관점에서 다음을 생각해 보라. 이 네 가지(사업, 예술, 교육, 종교적 리더십) 모두는 하나님께로부터 온 선물, 즉 은사로서 각각은 누군가에게, 아니 많은 이에게 깊은 필연성을 가진다. 즉 하나님의 부르심에 일관되게 응답하기 위해 반드시 해야 하는 일이다.

사업가 소명

성경에서 사업과 상업에 부르심 받은 사람의 주목할 만한 예는 잠언 31장의 지혜로운 여인 묘사에 나타난다. 그곳에는 "상인"이라는 표현이 반복적으로 등장한다.

"상인의 배와 같아서 먼 데서 양식을 가져 오며"(14절).

"밭을 살펴 보고 사며 자기의 손으로 번 것을 가지고 포도원을 일구며"(16절).

"자기의 장사가 잘 되는 줄을 깨닫고 밤에 등불을 끄지 아니하며"(18절).

"그는 베로 옷을 지어 팔며 띠를 만들어 상인들에게 맡기며"(24절).

이 여인은 부를 창출하고 가정과 공동체를 위한 탄탄한 경제 기반을 제공하며, 어려운 이에게 관대함을 베푸는 상인으로 칭송받는다. 그녀의 '천재성'은 경제적 지혜에 있다.

여기서 상인은 지혜를 구현한 모델로 묘사되는데 이는 두 가지를 상기시킨다. 첫째, 사업과 재화 및 서비스 생산이 인간의 삶에 필수적이라는 사실이다. 우리는 매일 우리 삶을 가능하게 하고 수많은 방식으로 풍요롭게 하는 재화와 서비스를 제공하는 이에게 의존하며 산다.

집을 수리할 때, 배관공이 배관 작업을 하는 현장에 들른 적이 있다. 나는 벽과 바닥 안에 무엇이 숨겨져 있는지 전혀 몰랐기에 감탄할 수밖에 없었다. 평생 살아온 집에서 너무 당연하게 여겼던 것이 많았다. 그동안 그냥 수도꼭지를 돌리면 물이 나왔고, 오염된 물은 신비롭게도 잘 빠져나갔다! 사실 신비로울 것이 없다. 도시가 어떻게 작동하고 음식, 의복 그리고 도시가 생존하는 데 필수적인 수많은 서비스가 어떻게 공급되는지에도 신비는 없다. 바로 사업, 즉 재화와 서비스의 생산이 이 모두를 가능하게 한다.

둘째, 잠언 31장은 사업 수완은 찬사를 받을 만한 아름답고 경이로운 일이라고 상기시킨다. 잘 만들어진 제품, 세심한 주의를 기울여 제공된 훌륭한 서비스는 분명 하나님께서 주신 선물이자 하나님이 세상에서 자신의 목적을 이루시는 수단이다.

그럼에도 역사적으로 교회는 사업가 소명에 대해 대체로 애매한 태도를 보여 왔다. 아마도 경제적 요소, 즉 '돈' 때문일 것이다. 이러한 애매함의 이유가 무엇이든 간에 이 모두는 반복되었으며, 그 결과 사업가 대부분이 신앙 공동체로부터 자신의 일이 정당하다는 느낌을 받지 못한다. 물론 그들이 교회 재정을 돕기 때문에 공동체에서 가치를 인정받는 경우도 있지만, 그들이 하는 일을 진정으로 가치 있게 여기고 있는지 의문이다. 그들을 하나님께서 세상에 주신 선물로 보고 있으며, 그들의 사업과 상업 활동을 통해 하나님께서 세상에서 자신의 목적을 이루고 계심을 인정하고 있는가?

우리가 사업을 진정 어떻게 생각하는지 가늠하게 하는 한 가지 척도는, 창업자가 새로운 사업을 시작하려면 무수한 시간을 투자해야 하는데, 그로 인해 교회 일이나 다른 종교 활동에 할애하는 시간이 줄어들 수밖에 없다는 사실을 교회가 인정하는가 하는 점이다. 그래도 괜찮다고 받아들일 수 있는가? 그리고 그 창업자가 새로운 사업을 시작할 때 신앙 공동체로부터 지지와 격려를 받는다고 느낄 수 있을까?

또 '하나님 나라 사업'(Kingdom Business)이나 '비즈니스 선교'(Business as Mission)라는 용어가 점점 더 많이 사용되는 현실을 생각해 보자. 이는 자신의 사업 활동을 그리스도를 위한 세상 사역의 중요한 방식으로 여기는 이들이 사용하는 표현이다. 그러나 이들의 사업 참여가 단지 수단에 불과한 것은 아닌가? 예를 들어, 종교 활동을 지원하기 위한 재원을 마련하거나, 종교인 비자를 주지 않는 나라에 비즈니스 비자를 통해 입국하려는 목적으로 운용하는 것은 아닌가? 후자의 경우, 사업 자체를 정당한 목적이 아닌 '진짜 중요한' 종교 활동을 위한 수단으로만 간주하는 것은 아닌가?

여기서 내가 하려는 말은 사업, 즉 재화와 서비스를 생산하는 일이 선하고 필수적인 일이자, 하나님께서 세상에서 자신의 목적을 이루시는 수단으로서 어떤 이에게 주신 부르심을 반영하는 일이라는 점이다. 이 일은 그 자체로 가치가 있으며, 하나님께서 부르신 부르심에 응답하여 행해진다는 사실만으로도 충분한 정당성을 가진다.

여기서 다루는 네 가지 소명 각각에 해당되듯, 모든 사업이 선한 사업인 것은 아니다. 물론이다. 그러나 이 말은 네 가지 모두에 똑같이 적용될 수 있다. 어떤 이는 "사업이 소명인 것은 맞지만, 반드시 경건한 방식으로 이루어져야 한다!"고 말할지도 모른다. 이에 대한 답변은, 분명 그래야 하지만, 예술가, 교사 그리고 목회자도 마찬가지라는 사실이다. 이 네 가지 모두가 하나님의 목적을 훼손하는 방식으로 이루어질 수 있고, 반대로 세상에서 하나님의 뜻과 깊이 일치하는 방식으로 이루어질 수도 있다.

사업에 부름받은 이들의 일은 최소한 다음 네 가지 특징이 나타날 때 하나님의 목적과 일치한다. 이 특징들은 앞으로 다룰 네 가지 소명 각각에 분명히 반영될 것이다.

탁월함을 추구함

앞서 언급했듯이 탁월함은 하나님께 응답하는 모든 이의 표지이다. 우리는 다만 이 일이 우리의 소명에 대해 예배로 반응하는 행위이기 때문에 최선을 다한다. 이 탁월함은 사업에서 제공하는 제품이나 서비스의 품질과 진실성으로 나타난다.

탁월함은 그 자체가 목적이 아니다. 또 단순히 품질 좋은 제품이 고객 충성도를 불러일으키기 때문에 이를 추구하는 것도 아니다. 오히려 그리스도인에게 있어 탁월함은 소명의 진실성에 관한 문제다. 우리는 아이를 위한 장난감에서부터 비행기의 안전성, 건물의 아름다운 설계에까지 모든 세부 사항에 최선을 다한다. 우리는 평범함을 멀리하며, 조악한 솜씨를 비난한다. 훌륭하게 완성된 일에 기쁨을 느끼고, 우리의 기준은 가장 까다로운 고객보다 더 높다. 왜냐하면 우리의 궁극적인 책임은 우리 자신과 하나님께 있기 때문이다. 우리는 우리의 일을 "주께 하듯" 임한다.

돈에 대한 존중(돈을 사랑함이 아니라)

사업에는 경제적 요소가 불가피하고, 이를 회피할 필요도 없다. 돈 자체가 악한 것이 아니다. 경제는 삶의 근본적인 부분이다. 재정적 요소는 단지 수단일 뿐이며, 그 목적은 생산된 양질의 재화와 서비스가 그 대상자에게 안정적으로 제공되는 것을 보장하는 데 있다.

사업에 부름받은 이들이 우리보다 더 잘 아는 사실 중 하나는, 돈을 사랑하는 마음이 가져오는 은밀한 폐해를 성경이 얼마나 정확히 지적하는가 하는 점이다. 사업이 가치를 중심으로 움직이지 않고 이익만을 쫓거나 탐욕과 돈을 사랑하는 마음이 추진력이 될 때, 그 결과는 언제나 같다. 영혼과 사회의 조직을 파괴하고 부식시킨다. 그러므로 우리는 '도박 산업'으로 경제를 세우는 것이 얼마나 어리석은지 말해야 한다. 기독교 공동체는 그 실체를 있는 그대로 드러내야 한다. 카지노든 사행성 게임장이든, 이런 산업 형태는 아무런 구원적 가치가 없으며, 지역 사회에서 경제 구조를 부식시키고 사회적 연대를 해친다. 그 이유는 간단하다. 이 산업은 공정한 노동 대가를 위한 것이 아니라, 빠른 돈을 향한 욕망, 곧 돈 사랑을 기반으로 하기 때문이다.

사업가로 부름받은 이들은 경제적 요소, 곧 돈에 대한 깊은 존중 없이는 좋은 사업이 없다는 사실을 잘 알고 있다. 그들은 수익성을 꼼꼼히 고려한 정교한 사업 계획을 지향한다. 또한 아무것도 공짜로 줄 수 없다는 것도 이해한다. 예를 들어, 자동차 딜러인 친구에게 훨씬 낮은 가격으로 차를 구입하기 바란다면, 결국 그 친구는 손해를 보지 않기 위해 다른 이에게 더 높은 가격을 매길 수밖에 없다. 그들은 또한 돈 사랑과 탐욕이 사업을 망친다는 사실도 잘 안다. 왜냐하면 그것은 사업의 영혼과 목적을 파괴하기 때문이다.

경제적 정의에 대한 헌신

사업에 대해 이야기할 때 정의를 빼놓을 수 없다. 즉, 공정한 가격으로 사고파는 시장의 경제적 정의를 구체적으로 말해야 한다. 구약 선지자들의 큰 갈망은 정의가 강물처럼 흐르는 것이었다. 그들의 증언은 정의 없는 의로움이란 없다고 명확히 상기시킨다. 사실 의로움과 정의는 거의 동의어이며, 더 나아가 경제적 정의 없이는 정의도 성립하지 않는다.

예를 들어 이사야는 예배가 드려지지만 시장에서는 정의가 따르지 않는 헛된 현실을 말한다(참조. 사 58장; 미 6:8). 여기서 말하는 시장의 정의란 노동자가 정당한 임금을 받는 것이다. 이는 곧 다른 이의 희생 위에 우리 자신을 부유하게 하지 않고, 공정한 임금에 헌신하며, 제품이나 서비스에 항상 정당한 가격을 지불하겠다는 결심을 뜻한다. 그리스도인은 가능한 한 낮은 가격에 물건을 사서 가능한 한 높은 가격에 되팔지 않는다. 거래하는 양편에 정의와 공정함을 추구하며, 궁극적으로 거래에 참여하는 각 개인이 선을 도모한다.[3]

개인적인 차원에서 우리는 가장 싼 커피 브랜드가 무엇인지 묻는 것이 아니라 커피 농부, 운송업자, 공급자 그리고 직원에게 공정하고 정의로운 임금을 지급하는 커피 브랜드가 무엇인지 묻는다. 경제적 연결 고리마다 비용을 절감하려고만 하는 대형매장에서 쇼핑하면서 생산자만 경제적 위험을 떠안게 하고, 유통 과정 전반에 걸쳐 일하는 이들의 임금을 억누르는 현실을 모르고 그저 물건을 싸게 샀다며 만족하는 소비자의 모습은 심각한 문제이다.

같은 원칙이 거시적, 환경적 차원에도 적용된다. 좋은 비즈니스란 다음 세대가 치를 희생을 담보로 자신을 부유하게 하지 않는 것이다. 그러므로 환경을 존중하는 태도로 사업에 임해야 한다.

나눔을 통해 변화를 일으키기

만일 당신이 사업가 소명을 받았다면 분명히 그에 맞는 소질이 있을 것이고, 그런 능력이 있다면 대개 필요보다 더 많은 수입을 올릴 가능성이 높다. 우리는 때때로 이렇게 말하곤 한다. "사업에서 제대로 된 수입을 벌지 못한다면, 아마도 그것은 당신의 소명이 아닐지도 모른다!" 물론 재능 있는 사업가라도 재정적 어려움을 겪을 수 있지만, 일반적으로 사업에 종사하는 사람은 충분히 잘 벌고, 더욱 중요하게는 필요보다 더 많이 번다.

그래서 사업 공동체는 일반적으로 예술, 병원, 구호 및 개발 기관, 교육 기관, 교회를 지원하는 자금을 제공한다. 대학, 고아원과 병원, 미술관과 지역 사회 센터는 모두 사업과 상업에 종사하는 이들에게 깊이 의존하고 있다. 사업가 소명을 받은 사람은 두 가지 유산을 남길 잠재력을 가지고 있다. 첫째, 그들이 운영하는 사업을 통해 직접 창출되는 혜택이다. 예를 들어 신발을 판매한다면, 고객뿐만 아니라 생산에 참여하는 직원까지, 곧 직원 가족의 생계까지 책임질 공정한 임금을 생각한다. 둘째, 사업가로 부름받은 사람들 대부분은 예술, 구제 활동, 교육, 의료 분야 또는 기독교 선교나 전도 영역에서 유산을 남길 능력을 갖추고 있다.

사업가로서, 하나님께서 당신을 통해 어떤 변화를 이루길 원하시는지 두 가지 차원에서 생각해 보라. 첫째, 지역 사회에서, 당신이 속한 도시나 공동체에서 어떤 필요가 있는지, 당신의 마음을 끄는 기회가 무엇인지 살펴보라. 그것이 가난한 청소년을 위한 장학금 지원일 수도 있고, 아이들이 안전하게 놀 수 있도록 놀이 시설 재설계를 위한 자금 지원일 수도 있으며, 출소자들이 사회에 원활히 복귀하도록 돕는 중간 보호 시설 운영일 수도 있다.

그리고 국제 무대에서도 생각해 보라. 관련 논문을 읽고, 아프리카, 아시아, 라틴아메리카 등 전 세계에서 활동하는 이들의 보고를 귀 기울여 들으며 질문해 보라. "내 핵심 가치와 헌신을 반영하는 방식으로 변화를 일으키는 비영리 단체와 어떻게 협력하고 투자할 수 있을까?" 지역 사회에서 변화를 이루는 것뿐 아니라 글로벌 공동체에서도 변화를 만들어 가라. 조용히 행하는 데 지혜가 있다. 물론 중앙 이라크에 자기 이름을 건 도서관을 세우는 일은 흥분되겠지만, 웬만하면 삼가야 할지도 모른다. 유산을 남긴다는 것은 적절한 시기에, 적절한 재정적 자원으로 어떤 일을 이루는 기회를 우연히 갖게 되었다는 의미일 뿐이다. 결국, 이것은 우리의 부나 후원에 관한 것이 아니라 하나님께서 이루시는 일에 관한 것이다. 우리의 기여는 선물의 크기에 관계 없이 작은 부분에 불과하며, '하나님의 영광'(*ad majorem dei gloriam*, 아드 마이오렘 데이 글로리암)을 위한 것이다.

사업과 상업의 세계에서 자신의 기술과 능력을 발휘하는 이에게 깊은 감사와 존경을 표한다. 대형 항공사든 거대 기업이든, 혹은 자영업으로 일하는 배관공이든 모두에게 그렇다. 나는 수백 명을 고용해 품질 좋은 자동차를 생산하는 견고한 기업을, 동시에 우리 동네 서점을 기념한다. 그들 각자가 자기 일을 잘 해내며, 하나님께서 그들에게 복 주시고, 그들의 일이 번성하여 많은 이에게 복이 되기를 기도한다.

예술가 소명

우리 문화와 종교 전통은 사업에 대해 다소 모호한 태도를 취하는 경향이 있는데, 예술에 대해서는 더욱 그 모호함이 뚜렷하게 나타난다. 기독교가 주류였던 유럽의 역사를 보면 적어도 교회 역사상 예술이 존중받던 시기가 분명 존재했음에도 불구하고, 서구 문화에 깊이 스며든 실용주의는 교회 안에도 침투하여 많은 이가 예술의 가치에 대해 의문을 품게 만들었다.

우리는 대개 예술이 우리를 기분 좋게 할 때 예술가를 좋아한다. 그래서 종종 거짓된 위안을 주는 감상적인 음악이나 시각적인 자극이 유행을 따라 상업적으로 넘쳐 난다.

사업가 소명과 마찬가지로, 여기서도 우리는 하나님이 주신 은사에 대해 말해야 한다. 곧 음악가, 소설가, 연극가, 화가, 디자이너 등으로 부름받은 이의 삶과 일을 통해 교회와 세상에 주어지는 성령의 은혜를 말이다.

사업가 소명이 잠언 31장에 나오는 여인의 묘사 속에 표현된다면, 예술가 소명은 출애굽기 31장 2절부터 5절에 나오는 브살렐의 묘사 속에서 설득력 있게 드러난다.

"내가 유다 지파 훌의 손자요 우리의 아들인 브살렐을 지명하여 부르고 하나님의 영을 그에게 충만하게 하여 지혜와 총명과 지식과 여러 가지 재주로 정교한 일을 연구하여 금과 은과 놋으로 만들게 하며 보석을 깎아 물리며 여러 가지 기술로 나무를 새겨 만들게 하리라."

예술가의 일은 부르심에 대한 응답으로 이루어진다. 브살렐에 대한 이 묘사는 그의 소명이 하나의 은사, 곧 그를 충만하게 한 "하나님의 영"의 열매임을 강조한다. 그리고 이 짧은 몇 구절 안에 이 부르심의 본질, 그 중심과 영혼이 드러난다. 브살렐의 소명 속에 표현된 예술가의 은사는 최소한 세 가지로 구성되어 있다.

- 그는 재능과 능력을 받았다. 이는 자신이 사용할 재료를 다루는 데 필요한 실질적인 역량을 의미한다.
- 그는 또한 지능을 받았는데, 그의 소명에 특화된 이해력, 즉 이 경우에는 미적 감각을 의미한다.
- 그는 자기 기술에 대한 지식을 부여받았다.

브살렐을 성령 충만하게 하신 것은 바로 이 목적을 위해서다. 이는 임의적인 재주가 아니었다. 브살렐과 그의 동료 예술가는 그들의 기술에 능력과 지혜와 지식을 더하도록 은사를 받았다.

무슨 목적을 위해서인가? 예술가를 통해 주어지는 하나님의 선물의 본질은 무엇인가? 예술가가 자신의 작업을 수행하게 되는 '필연성'은 무엇이며, 그 필연성 없이는 자기 자신에게도, 하나님의 부르심에도 충실할 수 없는 이유가 무엇인가?

그것은 분명히, 최소한, 우리 삶을 내면에서부터 풍요롭게 하고, 하나님의 아름다움과 하나님의 창조에 대한 깊은 감사를 기르는 데 있다. 예술은 우리가 단편적인 존재가 되지 않도록 돕는다. 우리는 우리 마음이 아름다움에 어떻게 반응하는지를 주의 깊게 살피면서, 예배 속에서든 세상 속에서든 하나님의 아름다움에 깨어 있고 민감한 사람이 된다.

기독교 예배

출애굽기의 이 본문은 기독교 예배가 예술가의 작업에 깊이 의존한다는 사실을 일깨운다. 예배를 위한 노래를 만드는 작사가든, 그 노래를 연주하는 음악가든, 우리는 음악가와 찬양 인도자라는 은사를 받은 이가 없는 예배를 상상할 수 없다. 우리는 또한 시각 예술가에게도 크게 빚지고 있다. 그들은 우리의 예배 공간을 디자인하고, 그 안에서 아름다움을 설계하고 가꾸는 일을 한다. 실로 예배(그리고 세상) 속의 아름다움은 성령님이 우리 가운데 임재하신다고 나타내는 표지이자 그 임재의 통로다. 우리는 육체를 가진 영혼으로, 인간의 영혼을 살리는 방식으로 아름다움을 보고 경험할 때 하나님께로 이끌리고 하나님을 알게 된다.

이러한 일은 단지 계곡이나 바다, 산, 광활한 평야를 볼 때만 일어나지 않는다. 오히려 창조 질서 속에서 하나님의 아름다움을 감상하는 능력을 길러 주는 예술가를 통해, 하나님께 대한 우리의 반응이 더욱 깊어진다. 아름답게 조화를 이루는 현악 4중주, 모난 곳 없이 정교하게 다듬은 조각, 내면 세계를 독특하게 드러낸 회화, 현실의 사각지대를 포착한 사진 등 이 모두는 창조주께 드리는 기도의 표현이 될 수 있다.

각 예술 형태는 우리의 영혼을 들어 올리고 우리를 하나님께로 이끈다.

일상 속에서

우리는 예배에서뿐만 아니라 일상 생활 속에서도 예술가의 작업이 필요하다. 곧 건물의 설계, 벽에 걸린 예술 작품, 우리가 귀 기울이는 음악, 정원과 공원의 배치들은 하나님의 초월성과 아름다움과 영광을 우리에게 상기시켜 준다.

또한 예술을 통해 우리의 기쁨이 온전히 충만해진다. 예술은 예배 속에서든 삶 속에서든 우리의 영혼을 들어 올리고, 마음과 영혼을 확장시켜 하나님의 영광의 너비와 깊이를 더 많이 알게 하기 때문이다. 그래서 한스 로크마커(Hans Rookmaaker)는 "예술은 정당화를 필요로 하지 않는다."고 말했다.[4] 예술은 예배를 북돋우고, 일상에서 하나님을 향하도록 우리를 이끈다. 집에서든, 직장에서든, 이웃 가운데서든, 공항이나 기차역에서든, 학교나 병원에서든, 하나님의 임재와 아름다움에 주의 깊게 반응하는 능력을 우리 안에 키워 준다.

우리는 사업가의 일이 얼마나 필수적인지 깨닫기 전에는 그들의 일을 진정으로 감사히 여기지 못한다. 그러나 사업가의 일은 우리가 살아가는 데 없어서는 안 될 재화와 서비스를 제공한다. 예술가도 마찬가지다. 아름다움이 삶에 절대적으로 필수적이라는 사실을 인정하지 않는 한, 우리는 하나님의 목적 안에서 예술가의 자리를 제대로 인식하지 못할 것이다. 예술을 통해 우리는 자기 정체성과 목적, 의미에 대한 가장 깊고도 충만한 인식을 얻게 된다. 개신교 복음주의 전통 속에서 자라난 우리 대부분은 아름다움을 삶의 주변적인 요소라고 여기는 경향이 있다. 그것은 우리에게 큰 손실이다. 우리는 이 부분에 대해 다른 기독교 신학 전통에서 오는 깊은 교정이 절실히 필요하다.[5]

그러나 아무 예술이나 다 되는 것은 아니다. 그렇다고 반드시 종교적인 예술을 해야 한다는 뜻도 아니다. 마치 그것이 그리스도인의 소명에 더 부합되는 것처럼 여겨서는 안 된다. 안타깝게도 음악이든, 시각 예술이든, 교회 건축 디자인이든, 많은 종교 예술이 형편없는 경우가 많다. 그런 예술은 창조주의 영광과 선하심을 증언하지 못한다.

탁월함을 추구함

진정한 예술, 곧 예술가가 하나님의 부르심에 충실하다는 증거는 최소한 다음과 같은 요소에서 드러난다. 곧 탁월함에 대한 헌신이다. 예술가에게 있어 평범함은 저주와도 같다. 예술가는 탁월함이란 반복된 연습과 또 연습을 통해, 점진적으로 자신의 감각과 개성을 찾아가는 과정에서 비로소 얻어지는 열매라는 것을 잘 안다. 시인과 소설가는 가장 뛰어난 작품이 오직 끊임없는 수정과 퇴고를 통해, 세세하게 주의를 기울이는 가운데서만 나온다는 것을 안다. 예술가는 자신의 예술을 통해 우리 모두를 각자의 일에서 탁월하도록 부른다. 예술가는 우리에게 영감을 주어, 각자의 일을 잘 감당하도록 이끈다.

바로 그렇기 때문에 우리의 일터에는 예술이 필요하다. 사업체를 운영하고 있고 직원에게서 탁월함을 기대한다면, 벽과 실내 디자인에 일류 예술 작품을 비치하라. 예술가가 그들의 작품을 통해 우리가 손대는 모든 일에 있어 평범함을 피하고 높은 이상을 추구하는 마음을 길러 주어 당신의 회사를 섬기게 하라.

그러나 기억하라. 우리는 천재로 태어나지 않는다. 탁월함은 갑작스런 영감의 번뜩임으로 이루어지지 않는다. 그것은 오히려 반복된 연습과, 제대로 되기까지 끊임없이 시도하고 수정한 열매다. 또한 이것도 기억하라. 형편없는 예술은 차라리 예술이 없는 편보다 나쁠 수 있다. 나쁜 예술은 거짓을 말하기 때문이다.

예술에 있어 탁월함은 결정적으로 중요하다.

지적 정직성에 대한 헌신

최고의 경지에 오른 예술가는 천박한 상업주의와 감상주의를 싫어한다. 다시 말해 하나님의 부르심에 충실한 예술가는 이 세상의 고통과 파편화, 그리고 뒤틀린 창조 질서 속 폭력을 정직하게 마주한다. 그들의 탁월함은 고통을 부인하는 데 있지 않고, 오히려 그 파편화된 한복판에서도 하나님의 영광과 은혜의 가능성을 증언하는 데 있다. 예술은 감상주의가 아닌 치열한 정직함으로 우리의 소망을 지탱해 준다.

광고 산업에는 진정한 예술가가 절실히 필요하다. 자기 기술에 충실한 이들, 곧 사람을 조종하지 않고, 얕잡아 보지 않으며, 우리의 성(性)을 하찮게 만들지 않는 광고를 설계하는 예술가가 필요하다. 또 자신이 다루는 재료를 진지하게 대하는 예술가가 필요하다. 그들은 가짜 나무나 벽돌이 아니라, 정직한 재료를 소중히 여긴다.

소명 자체에 대한 헌신(인정이나 소명의 상업적 가능성이 아니라)

물론 예술가는 생계를 유지해야 하며, 그들의 예술은 드러나게 보여져야 한다. 최소한 그들의 작품은 듣고, 보고, 읽혀져야 한다. 그러나 예술가가 자신의 소명보다 수익성에 의해 움직이며 예술이 상업화되거나 상품화될 수 있다는 사실은 심각한 위험이다.

사업가로 부름받은 이들과 거래할 때와 마찬가지로, 우리는 예술가의 경제적 측면을 존중해야 한다. 모든 일에는 비용이 따르며, 우리는 적은 보수로 좋은 작품을 기대해서는 안 된다. 예술가도 생계를 이어가야 하며, 자신의 기술에 대해 정당한 보수를 받아야 한다. 우리가 한정판 야구 유니폼에 10만 원 이상 기꺼이 지불할 수 있다면, 분명히 예술 작품에도 어느 정도 비용을 투자할 수 있어야 한다.

그러나 예술가가 단지 팔리기 때문에 무언가를 설계하거나 창작할 때, 그들은 자신의 예술을 타협하게 된다. 그것은 대중의 취향에 아첨하는 일이며, 대중을 위로함과 동시에 불편하게 할 수도 있다. 선하고 정직한 예술에 대한 우리의 감수성을 기르는 대신 얄팍하게 만들기 때문이다. 예술은 상상력을 넓히고 소망을 불어넣어야 한다. 자기 작품을 출력한 후 서명해서 판매하기를 거절하는 예술가에게는 그만의 직업적 진실성이 있다.

루이스 하이드(Lewis Hyde)가 예술가의 소명에 대해 쓴 고전 『선물』(*The Gift*)에서, 그는 예술가가 시장과 대가 없이 주고받는 선물 사이에서 겪는 필연적인 긴장을 언급한다. 예술은 상품화된 상업적 대상이 아니라, 선물로서 주어지는 선물이다.[6] 물론 모든 상업화의 유혹으로부터 자신을 지켜 내는 예술가의 이상주의가 있다. 그러나 하이드가 지적하듯이, 이러한 이상은 예술가에게 있어 기본적인 방향성과 경향성으로 유지되어야 한다. 왜냐하면 시장은 예술가의 선물을 너무나 쉽게 파괴할 수 있기 때문이다. 그럼에도 이 두 세계는 어느 정도 조화를 이루어야 하고, 예술가도 시장 경제 안에서 살아갈 수 있어야 한다.

어떤 예술가는 시장 경제 바깥에 머무르기도 한다. 그들은 후원자가 있거나 물려받은 유산이 있어 시장의 압력으로부터 자유로운 사람들이다. 하지만 어떤 예술가는 부업을 통해 생계를 유지하면서, 그들의 예술을 경제적 압박으로부터 해방시킨다. 이들은 말하자면 스스로의 후원자가 되어, 낮에는 생계를 위한 일을 하고, 밤늦게까지 시를 쓴다. 그는 그 시가 결코 생계를 위한 수단이 되지 않을 것을 잘 알고 있다.

이러한 현실은 예술가가 종종 경제의 변두리에서 살아가게 되리라고 시사한다. 그들은 겨우 생계를 유지하며, 제한된 자원으로 살아가지만, 그들에게 가장 중요한 것은 예술 그 자체이다. 이런 삶을 받아들이는 것은 곧 하나님께서 예술가로 부르신 소명을 필연적으로 따르는 일이다. 나는 하이드의 말처럼 "예술가의 가난을 낭만화"하려는 것이 아니다. 오히려 무명으로 일해 온 예술가든, 잘 알려진 예술가든 그들 모두가 공유하는 보편적인 경험을 증언하기 위해 말한다.

자기 탐닉의 자리는 없다

예술가가 예술보다 더 커질 때, 영화 배우가 영화보다 더 중요한 '스타'가 될 때, 예술가가 자신을 유명 인사로 만들고 그 자아가 커질 때 예술가의 소명은 훼손된다. 이는 모든 소명에서 마찬가지다. 사업가에게 조직의 사명이 아니라 경영자의 자아가 더 커질 때처럼 파괴적인 일도 드물다. 그러나 예술가의 경우에는 그 문제가 더욱 뚜렷하게 드러난다. 예술가는 반드시 자기 예술에 우선순위를 두어야 하며, 자신의 작업을 자기 영광을 위한 수단으로 여겨서는 안 된다.

참된 예술가는 예술 자체와, 그 예술이 증언하는 하나님께 자신을 복종시킨다.

토론토 국제 영화제가 이런 방침을 가지면 어떨까 생각해 본다. 상영되는 영화에 출연한 배우들을 토론토에 오지 못하게 하는 것이다. 이 행사는 배우나 감독, 프로듀서를 위한 자리가 아니라, 영화 자체를 위한 것이어야 한다. 예술이 온전히 감상될 수 있도록, 그들은 집에 머물러야 한다. 우리는 너무 쉽게 유명인 숭배에 주의를 빼앗겨 예술의 진정성과 온전함을 인식하지 못한다.

예를 들어 요한 세바스찬 바흐(Johann Sebastian Bach)의 겸손함이 떠오른다. 그는 결코 자기 자신에게 도취되지 않았고, 오직 그의 음악의 장엄함을 통해 증언한 하나님과 그리스도께만 마음을 두었다. 이는 모든 예술에 해당되지만, 특히 예배에서 예술이 담당하는 역할과 관련해 가장 분명하게 드러난다. 예배 속에서 우리의 자아와 하나님의 영광 사이의 긴장이 가장 깊이 작동한다. 그렇기에 우리는 예배 안에는 무대도, '공연자'도 없다는 점을 더욱 단호히 고수해야 한다. 오직 살아 계시며 하늘에 오르신 그리스도께 예배를 드리는 하나님의 백성만이 존재할 뿐이다.

그리고 이 지점에서 다시 생각해 본다. 예배에 없어서는 안 될 예술가는 오히려 의도적으로 뒤로 물러나야 하는 것이 아닐까? 오래된 예배당을 보면 오르간 연주자가 외부에서 보이지 않도록 설계되었는데, 여기에는 이런 고대의 지혜가 담긴 것이 아닐까? 예술가가 눈에 띄게 중심에 있는 것은 어딘가 잘못되었다는 징후가 아닐까?

그러나 이 동일한 원리는 세상 속에서도 마찬가지로 적용된다. 우리는 자기 자신을 드러내지 않는 절제의 힘을 아는 예술가가 필요하다. 가장 위대한 예술가 중 많은 이가 팬을 원하지 않았고, 유명인이 되기를 바라지 않았으며, 인터뷰를 하거나 「타임」(Time)지 표지를 장식하는 데에도 관심이 없었다. 그들은 단지 자기 예술에 충실하고 싶었다. 그리스도인 예술가라면 자신을 부르시고 은사를 주신 분께 충실하고자 한다.

독일 시인 라이너 마리아 릴케(Rainer Maria Rilke)는 한 젊은 시인에게 보낸 편지에서 시인에게 가장 필요한 것은 스스로 "나는 반드시 써야 하는가?"를 묻는 일이라고 했다. 그 질문을 자기 존재 가장 깊은 곳에 던지고, 그곳에서 나오는 대답이 "나는 반드시 써야 한다."라면, 그때부터는 "이 필연성에 따라 너의 삶을 건축하라. 너의 삶 전체가, 가장 겸손하고 무심한 순간까지도, 이 충동의 징표이자 증언이 되어야 한다."고 말한다.[7]

이러한 예술가에게 잔을 들어 건배를 올린다. 하나님께서 참으로 당신의 일에 복 주시기를, 성령님이 당신과 함께하셔서 이 은혜로운 사명을 통해 우리 영혼의 지평을 넓히시며, 아름다움을 감상하는 우리의 능력, 곧 하나님을 향하는 능력을 기르시고, 우리의 상상력을 불태워 우리를 고무하고 우리가 부름받은 사명에 대한 소망을 주시기를 기도한다.

교육자 소명

우리 삶을 되돌아보면, 우리에게 주어진 가장 위대한 선물은 교사들이었다는 사실을 점점 더 깨닫게 된다. 어쩌면 이 말은 약간의 과장이 있을지도 모르겠다. 어쩌면 배우자나 자녀, 부모, 가까운 친구야말로 우리의 가장 큰 선물일지도 모른다. 그러나 하나님께서 한 사람을 우리에게 교사로 보내심으로써 하나님의 선하심의 영광을 어떻게 드러내시는 놓치지 말아야 한다.

여기에는 교실에서 가르치는 교사도 포함되지만, 그들만이 아니다. 우리 생각을 바꾸고 상상력을 확장시키며 회개로 이끈 작가도 포함된다. 또 우리에게 기술을 가르쳐 준 이도 있다. 자동차 운전법에서부터 제품을 판매하는 방법, 스키 타는 법에 이르기까지 다양하다. 우리의 교사들은 우리 삶을 더 깊이 있게 만들고, 삶을 살아갈 준비를 갖추게 한다. 실로 이러한 하나님의 놀라운 선물 없이 살아가기란 상상조차 할 수 없다.

그러므로 이 소명이 기독교 및 종교 전통 안에서 얼마나 중요한지를 깨달았다 해도 놀라운 일이 아니다. 신명기는 가정과 공동체의 삶 속에서 가르침이 차지하는 중대한 자리를 강조하고 있으며, 느헤미야서는 에스라와 서기관들의 사역을 부각시키는데, 그들의 가르침은 백성에게 이해와 깊은 기쁨을 안겨 주었다. 잠언은 지혜가 가르침의 열매이며, 지식과 이해가 한 세대에서 다음 세대로 전수된다고 언급한다. 그리고 신약에 이르면, 우리 주 예수님이 곧 교사이셨을 뿐 아니라, 그분은 제자들에게 가르치라고 명하셨다(마 28:19-20). 이렇게 가르침과 배움은 교회 공동체 삶에 필수 요소이다.

가르침은 지혜로 이어지고, 지혜는 곧 삶의 본질이다. 우리는 지혜가 자랄 때에만 성숙해지는데, 지혜는 지식 없이 존재할 수 없다. 그리고 지식은 가르침 없이 얻을 수 없다. 그러므로 지혜를 향한 갈망은 곧 좋은 교사를 찾는 열망으로 이어진다. 교사는 마음과 지성을 모두 사로잡을 줄 알고, 가르침을 통해 이해를 도우며, 특히 그 이해가 지혜로운 삶으로 이어지게 한다.

어떤 교사는 독창적인 연구를 수행하는 학자이기도 하다. 이들은 종종 대학과 학문 기관에 몸담고 있으며, 지난 수 세기의 지혜를 바탕으로 성실한 연구를 통해 우리 삶과 공동체, 그리고 사회를 이해하고 해석하도록 돕는다. 우리는 이들에게 큰 빚을 지고 있다.

또 다른 교사는 이러한 연구를 바탕으로 모든 사람이 접근할 수 있도록 교육 과정을 설계한다. 이들은 초등학교 1학년 교실부터 지역 대학의 수학이나 역사 강의에 이르기까지 다양한 교육 현장에서 활동한다. 이들이 반드시 독창적인 연구자일 필요는 없지만, 커리큘럼 가운데 이들 역시 똑같이 핵심적이고 필수적인 존재다. 또한 기술 학교, 경영 학교, 예술 학교, 의과 대학, 그리고 목공, 배관, 운전 등을 가르치는 기관에서 전문성을 발휘하는 교사도 있다.

이들은 모두 교사다. 우리에게 머리를 쓰는 법을 가르치든 손을 쓰는 법을 가르치든, 그들은 우리에게 주신 하나님의 선물이며, 각각은 하나의 은사다.

그러나 사업가와 예술가에게 그러하듯, 교사 역시 너무 쉽게 과소평가되며, 우리가 그들에게 얼마나 큰 빚을 지고 있는지 잊기 쉽다. 실용주의적이고 근시안적인 우리 문화, 심지어는 종교 문화 안에서도 우리는 교사를 통해 얻는 지혜를 인내심 있게 받아들이지 못하는 경우가 많다.

예를 들어, 이리호(Lake Erie)의 위기에 대한 한 기사는, 이리호의 이른바 '회복'이라는 학자들의 표현이 사실상 잘못된 명칭이라고 밝혀 냈다. 이 호수는 토착 어종을 파괴하는 종들의 침입으로 인해 '생물학적 오염'이라는 심각한 문제를 안고 있었는데, 이에 대한 지역 어부들의 반응은 다음과 같았다. "호수에는 아무 문제 없어. 그냥 할 일 없는 학자들이 떠드는 소리지."

물론 정말로 호수에 아무 문제가 없을 수도 있다. 어쩌면 '학자들 무리'가 시간을 더 효율적으로 쓸 수도 있었을 것이다. 그러나 또 다른 가능성은, 이 학자들이 호수의 현상에 주목하고 동시에 그 호수에서 고기를 잡는 이들의 이야기도 경청한다는 것이다. 그리고 어부들 역시 이 학자들이 자신의 적이 아니라 친구임을 이해하고 감사할 줄 알아야 한다는 것이다.

물론 모든 학자, 연구자, 교사가 하나님의 선물이라는 뜻은 아니다. 결코 그렇지 않다. 기술을 오용하거나 그릇된 동기로 일하는 사업가와 예술가가 있듯, 교사도 마찬가지다. 잘못된 가르침은 하나의 기회를 날려 버린다. 우리는 좋은 가르침을 사랑한다. 곧 마음을 일깨우고, 지성을 풍요롭게 하며, 지혜와 용기를 가지고 행동하는 능력을 기르는 가르침이다. 반면에 형편없는 가르침은 이해를 왜곡시키고, 배우고자 하는 이의 의욕을 꺾는다. 결국 이는 시간 낭비에 불과하다. 예술에 대해 '나쁜 예술보다는 차라리 예술이 없는 편이 낫다'고 했듯이 가르침에 대해서도 같은 말을 할 수 있지 않을까?

그렇다면, 교사나 학자는 어떻게 해야 자신이 받은 부르심에 충실하게 그 일을 감당할 수 있을까?

세 가지 중요한 지표

좋은 교사를 판단하는 세 가지 핵심 지표가 있다.

첫째, 좋은 가르침은 지혜와 지혜롭게 행동하는 능력을 길러 준다. 가르침은 깊은 성찰을 이끌어 낼 수 있고, 커리큘럼은 행성의 공전 궤도에서부터 나폴레옹 전쟁의 원인에 이르기까지 다양한 주제를 충분히 다룰 수 있다. 그러나 그 최종적인 목표는 지혜이며, 이해력이고, 잘 살아가는 능력이다.

둘째, 모든 훌륭한 교사는 마음과 지성을 함께 사로잡을 줄 안다. 이는 유치원 교사든, 악기 연주를 가르치는 교사든, 혹은 대학원생에게 난해한 주제를 강의하는 교수든 다르지 않다. 좋은 가르침은 커리큘럼 속에 담긴 정서적 흐름을 고려한다. 감정을 조작하거나 위협을 통해 두려움을 조장하는 교사는 자신의 소명을 배반하는 것이다. 진정한 교육의 장인은 학습자에게 기쁨과 자유를 길러 준다.

셋째, 진정한 스승은 은혜로운 권위를 지닌다. 그렇다, 거기에는 권위가 있다. 배우고자 할 때, 나는 자신의 주제를 깊이 통달했고,

자신의 지식과 관점, 그리고 흥미롭게 전달하는 능력을 갖추고 주저함 없이 가르치는 교사에게 배우고 싶다. 그러나 꼭 강조하고 싶은 것은, 그 권위가 은혜로워야 한다는 점이다. 교단이나 자격을 권력과 권위의 도구로 남용하는 교만한 교사만큼 피로한 존재도 드물다. 훌륭한 교사는 중후함과 겸손함이 절묘하게 어우러진 이 독특한 조화를 통해 자신의 은사를 드러낸다. 그들은 자신에게 도취되지 않고, 자신이 말하는 내용과 그 내용이 가리키는 진리에 마음을 둔다. 그들의 열정과 갈망은 학생을 섬기고, 진리를 섬기는 데 있다.

교사와 학자가 지녀야 할 핵심적인 헌신

이 세 가지 핵심 지표를 넘어서, 다음과 같은 점도 고려해야 한다. 좋은 가르침은 다른 모든 소명과 마찬가지로 탁월함을 요구한다. 좋은 가르침은 하나의 기술이며, 계발될 수 있고, 반드시 계발되어야 한다. 만약 당신이 가르치는 일에 부르심을 받았다면, 세부 사항에 주의를 기울이며, 내용과 전달 모두에 있어 철저하게 준비하라. 학생이 무엇을 배워야 하는지, 그것을 어떻게 배울지를 고민하라. 가르침의 기술을 반복해서 연마하여 진정한 스승이 되어야 한다.

돈을 목적으로 가르치기를 경계하라. 돈을 사랑하는 마음이 사업가나 예술가의 영혼을 망가뜨리듯, 교사에게도 이익을 위한 가르침은 늘 위험한 유혹이다. 가르침의 가장 큰 보상은 학생이 배움으로 지혜가 자라고, 시간이 흐름에 따라 삶과 일에서 탁월해지며, 결국 교사를 능가하는 것이다. 그보다 더 큰 부는 없다.

배움을 향한 헌신을 끊임없이 유지하라. 물론 우리 모두는 지속적으로 배우도록 부름받았지만, 가르치는 소명에 있어 이 헌신은 더욱 결정적이다. 가르치는 자가 배움에 열려 있어야 비로소 그 가르침이 살아 움직일 수 있다. 사업에 부름받은 이들이 언제나 경제적 현실을 상기시키고, 예술가가 우리로 탁월함을 추구하도록 이끌 듯, 교사는 우리를 계속해서 배우는 삶으로 이끈다. 이는 교사 자신이 언제나 배우는 사람이어야 한다는 뜻이다.

워드프로세서가 보편화되기 전, 내가 다니던 대학원에는 매년 봄 학기가 끝날 무렵이면 자신의 강의 노트를 불태우는 교수님이 있었다. 그는 늘 예전 노트에 의존해 강의하는 쉬운 길을 피하고자 그렇게 했다. 그는 자신은 우선 배우는 사람이며, 그다음에야 유능한 교수일 수 있다고 늘 강조했다. 그 실천이 그를 계속 배우는 사람으로 유지시켜 주었다.

마지막으로, 우리 모두가 인내해야 하며, 주변 사람이 인내하기를 기대하지만, 가장 인내해야 하는 대상은 교사다. 교사의 소명에는 학생이 감당할 수 있는 속도와 단계에 맞추어 가르치겠다는 결심이 내포되어 있다. 숫자에 어려움을 겪는 아이든, 두 중요한 자료 사이의 불일치로 씨름하는 박사 과정 학생이든 마찬가지다. 인내는 잘 가르치기 위한 절대적인 전제조건이다.

나는 제임스 패커(James Packer) 교수가 삼위일체 교리에 대해 아주 단순하고 명료하게 설명한 한 공개 강연을 생생히 기억한다. 강연이 끝난 후 그는 교리의 가장 기본적인 부분에 대해(이미 강연에서 분명하게 제시되었던 내용임에도) 질문을 받은 뒤, 은혜와 명료함, 그리고 인내를 가지고 다시 설명했다. 그는 전혀 가르치려 드는 태도나 짜증 내는 기색 없이, 동일한 내용을 다시 천천히 되짚어 주었다.

지혜와 인내로 우리를 가르쳐 주고, 더 깊은 이해로 이끌며, 잘 살아가는 용기를 준 교사에게, 하나님께 감사드린다.

종교 지도자 소명

우리 모두에게는 사업가로 부르심을 받은 사람이 필요하다. 우리는 재화와 서비스 없이 살아갈 수 없다. 예술은 삶의 모든 차원에서 필수적이며, 우리는 예술가가 필요하다. 그리고 우리 모두는 교사가 필요하다. 나는 여기에 하나를 더 덧붙이고 싶다. 우리 모두에게는 목회자가 필요하다.

각 소명은 하나님께서 세상에 주신 선물이다. 하나님은 각 사람의 재능과 헌신, 열정을 통해 세상에 은혜를 베푸신다. 세상 안에서, 또 세상을 향한 이 은혜는 다양한 부르심을 통해 드러나는 하나님의 은혜이다. 사람들이 하나님과 함께, 하나님을 위해 세상에서 변화를 만들도록 부름받는 그 수많은 방식은 곧 하나님의 풍성한 다양성을 표현한다. 각각이 하나의 선물이요, 각각이 하나의 은사이다.

하지만 동시에 반드시 강조해야 할 점이 있다. 각 소명은 하나님의 선물이며, 각 부르심의 성격은 그 소명의 내용과 일치한다는 사실이다. 즉, 사업가나 예술가로 부름받은 사람이 목회자로 부름받은 사람과 같은 방식으로 부름받지는 않는다. 부르심의 성격은 그 소명이 지닌 본질과 조화를 이룬다.

이것은 우리가 단순히 적성, 재능, 기질에 관한 몇 가지 질문으로 이루어진 직업 테스트를 마친 뒤, 책자 뒷면을 펼쳐 보며 "아하, 나는 엔지니어가 되어야겠군!"이라고 결론지을 수 없는 이유이기도 하다. 왜냐하면 사람마다 부름받는 방식이 다르기 때문이다. 부르심의 성격은, 부름받는 소명의 내용과 조화를 이룬다.

따라서 소명에 대한 분별력을 키우는 중요한 방법은 특정 소명이나 직업의 고유한 성격을 밝히는 것이다. 즉, 특정 소명이 어떻게 '선물'이 되는지 묻는 것이다. 그 소명만의 고유한 은사는 무엇인가? 하나님께서 그 삶의 방식을 통해 세상에 은혜를 베푸시는 방식은 무엇인가? 이러한 질문을 통해 우리는 한 사람이 어떻게 그 소명에 부름받을 수 있는지 유추하고, 생각해 볼 수 있다. 비록 기독교 성경 전체가 모든 소명에 대한 본보기를 제공하지는 않지만, 예술가, 사업가, 학자에 대한 사례는 성경 안에서도 분명히 찾아볼 수 있다.

이 각각의 소명에 하나님께서 주신 고유한 선물이 있다. 견고한 경제적 기반이라는 선물, 아름다움이라는 선물, 이해라는 선물이다. 하나님께서 주신 각 은사는 그 소명을 받아들이는 개인의 재능과 열정, 헌신을 통해 구체적으로 드러난다.

목회자의 부르심 또한 교회와 세상을 위한 하나님의 선물이지만, 단순히 여러 '직업 선택지' 중 하나로 여겨서는 안 된다. 사람은 무엇이 자신의 소명인지 분별해야 하는데, 이는 다른 가능성을 함께 고려하는 과정에서 이루어진다. 그러나 그중에서도 목회자 소명은 보다 고유한 성격을 지니며, 특별한 책임의 무게를 수반한다.

이 소명의 고유성

나는 지금까지 사업가, 예술가, 교육자의 소명에 대해 비교적 독립적으로 고찰해 왔다. 그러나 목회자 소명에 대해서는 그렇게 할 수 없다. 왜냐하면 목회자 소명 또는 직임은 다른 소명과의 관계 속에서만 이해될 수 있기 때문이다.

이 소명이 지닌 고유함이 여기에 있다. 곧, 종교적 지도자로 부름받은 이의 목적과 방향은, 바울이 에베소서 4장에서 말한 표현을 빌리자면, 다른 이가 그들 각자의 소명을 감당하도록 '온전하게 하려는' 데 있다. 목회자 소명은 중심적이며 근본적인 소명인데, 곧 다른 사람의 소명을 위한 소명이기 때문이다. 타인의 부르심을 준비시키고, 돕고, 견고하게 세우는 일이 이 소명의 핵심이다.

리처드 존 뉴하우스(Richard John Neuhaus)는 이렇게 말한다.

> 교회의 소명은 다른 많은 소명을 지지하고 유지하는 것이다. 그 가운데 구별되어 헌신된 성직자는, 교회의 소명과 교회를 이루는 많은 사람의 소명을 비추는 역할을 감당해야 한다. 곧 안수받은 직분은 배타적인 지위를 의미하는 것이 아니라, 모범적인 소명이라는 뜻이다.[8]

그러므로 이것은 특별한 소명이다. 모든 사람은 특별하며, 누구도 다른 누구보다 더 특별하지 않지만, 이 소명은 다른 모든 소명의 성취가 어떤 식으로든 이 소명에 의존한다는 점에서 특별히 중요하다.

그리고 목회자로 부름받은 이는 이 역학을 반드시 인식해야 한다. 이 소명이 그들을 더 특별한 존재, 이른바 직업의 '최상단'에 올려놓는 것이 아니다. 오히려 이 소명은 다른 소명들이 실현되고 완성되도록 섬기는 통로가 된다.

목회자를 다른 성도와 같은 수준으로 끌어내리거나, 교회 공동체 안에서 그들의 역할과 중요성을 폄하하려는 무분별한 평등주의는 아무 유익도 주지 못한다. 물론 교회의 역사 속에는 권위가 남용된 사례가 분명히 존재해 왔다. 그러나 그에 대한 해답은 목회 사역 자체를 폐지하거나 비하하는 것이 아니라, 그 본래의 목적을 다시 확고히 하는 데 있다.

목회자 소명이 지닌 이 독특한 성격을 제대로 이해하려면, 자신이 이 부르심을 받았는지 스스로 물어보는 일부터 시작하라. 웬들 베리의 흥미로운 소설 『포트윌리엄의 이발사』(*Jayber Crow*)에서 주인공은 자신의 소명을 두고 깊이 씨름한다. 그는 자신이 목회 사역에 대한 '부르심'을 받았는지, 그 소명이 사무엘처럼 분명한지 고민하고, 혹시 요나처럼 그 부르심을 놓치게 되지는 않을지 두려워한다. 결국 그는 이렇게 결론짓는다. "나는 차라리 오지 않은 부르심을 받아들이기로 결심했다. 혹시 그 부르심이 실제로 왔는데, 내가 놓쳤을지도 모르기 때문이다."[9]

자신이 목회자로 부름받았는지 명확히 아는 일은 결코 쉬운 과정이 아니다. 제이버의 경우, 그는 결국 현명한 교수의 도움으로 자신이 목회자 소명을 받지 않았을 가능성을 받아들이게 된다. 그러나 제이버든, 누구든 목회 사역의 소명을 제대로 이해하려면, 그 소명이 어떻게 주어지는가에 대해 구체적으로 주목해야 한다.

모든 사람에게 소명을 분별하는 일은 이중적인 작업이다. 첫째는 자기 내면 깊은 곳에서 그 소명과 공명하는 감각을 인식하는 것, 둘째는 공동체의 증언에 귀 기울이는 것이다. 공동체는 이렇게 물을 수 있다. "우리는 이 사람을 '하나님의 선물'로 경험하는가? 이 사람의 삶은 목회자라는 부르심에 합당한가?"

여기서 주목할 것은, 많은 사람이 잘못된 이유로 목회 사역에 부름받았다고 느낀다는 점이다. 물론 그 반대도 있다. 곧, 잘못된 이유로 자신이 부름받지 않았다고 여기는 경우도 있다.

사랑받고 싶다는 욕망이나, 영향력을 갖고 싶다는 갈망 때문에 목회자가 되려는 경우는 분별하기 쉬운 오류다. 하지만 그보다 덜 명백한 동기상의 문제가 존재하는데, 이 역시 조심스럽게 분별해야 한다. 선한 의도를 가졌다 할지라도, 그들이 진정으로 소명을 분별할 수 있도록 돕는 일은 중요하다.

무엇보다도, 소명을 분별하는 데 있어 결정적인 장애물은 잘못된 동기이다. 부와 영향력을 향한 왜곡된 열망을 품고 있는 한, 어떤 소명도 올바르게 분별할 수 없다. 결국, 잘 분별하고자 한다면 자기 동기를 정직하게 성찰하고 맞서야 한다.

그럼에도 불구하고, 소명을 분별하는 작업에 접근할 때에는 다음과 같은 전제가 필요하다. 사람은 본래 선한 일을 하고자 하는 열망, 하나님께서 자신에게 맡기신 일을 감당하고자 하는 결단, 그리고 진실함을 가지고 있다는 믿음이다. 이러한 전제 위에서 우리는 비로소 누군가의 소명이 무엇인지 건강하게 탐색할 수 있다.

일반적인 통념에 따르면, 어떤 사람이 영적인 성향이 뚜렷하고, 신앙생활에 성실하며, 또는 흔히 말하는 '사람을 좋아하는' 사람, 즉 다른 사람과 함께 있기를 즐기고, 돌보며, 공감하는 성향이 있다면, 혹은 진리를 사랑하고 공부하는 데 열정을 보이거나, 희생적이고 관대한 봉사 정신을 지닌 사람이라면, 그는 목회자가 되기에 적합한 사람일 가능성이 높다고 여겨진다.

그러나 모든 소명은 하나님과 사람, 진리와 섬김에 관한 것이다. 모든 사람은 자신이 맡은 일을 "주께 하듯" 감당하도록 부름받았으며, 그것은 결국 타인을 위한 일이기도 하다. 목수는 사람들에게 유익을 주겠다는 열정으로 나무를 다룬다. 변호사, 치과 의사, 사회 복지사, 예술가, 상인에 이르기까지 모두가 하나님에 대한 경외, 타인을 향한 관대하고 진실한 섬김, 진리에 대한 헌신을 가지고 일한다.

그러므로 앞서 언급한 성향들, 경건, 공감, 지적 탐구, 희생적 섬김이 반드시 그가 목회자로 부름받았다는 증거가 되지는 않는다.

목회자 소명을 분별하려면, 이 문제를 전혀 다른 관점에서 바라보아야 한다. 곧, 종교 공동체로서 우리는 잘못된 동기에서 종교적 리더십이나 목회직을 추구하는 이를 분별하여 그들을 단념시킬 명확한 기준을 마련하고, 또 참으로 이 사역에 부름받은 이들을 격려하고 일으키는 건강한 기반 역시 마련해야 한다.

목회자 소명을 구성하는 요소

목회자 소명을 생각하는 한 방식은, 이를 세 가지 근본적인 특징을 지닌 사역으로 이해하는 것이다.

1) **말씀 사역**: 주로 가르침과 설교를 통해 이루어지는 사역이다. 목회자의 핵심적인 책무로서, 성경을 바르게 해석하고 선포하여 공동체를 진리 가운데 세우는 역할을 한다.
2) **능력을 부여하는 사역**: 에베소서 4장 12절 말씀처럼, "성도를 온전하게 하여" 그들이 각자의 소명을 감당하게 하는 사역이다. 이 사역 또한 말씀 중심적이며, 성도가 자기 자리에서 하나님을 섬기도록 격려하고 훈련하는 역할을 포함한다.
3) **돌봄과 감독의 사역**: 지배하거나 다스리는 자로서가 아니라, 신앙 공동체의 필요에 민감하게 반응하며 섬기는 자로서의 역할이다. 공동체의 영적·정서적·물리적 필요를 주의 깊게 살피고 돌보는 책임이다.

이 모든 사역의 핵심에는 기도가 있다. 기도는 목회자의 사역 전체를 관통하는데, 말씀, 훈련, 돌봄 모두가 하나님을 의지하는 기도를 통해 이루어진다.

만일 목회 사역이 설교자(교사), 성도를 훈련하는 자, 공동체를 돌보는 감독으로서의 사역을 포괄한다면, 다음 세 가지 요소를 통해 이 사역을 가능하고 효과적으로 만드는 자질이 있는지 살펴보면 유익하다.

첫째, 소통 능력은 반드시 필요하다. 이는 곧 설교하고 가르치는 역량을 의미하며, 하나님의 말씀을 명료하고 감동 있게 전달하는 능력이다. 둘째, 크레이그 딕스트라(Craig Dykstra)의 말처럼, 목회 사역에는 특유의 상상력, 다시 말해 이 직업에 특화된 지성, 세상과 공동체를 바라보는 독특한 사고방식이 필수적이다.[10] 이는 단순한 정보 전달 이상의 직관과 통찰을 포함한다. 셋째, 신학적 지식뿐 아니라 교회 공동체가 어떻게 작동하는지에 대한 이해도 필요하다. 기독교 신앙 자체에 대한 깊은 통찰과 더불어, 회중의 삶과 사역의 역동성에 대한 실제적인 이해가 함께 있어야 한다.

이 세 가지(능력, 상상력, 지식)는 목회 사역을 단순한 역할 수행이 아닌, 하나님의 은혜를 담는 통로로서의 사역이 되게 한다.

이러한 책임과 역량이 교차하는 지점에서, 목회자를 목회자 되게 하는 근본적이고 필수적인 은사가 솟아오른다. 그것은 말씀과 성령으로 만물을 새롭게 하시는 그리스도의 능력에 대한 깊은 내적 확신이다. 이 소명의 핵심은 바로 이것이 아닐까?

이러한 관점은, 하나님의 백성에게 말씀을 명확히 전하고자 하는 깊은 열정을 불러일으키며, 동시에 하나님의 일은 하나님의 시간에 이루어짐을 받아들이는 깊은 인내를 요구한다. 그리고 이 두 가지는 반드시 함께 가야 한다. 왜냐하면 그 확신은 말씀과 성령 모두에 근거하기 때문이다.

앞서 살펴본 세 가지 소명을 다시 떠올려 보면, 흥미롭게도 이들 직업에 부름받은 이들이 종종 목회 사역에도 끌리는 경우가 있다. 예술가는 예배와 목회 사역의 예전적·미학적 측면에 매력을 느낀다. 학자는 연구와 가르침이란 요소에 이끌린다. 상업과 비즈니스에 본능적으로 익숙한 이들 역시 다른 이유로 목회 사역에 마음을 두는 경우가 많다. 어떤 이는 사업보다 더 고상하거나 거룩한 일을 하고 싶다는 바람에서 목회를 택한다. 그러나 어떤 이는 교회가 지나치게 느리고 비효율적으로 운영된다는 좌절감에서 출발하기도 한다. 그들은 자신의 비즈니스 기술과 역량으로 문제를 '개선'할 수 있다고 생각하며, 목회 사역이라는 자리가 변화를 만들고, 일을 '관리'하여 생산적인 결과를 이끌어낼 기회라고 여긴다.

이러한 열망은 그 자체로 모두 정당하고 좋다. 그러나 그 결과로 종종 예술가, 학자, 사업가로 부르심을 받은 사람이 목회 사역을 하다 좌절하게 된다. 목회자 소명은 그들의 진정한 '직무'(*métier*)가 아니기 때문이다.

목회자 소명은 결국 아름다움이나 학문, 혹은 어떤 일을 성취하는 데 있지 않다. 타인으로 하여금 각자의 소명에 응답하도록 돕는 일에 그 본질이 있다. 이를 위해서는 세상을 향한 그리스도의 통치에 대한 비전이 필요하다. 이 비전은 교회 내부에 머무르지 않고 세상을 향해 열려 있어야 한다.

목회자는 말씀의 종이며 성령님의 종이다. 왜냐하면 하나님의 백성이 세상 속에서 자신의 소명을 살아가게 하는 분은 목회자가 아니라 하나님이시기 때문이다. 목회 사역에 부름받은 사람은, 다른 이를 세움으로써 그들이 부름에 응답하도록 돕는 비전을 가지고 있으며, 동시에 그 일이 이루어지는 방식, 곧 말씀과 성령님을 통해 이루어진다는 사실에 대한 분명한 확신을 가지고 있다.

그러므로 목회자가 받는 부르심의 방식 역시 그 소명의 성격과 일치해야 한다. 이 부르심은 마음 깊은 곳에서 일어나는 충동과 갈망 속에 드러나며, 이 사역에 자신이 부름받았는지 그가 고민을 나누는 친구, 가족, 멘토와의 대화 속에서도 나타난다. 그 사람의 열정과 갈망, 포부, 심지어 좌절감까지도 이 소명과 조화를 이루고 있는가? 궁극적으로 의미 있는 변화를 이끌어 내는 것이 무엇인지 인식하는가? 그러한 인식이 그의 삶 속에서 경험으로 나타나는가?

그는 아름다움이나 학문, 성과에 매료되기보다 형언할 수 없는 타자, 곧 형체는 없지만 말씀과 성령님이라는 신비한 실재에 사로잡혀 있는가? 성령님과 말씀이 예배의 경이로움과 공동체의 평범한 삶 속에서 구체적인 형태로 드러난다는 사실을 그는 진정으로 깨닫고 있는가?

목회자가 되기를 바라는 사람에게 이렇게 물을 수 있다. 당신은 공동체가 작동하는 원동력이 무엇인지 보았고, 이해했으며, 기꺼이 그것을 받아들였는가? 당신은 교회를 움직이는 핵심이 유능한 관리자도, 실용주의자도, 공감 잘하는 상담가도, 예술가나 이야기꾼, 심지어 학자나 교사도 아니라는 사실을 이해하고 있는가? 이 모든 역할은 공동체에 꼭 필요하고 귀중하다. 그러나 공동체의 중심은 성령님과 말씀이다. 공동체는 누군가가 잘 '관리'하는 것이 아니라, 가르치고 세우고 돌보는 목회자의 은혜로운 섬김을 통해 도움을 얻고 도움을 주는 것이다.

그러므로 목회자는 학자나 상담가, 예술가, 관리자 같은 여러 역할을 모두 완벽하게 해내야 한다는 압박을 받지 않는다. 모든 사람에게 다가가는 '슈퍼 목회자'일 필요는 없다. 목회자의 중심 방향은 말씀에 있으며, 그는 두 가지 질문에 집중한다. "이 시기 이 장소에서 성령님은 어떻게 역사하시는가?" "나는 목회자로서 예배와 배움, 교제 그리고 세상에 대한 섬김 속에서 어떻게 주의 깊은 관심을 성령님께 모을 수 있는가?"

목회자는 영웅이 아니다. 목회자는 기도와 말씀 사역에 헌신하는 사람이다(행 6:4). 다른 중요한 사역을 배제하거나 모든 역할을 혼자 맡을 필요가 없다. 우리는 동역자와, 또 은사를 받은 평신도 리더와 협력하는 능력을 키워 나간다. 그러나 말씀과 기도는 목회자 사역의 핵심이다.

만일 누군가가 목회 사역에 부름받았는지를 고민한다면, 이러한 내면의 충동에 주의를 기울여야 한다. 그리고 이러한 동력이 상담가, 친구, 조언자와의 대화를 형성하는 핵심이다.

결론

나는 네 가지 직업을 통해 하나님께서 주신 부르심에 응답하는 네 가지 뚜렷한 존재 방식을 제시했다. 이는 단지 예시일 뿐이며, 이와 비슷한 방식으로 공무원이나 정치인, 법조인과 정의를 추구하는 이들, 언론인 등 다른 직업도 분석할 수 있을 것이다.

또한 나는 사업가는 사업만 하고, 예술가는 예술만 해야 한다고 주장하는 것이 아니다. 오히려 우리 모두는 사고팔기를 하며, 예술적인 잠재력을 가졌고, 공식적이든 비공식적이든 가르칠 기회가 있으며, 말씀을 전하고 다른 이의 소명을 격려하고 준비시키는 사역의 길도 가지고 있다.

내가 하려는 말은, '부르심'은 신적인 필연성으로 다가온다는 것이다. 즉 어떤 일을 '반드시 할 수밖에' 없는가? 그런 일을 찾으라. 이번 장에서는 사례를 통해 이런 종류의 일에 부름받았다는 말이 무슨 의미인지 보여 주었다. 우리 각자가 자신의 신적인 필연성을 분별하려 할 때 이 내용이 격려와 지침이 되기를 바란다.

08

소명을 살아내는 용기

우리를 얽매는 두려움에서 벗어나기

디모데후서 1장 7절과 누가복음 10장 41-42절은 자신의 소명을 분별하고 실행하는 데 있어 가장 중요한 질문 하나와 깊이 관련되어 있다. 바울은 디모데에게 보내는 편지의 시작 부분에서 곧바로 핵심을 짚는다. "하나님이 우리에게 주신 것은 두려워하는 마음이 아니요 오직 능력과 사랑과 절제하는 마음이니라"(딤후 1:7).

이 말씀은 부수적이지도 사소하지도 않다. 하나님은 디모데에게, 그리고 암묵적으로 우리 모두에게 두려워하는 마음을 주시지 않았다. 오히려 우리에게 능력과 사랑과 절제하는 마음을 주셨다.

누가복음 10장에 나오는 마르다와 마리아 이야기를 생각해 보자. 예수님은 길 위에서의 하루를 마치고 이 두 자매의 집에 오신다. 마르다는 아마도 부엌에서 식사를 준비하느라 바쁘다. 반면 마리아는 예수님의 발치에 앉아, 그의 말씀을 주의 깊게 듣는 제자이다.

그런데 마르다가 와서 걱정스러운 마음을 마리아에게 직접 표현하지 않고, 예수님께 가서 마리아에게 자기를 도우라고 이야기해 달라고 요청한다. 이에 예수님은 "마르다야 마르다야 네가 많은 일로 염려하고 근심하나 몇 가지만 하든지 혹은 한 가지만이라도 족하니라 마리아는 이 좋은 편을 택하였으니 빼앗기지 아니하리라 하시니라"(눅 10:41-42)고 답하신다. 예수님은 이 답변에서 마리아가 "좋은 편"을 선택했다고 말씀하신다.

이 이야기는 종종 종교적이거나 묵상적인 삶이 봉사하는 활동적인 삶보다 우월함을 보여 주기 위해 주어졌다고 여겨졌다. 그러나 다양한 집단과 전통은 이 문제에 대해 서로 다른 결론을 내린다. 어떤 이는 일반적으로 종교적 활동이 더 우월하다고 보았고, 또 다른 이는 특히 묵상적인 삶이 더 높은 부르심이라고 여겼다.

그러나 두 경우 모두, 핵심을 놓치고 있다. 예수님을 묵상하고 그분께 기도하고 주의를 기울이는 마음가짐이 필수적이고 필요하다는 점은 분명하다. 그리고 이것이 예수님의 제자로서 더 나은 삶의 방식인 것도 맞다. 하지만 이 이야기가 선한 사마리아인 비유 바로 다음에 나온다는 점을 고려할 때, 묵상적인 삶이 활동적인 삶보다 우월하다고 단정할 수는 없다.

오히려 예수님이 마르다의 불평에 대답하며 처음으로 하신 말씀, "마르다야 마르다야 네가 많은 일로 염려하고 근심하나"가 이 이야기의 핵심일 수 있다. 즉, 마르다는 자신의 일을 집중력 있고 명확하게 하지 못했고, 마음이 불안과 걱정으로 가득했다.

이 두 신약성경 구절은 소명에 대한 우리의 성찰에 특히 중요한 의미를 지닌다. 다양한 출처와 상황에서 점점 더 많은 이가 지적하듯이, 우리의 소명을 완수하는 데 가장 큰 위협은 외부가 아닌 우리 내부에 있다. 가장 큰 장애물은 우리가 태어난 가정이나 문화, 사회, 경제 상황, 직장, 혹은 종교적 유산이나 공동체가 아니다. 물론 이 모두는 우리 길을 막는 장애물이 될 수 있다. 하지만 어쩌면 가장 큰 장애물은 거울 속에 비친 바로 우리 자신일지 모른다.

우리는 많은 걱정과 불안에 붙들려 주저하고 기회를 놓친다. 우리 눈에는 두려움이 서려 있다. 소명에 관한 가장 중요한 질문은 바로 이것이다. 우리가 부름받은 일을 감당할 용기를 가질 것인가?

1950년대 후반에 클래런스 조던(Clarence Jordan)이 조지아 남서부 지역에 인종 화해 공동체 '코이노니아 농장'(Koinonia Farm)을 설립하는 데는 상당한 용기가 필요했다. 그는 KKK단의 위협에 용기 있게 맞섰을 뿐 아니라, 농장에 방화로 인한 화재가 발생하고 자동소총이 난사되는 상황에서도 조금도 굴하지 않았다.

음악 신동 모차르트도 마찬가지였다. 그는 탁월한 피아노 솜씨로 공연 수익을 올려 부자가 될 수 있었다. 그가 작곡을 참 소명으로 알고 일신의 노력을 기울이는 데에는 용기가 필요했다.

미국의 저술가이자 소설가인 레이놀즈 프라이스(Reynolds Price)도 51세에 척수암에 걸렸지만 질병의 고통에 용기 있게 맞섰다. 그는 비참한 상황 속에서 끔찍한 고통에 시달리면서도 자기 연민에 빠지지 않고 그러한 한계 상황을 기꺼이 받아들였다. 상태가 절망적이라는 사실을 알게 된 이후에도 그는 휠체어에 앉아 소설, 희곡, 비망록, 시와 수필 모음집을 비롯해 13권의 책을 출판했다.

뉴욕에서 교회를 담임하던 장로교 목사 A. B. 심슨도 교인들이 이탈리아 이민자를 받아들이기를 거부하자 용기 있게 담임 목사직을 사임하고 복음 전도와 사회 개혁에 비중을 둔 사역을 시작했다. 그의 새로운 사역은 영혼과 육체를 동시에 아우르는 성화의 교리에 근거했다. 그는 마침내 뉴욕주 나이액에 북미 최초의 성경학교와 선교 훈련 센터를 건립했다.

넬슨 만델라는 남아프리카공화국의 백인 정부의 압제에 맞서 싸우면서도 복수심을 갖지 않았다. 남아프리카공화국의 모든 국민이 시민의 권리를 보장받아야 한다고 주장했던 그는 20년 넘게 옥살이를 해야 했다. 외로운 독방에 감금되기도 했다. 하지만 관대한 인격을 버리지 않고 끊임없이 인종차별을 극복하기 위해 노력했다. 용기가 없으면 불가능한 일이었다. 그가 대통령이 된 지 1년 후인 1995년에 남아프리카공화국에서 럭비 월드컵이 개최되었다. 남아프리카공화국의 흑인들은 대표 선수가 모두 백인으로 구성되었다는 이유로 응원을 거부했다. 만델라는 그 문제를 해결하기 위해 직접 선수 유니폼을 입었다. 그가 선수 유니폼을 입고 경기장에 나타나자 온 나라가 한목소리로 백인들로 구성된 대표팀을 응원하기 시작했다. 그것은 강력한 메시지가 실린 상징적 행동이었다. 좀 더 정확히 말하면 바로 용기 있는 행동이었다.

니노이 아키노(Benigno Aquino)는 감옥에 투옥되었다가 결국 필리핀을 떠나 망명 생활을 해야 했다. 독재자 마르코스(Marcos) 대통령에게 정치적 위협이 되었기 때문이다. 하지만 미국에서 몇 년의 세월을 보낸 후 망명 생활을 청산하기로 결심했다. 1983년 그는 목숨까지 위태로울 수 있는 상황에서 필리핀행 비행기에 용기 있게 몸을 실었다. (그는 1980년 연설을 통해 필리핀 국민에게 목숨을 걸고 사수해야 할 대의 명분을 심어 주었다.) 결국 그는 마닐라 국제공항 활주로에서 암살되고 말았다. 지금 그 공항은 그의 이름을 따서 불린다. 그의 용기는 그의 아내에게 깊은 감명을 주었다. 1986년 그의 아내 코리(Cory, 코라손 아키노)는 수만 명의 필리핀 국민과 함께 탱크와 장갑차에 맞서 마르코스와 이멜다(Imelda)가 망명할 때까지 꼼짝하지 않고 시위를 벌였다.

모든 덕목은 용기로 지탱된다. 두려움을 극복하고 용기 있게 살아가는 법을 배우지 않는 한 우리는 참된 덕 있는 사람이 될 수 없다.

그러나 동기나 결과를 전혀 고려하지 않은 무모한 행동을 용기로 칭송하는 것은 잘못이다. 용기, 신념, 원리라는 이름으로 어리석은 일이 자행된 사례가 많다. 1960년대에 미국 남부지역에서 백인 시의원이 아프리카계 미국인 학생이 특정 공립학교와 대학에 진학하지 못하도록 금지한 적이 있었다. 용기 있는 행위로 생각할지 몰라도 사실 그것은 독선이었다. 자신이 진리를 다 알고 있으니 모든 사람이 무조건 동의해야 한다고 주장하는 광신도도 있다. 그런 태도는 겉으로는 용기 있는 듯하지만 사실은 아니다. 참된 용기는 관대한 인격에서 우러나온다.

참 아이러니다. 그런 사람들의 심리에는 용기가 아니라 두려움이 존재한다. 혹시나 지배력이나 직위, 안락한 삶이나 영향력을 상실하게 될까 두려워서 그렇게 행동하는 것이다.

그렇다면, 우리는 부름받은 바를 이루고 되어야 할 그 사람이 될 용기를 가질 것인가? 진정한 용기는 지혜, 도덕성, 감사, 겸손, 인내 같은 인격적 자질을 바탕으로 한다.

지혜

참된 용기는 지혜에 근거한다. 우리는 누군가가 거창한 계획이나 원대한 비전을 제시할 때 깊은 감명을 받는다. 원대한 비전이 용기에서 나온다고 생각하기 때문이다. 리더는 마땅히 비전이 있어야 한다. 하지만 거창한 계획과 용기 있는 비전을 구별하는 안목을 잃는 경우가 종종 발생한다. "이것이 진정한 용기에서 우러나오는 비전인가 아니면 모양만 비슷한 허풍인가?"를 잘 판단해야 한다.

돌로 빵을 만들 수 있다고 장담하는 사람이나 신전 꼭대기에서 뛰어내릴 수 있다고 자랑하는 사람에게 유혹을 느낄 때, 주님이 원하시는 길은 십자가의 길이라는 점을 상기해야 한다. 앞서 언급한 인물들이 선교, 예술, 정치 분야에서 탁월한 업적을 남긴 사람들로 모두 원대한 비전을 가졌다고 생각할지 모르지만, 사실 그들에게는 그렇게 거창한 계획이 없었다. 단지 살아가면서 마땅히 해야 할 일을 하고 마땅히 해야 할 말을 했을 뿐이다.

진정한 용기에는 위험이 따른다. 평판을 잃을 수도 있고, 반대에 부딪힐 수도 있고, 영향력을 상실할 수도 있고, 심지어는 집이나 생명을 잃을 수도 있다. 하지만 양심을 지키려면 위험을 감수해야 한다. 때로 진정한 용기는 조용히 떠나 다른 곳에 가서 일하겠다는 각오로 현재의 일을 중단하기를 요구할 수도 있다.

지혜와 용기는 서로 밀접하게 연결된다. 무책임한 행동이나 무모함은 용기와 거리가 멀다. 참된 용기는 사려 깊은 태도에 근거한다.

도덕성

참된 용기는 도덕성에 근거한다. 사도 바울은 자신을 객관적으로 생각하라고 권고하면서 "이 세대를 본받지 말라"(롬 12:2-3)고 했다. 우리는 순수한 도덕성과 헌신에서 출발해야 한다. 순수한 도덕성을 유지하려면 돈 문제, 이성 문제(결혼한 사람은 배우자에게 충실해야 하고, 독신인 사람은 독신 생활에 충실해야 한다.)에서 깨끗해야 한다. 아울러 말에도 일관성이 있어야 한다. 거짓이나 아첨을 거부하고 말하는 내용이나 태도를 신중히 해야 한다.

우리의 일과 개인 생활은 전체를 구성하는 일부다. 마음이 청결해야만 순수한 동기와 생각을 잃지 않고 소명에 충실할 수 있다. 순수한 도덕성을 가져야만 소명을 이루는 삶, 즉 우리의 정체성에 부합하는 삶이 가능하다.

감사와 겸손

참된 용기는 감사와 겸손에 근거한다. 이 두 가지 덕성을 갖추지 못하면 도덕성조차 도덕주의나 율법주의에 치우치고 만다. 바울은 "하나님이 우리에게 주신 것은 두려워하는 마음이 아니요 오직 능력과 사랑과 근신하는 마음이니"(딤후 1:7)라고 했다. 그의 말은 참된 용기는 겸손과 은혜와 용서와 긍휼을 필요로 한다고 일깨워 준다. 참된 용기에는 항상 배우려는 자세가 필요하다. 감사와 겸손이 영적 생활의 핵심 덕성이다. 감사와 겸손에서 믿음, 소망, 사랑이 비롯한다. 진정한 용기 역시 감사와 겸손이 있어야만 가능하다.

감사는 하나님의 선하심을 인정하는 것이다. 선하고 고귀하고 탁월한 무언가를 볼 때 이를 하나님의 선물로 받아들이는 태도가 바로 감사하는 태도다. 감사와 반대되는 태도는 불평이다. 좀 더 나은 대우를 받아야 하는데 푸대접을 받고 있다는 생각에서 불평이 생겨난다. 불평은 겉으로는 다른 사람을 겨냥하지만 사실 그 저변에는 하나님이 선하시지 않다는 생각이 깔려 있다.

겸손은 감사와 단짝을 이룬다. 하나님의 자비를 경험한 사람의 마음에는 감사와 겸손이 충만하다. 겸손은 자신을 있는 모습 그대로 받아들이는 태도이다. 즉 가식적이지 않고 정체성과 소명에 걸맞게 사는 것이다. 또한 겸손은 다른 사람을 시기하지 않는다. 겸손한 사람은 다른 사람을 위협적인 존재로 여기기보다 오히려 그들의 재능과 능력을 기꺼이 인정한다. 더욱이 유머가 넘쳐난다. 유머가 있다는 것은 자신을 지나치게 생각하지 않는다는 증표다.

인내

참된 용기는 인내에 근거한다. 소명을 이루는 삶을 살고자 할 때 가장 큰 유혹이 있다면, 바로 즉각적인 결과를 만들어 내야 한다는 생각이다. 우리는 빨리 이룰수록 좋다는 생각으로 강박 관념에 사로잡혀 성급하게 '위대한' 업적을 달성하려 든다.

하지만 하나님은 천천히 행하신다. 그분의 길은 너무 미묘해서 쉽게 감지할 수 없는 경우가 많다. 그분은 결코 서두르시지 않는다. 목동 다윗은 이스라엘 왕으로 기름부음을 받았다. 그는 하나님의 복을 받았고, 자신이 왕이 될 것을 알았다. 그의 소명 의식은 분명했다. 하지만 정작 왕위에 오르기까지 수년의 세월이 필요했다. 그는 하나님의 때를 기다렸다. 자기 힘으로 뜻을 이루려 하거나 하나님의 손길을 강요하지 않았다. 그는 마음만 먹으면 사울왕을 쉽게 제거할 수 있었지만 그렇게 하지 않았다. 그저 하나님의 때를 기다렸다.

1994년 남아프리카공화국 대통령이 된 넬슨 만델라도 마찬가지였다. 민족의 지도자가 될 운명을 타고난 사람이 있다면 바로 그였다. 하지만 그는 성인기 대부분을 감옥에서 보냈다. 은퇴할 나이가 되어서야 비로소 국가 지도자로서 자신의 소명을 이룰 수 있었다.

참된 용기에는 하나님의 때를 기다리는 인내가 필요하다. 그분의 사역은 너무 느려 감지할 수 없을 때가 많다. 다른 사람이나 자신에 대해 항상 인내하며 넓은 마음을 지녀야 한다.

인내하는 동안 소명은 결국 이루어질 것이다. 성급하게 기회를 붙잡으려 하거나 너무 이른 성취를 꿈꾸어서는 안 된다. 언젠가 기회가 오리라는 확신을 가지고 현재에 배우면서 준비해야 한다. 한 번의 기회가 왔다고 해서(그 기회가 인내하며 기다렸던 기회가 아니라면) 서둘러 공부를 포기할 필요는 없다.

어린 자녀를 둔 부모의 경우라면, 장래에 기회가 올 것이니 현재는 양육의 책임을 하나님의 뜻으로 알고 기다려야 한다. 선택의 폭이 좁을 때는 인내가 필요하다. 마음에 화를 품을 필요가 없다. 그럴 경우에는 어린 자녀에게 부정적인 영향이 미치기 쉽다. 우리는 상황의 한계를 인내로 극복해야 한다. 그리고 우리는 이를 아이처럼 원망하지 않고 은혜와 인내로 받아들여야 한다.

물론 인내는 아무것도 하지 않고 기다리는 것과는 근본적으로 다르다. 우리는 미래를 하나님께 부탁하고 현재의 일에 충실해야 한다. 가만히 앉아 기다리기보다는 현재 주어진 일을 성실히 수행하며 순간순간의 경험을 통해 깨달음을 얻어야 한다.

예를 들어 넬슨 만델라는 감옥 생활을 하는 동안 다방면에 걸쳐 많은 학식을 쌓으며 민족의 지도자가 될 날을 위해 자신과 다른 사람을 준비시켰다. 부모의 경우에는 자녀 양육에 충실하면서도 얼마든지 그 시기를 활용해 친구들과 우정을 돈독히 하는 한편 자신을 성찰하고 각종 지식을 쌓을 수 있다. 교수로 부름받은 사람은 기회의 문이 열릴 때까지 현재 주어진 일에 열심을 낼 수 있다. 인내란, 시간을 허비하거나 낭비했다는 생각 없이 조용히 현재에 충실한 것을 의미한다.

이처럼 용기에는 지혜, 도덕성, 감사와 겸손, 인내가 필요하다. 그러나 결국 핵심은 용기이다.

자신이 되려는 용기

참된 용기는 폴 틸리히(Paul Tillich)가 말한 대로 "자신이 되려는 용기"다. 틸리히는 실존주의 신학을 대변하는 학자이지만, 이 원리는 그의 철학적 전제를 받아들이지 않는 사람에게도 타당성이 있다. 자신이 되려는 용기, 즉 우리는 자신의 정체성과 소명에 충실하려는 용기를 지니고 있는가?

틸리히는 진정한 용기란 "자기 자신의 본성에 충실한 것"이라고 말했다.[1] 우리는 종종 그런 삶을 두려워한다. 틸리히는 죽는 것도 두렵지만 사는 것 또한 두렵다고 했다. 그는 "살고자 하는 용기가 있는가?"라고 묻는다. 그런 용기가 있을 때 기쁨을 발견할 수 있다. "기쁨은 자신의 참된 본성을 용기 있게 긍정할 때 생긴다."[2]

하나님이 우리를 본래 선하게 창조하셨다는 사실을 알고 우리의 본성을 긍정적으로 받아들여야만 비로소 우리 자신을 확증할 수 있다. 물론 우리의 본성은 죄로 인해 왜곡되고 삐뚤어졌다. 하지만 죄의 영향이 아무리 크다 해도 하나님의 은혜로 얼마든지 본연의 모습을 되찾을 수 있다. 구원이란 자신을 하나님의 피조물로 인식하는 한편, 그분의 은혜를 힘입어 창조 목적에 부합하는 삶을 살 수 있다는 확신을 의미한다.

잭슨 베이트는 새뮤얼 존슨의 전기에서 그의 용기를 치하했다. 그는 존슨의 용기가 정직한 태도에서 비롯되었다고 강조한다.

그는 여러 가지 불리한 조건을 안고 시작했다. 그중에는 헛된 공상, 심각한 불안, 뻔뻔스런 교만, 극도의 조급함, 심한 자기 갈등과 자아 분열 같은 기질상의 문제에서 비롯한 고통도 단단히 한몫을 차지했다. 그는 두 차례나 혹시 미치지 않을까 두려워하며 오랫동안 필사적인 사투를 벌여야 했다. 하지만 종종 극한의 상황에 내몰리면서도 한 걸음씩 우리 모두가 흠모해 마지 않는 미덕, 즉 경험에 정직하게 반응하는 인격을 완성했다. … 그가 우리에게 미친 영향 가운데 하나는 그의 용기를 본받고자 하는 마음이다. … 그는 인간의 경험을 정직하게 받아들임으로써 때로 불필요하게 우리 자신은 물론 다른 사람까지 빠져들게 만들기 쉬운 위선적 언행, 즉 일관성 없는 가식적인 언행을 극복했다.[3]

존슨은 도덕적으로 매우 진지한 사람이었다. 그는 거짓 경건을 혐오했다. 그는 희생자가 되기를 거부했을 뿐 아니라 자신의 상황과 한계를 다른 사람의 탓으로 돌리지 않았다. 그는 시기심을 힘의 낭비로 간주했다. 무엇보다도 그가 용기 있는 사람이 될 수 있었던 이유는 자기 자신에 대해 정직했기 때문이다. 베이트는 존슨을 "상상을 불허하는 정직성"의 소유자로 평가했다.

두려움을 솔직하게 인정할 때 비로소 용기가 생겨난다. 지혜로운 사람은 두려움을 솔직하게 인정하지 않으면 늘 내면의 불안에 시달리며 무기력한 삶을 살 수밖에 없다는 사실을 잘 안다.

집권 세력이 두려움에 사로잡히면 야당을 억압하거나 여론의 비판을 수용하기를 거부하고 국민에 대해 아무런 책임도 지지 않는 국정 운영을 일삼게 된다. 종교 지도자가 두려움에 사로잡히면 '양 무리의 본이 되기보다 주장하는 자세'(참조. 벧전 5:3)를 취하게 된다. 아무리 합법적인 양 꾸미고 고상한 척 행동해도 내면의 두려움은 밖으로 표출될 수밖에 없다. 아울러 부모가 두려움에 사로잡히면 자녀를 통제하고 학대할 가능성이 높다.

우리는 어떤 행동을 하고는 그 이유를, 평화를 유지하기 위해서 혹은 다른 사람에게 상처 주고 싶지 않아서 그랬다고 둘러댄다. 때로는 그 이유가 가족의 행복이나 여러 고귀한 명분이 되기도 한다. 그 이유들은 겉으로는 그럴듯해 보이지만 솔직히 말해 단순한 자기 합리화에 지나지 않는다. 진짜 이유는 두려움 때문일 때가 많다.

우리는 불이익을 받을까 두려운 나머지 사장에게 진실을 말하지 않거나 마땅히 해야 할 말을 자제한다. 친구에게 사랑으로 진실을 말해야 하지만 그렇게 하지 않는다. 친구가 화를 내면서 되쏘아 부치거나 배척할까 봐 두렵기 때문이다.

우리는 때로 실패할까 봐 겁이 나서 기회가 왔는데도 모험을 감행하지 않고, 더 나은 삶을 위해 노력하기보다 현실에 안주하는 쪽을 선택한다. 또한 순응이 참된 복종과 똑같다는 거짓에 설득되어 다른 사람에게 무조건 고분고분할 때도 적지 않다. 심지어 성공을 두려워한 나머지 어떤 일에 최선을 다하지 않는다. 성공에 뒤따르는 책임을 짊어지기가 싫기 때문이다.

두려움을 인정한다는 것만으로 용기 있는 사람이 되거나 자기 행위에 대한 정당성이 확보되는 것은 아니다. 하지만 그것은 용기 있는 사람이 되기 위한 출발점이다. 일단 두려움을 인정해야만 그 타당성을 저울질할 여력이 생긴다. 다시 말해 우리가 과연 믿음, 소망, 사랑 가운데 살고 있는지, 또는 고귀하지 못한 행위를 정당화하기 위해 두려움을 변명 삼는지 분별할 수 있다. 두려움을 솔직하게 인정할 때 비로소 모든 근심과 염려를 하늘에 계신 아버지께 고백하는 참된 용기를 소유할 길이 열리기 시작한다.

용기는 순응적인 삶, 남을 모방하는 삶, 인습에 얽매이는 삶을 뛰어넘어 참 소명에 충실할 능력을 부여한다. 가족의 압력을 견딜 때도 용기가 필요하고, 안락함과 명예와 권력을 지향하는 분위기에 흔들리지 않고 소질에 맞는 직업을 선택할 때도 용기가 필요하다. 인간의 타락한 본성은 안락하고, 손쉽고, 편안한 것을 추구하는 성향이 있다. 하지만 소명에 충실한 삶을 살려면 그런 얄팍한 성향을 단호하게 극복해야 한다. 부와 권력과 안락함만을 좇다가는 결코 소명에 충실할 수 없다.

명성을 향한 갈망 역시 소명에 큰 위협이 된다. 특히 남성은 자신의 존재감을 드러내고 자아를 만족시키는 자리나 역할을 추구하거나 받아들이기 쉽다. 그러나 이는 거짓된 만족이다. 우리는 비록 세상에 드러나지 않고 알려지지 않은 채 살아가더라도 자신의 소명을 기꺼이 받아들여야 한다. 명백하든 은밀하든 인정받기 위한 프로젝트나 업무로 시간을 채우거나 직업을 선택해서는 안 된다. 그렇게 할 때 우리는 자기 소명을 알고 이루어 갈 능력을 스스로 훼손하는 것이다.

소명을 추구하는 데는 용기, 즉 자신이 되려는 용기가 필요하다. 비록 삶의 주변으로 떠밀려 온갖 위험 속에서 덜 안전하고, 덜 부유하고, 덜 유명한 삶을 살더라도 자신의 참 모습에 충실한 사람이 되겠다는 용기가 말이다. 소명을 이루는 삶이란 정체성과 소명에 충실한 삶을 선택한다는 의미다.

노년기에 접어들 무렵에는 역할, 직위, 주도권을 포기할 용기가 필요하다. 한쪽으로 밀려나면 가치 있는 인생을 더는 살 수 없다고 생각하는 사람이 많다. 하지만 우리의 존엄성과 가치를 사회적 역할, 영향력, 직위에서 찾으려고 하는 것은 잘못이다. 그런 잘못된 생각 때문에, 삶의 주도권을 포기하면 중요한 모든 것을 잃을지도 모른다는 두려움이 생겨난다. 특히 일생 전부를 투자한 일이나 회사나 조직에서 자신의 정체성을 찾으려는 사람의 경우 그런 잘못에 빠질 가능성이 매우 높다.

자신의 가치와 영향력이 쇠퇴한다는 생각이 들 때면 과감하게 집착을 버리고 새로운 역할을 받아들일 용기가 필요하다. 기존의 것을 용기 있게 포기해야만 축복과 지혜를 베푸는 새로운 삶을 살 수 있다. 두려운 마음으로 주도권을 쥐려고 하면 오히려 잃게 된다. 하지만 용기 있게 포기하면 오히려 얻게 된다.

우리는 자신이 누구인지, 그리고 무엇을 하도록 부름받았는지 분명하게 인식해야 한다. 그럴 때 뚜렷한 목적의식과 열정을 지니고 용기 있는 삶을 살 수 있다. 파커 파머는 단절된 삶보다는 통합된 삶을 살아야만 그런 삶이 가능하다고 했다.[4] 우리가 하는 일, 우리가 속한 조직, 함께 일하는 동료와 우리가 섬기는 사람들로부터 단절된 느낌을 받을 때면 자신의 참 모습에 충실히 하는 것에서부터 다시 시작해야 한다. 그런 식의 통합된 삶이 이루어져야만 진정한 마음의 평화가 가능해진다. 정체성에 부합되는 삶을 살 때 비로소 거짓되고 가식적인 삶을 극복하고 말과 행동이 일치하는 삶을 살 수 있다.

그렇게 살려면 두려움을 솔직하게 인정해야 한다. 우리를 곤혹스럽게 할 뿐 아니라 삶의 활력과 소명에 충실할 능력을 앗아가는 두려움을 솔직히 인정하고 극복할 때 비로소 통합된 삶, 즉 목적의식이 뚜렷하고 의지가 분명한 용기 있는 삶이 이루어진다.

파머가 지적한 대로, 다른 사람을 탓하며 스스로 삶을 책임지려 하지 않고 자기 연민에 빠진다면, 두려움은 물론 자기 행동의 동기를 솔직하게 인정할 수 없기 때문에 결국 자신의 참 모습과는 거리가 먼 삶을 살 수밖에 없다.

두려움에 짓눌려 살지 않으려면 솔직하게 극복해 나가야 한다. 물론 이 세상에 사는 한 두려움을 온전히 극복할 수는 없다. 하지만 하나님의 은혜로 얼마든지 이겨낼 수 있다. 물론 그러려면 두려움을 솔직히 인정해야 하고, 두려움을 이기도록 도와줄 친구가 필요하다. 그래야만 비로소 통합된 삶, 즉 우리의 존재 이유와 정확히 일치하는 삶을 살 수 있다.

하나님의 은혜와 사람들의 격려

제임스 혼(James R. Horne)은 흥미로운 연구를 통해 두 가지 특징 때문에 신비주의자(초월적 존재를 감정적으로 느끼고 경험하려는 사람)는 소명을 발견하는 데 남보다 훨씬 유리한 고지를 점한다고 지적했다. 그의 말에 따르면 신비주의자는 자기 자신에 대한 확신이 강하고, 위험이 뒤따르는 결정도 기꺼이 마다하지 않는다.[5]

소명에 충실한 삶은 참된 용기와 뚜렷한 소명 의식을 필요로 한다. 한마디로 소명에 충실하려면 소명을 받아들일 때 필연적으로 수반되는 위험을 감수할 용기가 필요하다. 자신의 참 모습을 알고 하나님이 원하시는 사람이 되겠다는 뚜렷한 목표의식에서 나오는 자신감이 있어야만 그런 용기가 가능하다. 물론 절대적 자기 인식은 불가능하다. 하지만 순전하고 용기 있는 삶을 살 수 있을 만큼의 자기 인식은 얼마든지 가능하다.

자기 자신과 자신의 마음에 정직하려면 무엇보다도 세상에서의 한계를 인정해야 한다. 우리는 모든 상황을 한눈에 간파할 수 없다. 우리는 가정에서나 일터에서 또는 학교에서나 교회에서 용기 있게 살 능력을 은근히 좀먹는 환경과 상황에 처한다. 하지만 하나님이 우리를 홀로 두시지 않는다는 데에 소망이 있다.

첫째, 하나님께서 함께하시며 우리를 성령 충만케 하신다는 사실에 용기를 얻을 수 있다. "모든 지각에 뛰어난 하나님의 평강이 그리스도 예수 안에서 너희 마음과 생각을 지키시리라"(빌 4:7)고 한 사도 바울의 말은 내면의 평화와 충만함이 있을 때 비로소 용기 있게 말하고 살고 일할 수 있다는 의미를 함축한다. 하나님 앞에 두려움을 솔직히 고백하고 그분의 위로를 구해야만 용기 있게 살 수 있다.

둘째, 우리는 서로 격려해야 한다. 바울은 낙심하지 않았다. 다시 말해 그는 위로를 받았다. 바울은 "낙심한 자들을 위로하시는 하나님이 디도의 옴으로 우리를 위로하셨으니"(고후 7:6)라고 말했는데 그는 자기보다 훨씬 어린 사람을 통해 위로를 받았다.

서로 위로하고 격려하는 사역보다 더 강력한 사역은 없다. 우리는 삶의 활력을 앗아가는 두려움을 극복하는 데 필요한 내면의 힘과 덕성과 자질을 함께 갖추어야 한다. 우리는 매일, 매시간, 매순간 필요한 용기를 격려의 말을 통해 서로에게 제공해야 한다. 서로 격려할 때 소명에 충실할 수 있고, 양심에 따라 행동할 수 있으며, 하나님께서 우리에게 "두려워하는 마음"을 주시지 않았다는 성경 말씀을 기꺼이 받아들일 수 있다.

우리는 이 길을 홀로 걸어가지 않는다. 하나님의 은혜로 위로를 받으며 서로 동행한다. 그러므로 우리는 격려를 받고, 다른 이를 격려하는 일을 반드시 중요하게 여겨야 한다. 왜냐하면 이것만큼 하나님께서 주신 소명을 이루는 능력에 결정적으로 중요한 자질은 드물기 때문이다.

09

늘 배우며 나아가는 삶

소명에 헌신하며 살아가기

우리의 은사와 기회, 잠재력을 청지기로서 온전히 감당하게 하는 다섯 가지 요소가 있다. 우리가 소명을 분별하고 이루도록 시간과 에너지를 투자해야 하는 요소다. 첫 번째는 이미 논의한 '용기'이며, 그 나머지는 다음과 같다.

- 지속적인 배움
- 어렵고 낙심할 때도 삶과 일을 감당하는 정서적 회복 탄력성
- 우리가 속한 조직들
- 특히 개인과 공동체 사이 상호작용을 포함한 일상의 리듬

이번 장에서는 늘 배우는 사람의 영향력에 초점을 맞추려 한다.

늘 배우는 사람

소명을 계발하고 항상 힘있게 소명을 이루어 나가려면 늘 배우려는 자세가 필요하다. 앞에서 말한 대로 우리가 사는 세상은 늘 변화

하기 마련이다. 변화에 적응하려면 배우는 방법을 터득하는 것이 무엇보다 중요하다. 배움은 변화에 효율적으로 대처하는 능력을 키워 준다.

일생 한 가지 직업을 갖는 것이 불가능하다는 인식이 점차 확대되고 있다. 미래학자의 말에 의하면, 서구인의 경우 일생 다섯 차례 직업이나 직장의 변화를 겪는다고 한다. 이런 흐름은 계속되어 왔으며, 앞으로는 직업의 변화가 평균 일곱 차례에 이를 거라고 지적했다. 결국 늘 배우는 자만이 생존할 수 있다는 결론에 이른다.

무엇이 "하나님의 은사를 다시 불일듯 하게"(딤후 1:6) 할 수 있을까? 그 답은 항상 배우려고 노력하는 자세에 있다. 피터 센게(Peter Senge)는 "늘 배우려는 자세로 살아가는" 사람만이 삶을 통제할 수 있다고 했다. 그는 배우는 삶을 일생 지속해 나가야 할 훈련으로 생각했다. "삶을 잘 통제하는 사람은 자신의 무지와 무능력과 부족한 점을 잘 알고 있다."[1] 메리 캐서린 베이트슨(Mary Catherine Bateson)은 "배움은 개인을 위한 새로운 활로요, 혁신은 기업체를 위한 새로운 활로다."라고 했다.[2]

우리는 배움의 과정을 단지 의무나 훈련으로 생각하기보다 자신의 참 모습을 발견하는 일환으로 간주해야 한다. 형식적인 학교 교육은 배우는 자가 되기 위한 하나의 작은 과정에 불과하다.

샤란 메리엄(Sharan Merriam)과 캐럴린 클라크(Carolyn Clark)는 인생은 일과 관계라는 두 요소로 구성된다고 지적했다. 효율적으로 일하며 참된 관계를 맺고 살아가는 능력(사랑을 주고받는 방법을 아는 능력)을 발전시켜 나갈 때 성숙한 사람으로 거듭난다. 우리는 일과 관계를 통해 정체성을 확립한다. 메리엄과 클라크는 일과 사랑의 상호관계를 통해 인간은 성장한다고 주장했다. 이런 상호관계의 열쇠는 배우는 능력에 달려 있다.[3] 일이나 관계 둘 중 하나만 실패해도 그 파장이 삶 전체로 확대된다. 일과 사랑은 서로 구별되지만, 그렇다고 해서 독립적으로 존재하지는 않는다.

우리의 일과 관계는 개인의 성장과 발전에 필요한 기회를 제공하는데, 두 가지 유형이 있다. 첫 번째는 과제 지향적이며 성취에 중점을 두는 것이다. 두 번째는 사람 지향적이며 감정과 관계에 중점을 두는 것이다. 이 두 가지를 효율적으로 잘 처리해야만 진정한 인격적 성장이 가능하다. 메리엄과 클라크는 "이 과정에서 배움이 중심 역할을 한다."고 주장했다. 배움은 일도 잘하고, 다른 사람과의 관계에도 충실한 삶을 가능하게 하는 수단이다.[4]

우리는 가족, 일, 친구를 통해 배운다. 성공과 실패, 좌절과 사랑과 격려, 복잡한 일상 생활, 각종 딜레마와 문제, 여러 가지 상황 또한 배움의 기회를 제공한다. 잘 배우면 일과 사랑의 능력이 자라나 상당한 업적을 이룰 뿐 아니라 건강한 인간관계를 맺을 수 있다. 소명에 충실한 삶(주어진 재능을 최대한 발휘하는 삶)을 살며 배우자, 가족, 친구, 이웃과 의미 있고 충만한 관계를 맺는 것이 우리 인생의 목적이다.

이들 요소를 각각 개별적으로 처리하는 능력과 일과 관계에서 비롯하는 요구를 동시에 효율적으로 처리하는 능력도 개인의 성장에 지대한 영향을 미친다. 나는 학장이자 두 아들의 아버지다. 서로 별개의 일이면서도 두 가지 일이 함께 내 삶을 구성한다. 아버지 역할을 제대로 해야만 학장 역할도 제대로 수행할 수 있다. 반대로 학장 역할을 제대로 해야만 아들들의 인격 형성에 올바른 영향을 미칠 수 있다. 내 일과 내 가족과의 관계는 서로 분리되지 않는다.

나는 에콰도르 선교사의 자녀로 성장했다. 1960년대 선교사들의 관심사 하나는 자녀를 기숙사 학교에 보내는 문제였다. 자녀를 기숙사 학교에 보내는 것이 옳다고 생각한 이유는, 자녀가 미국식 교육을 받아야 한다는 것과, 부모가 자유롭게 선교 사역에 전념할 수 있다는 점이었다.

두 가지 이유 모두 잘못이지만, 두 번째 이유가 특히 나의 관심을 끈다. 나는 처음 몇 년 동안은 기숙사 학교를 다녔다. 하지만 나중에 부모님은 선교 정책에 맞서 용기 있는 결정을 내렸다(그런 결정을 내려 주어서 얼마나 감사한지 모른다.). 두 분은 몸담고 있던 선교 단체와의 결별까지 무릅쓴 채 누이와 나를 집에서 가까운 지역 학교에 보냈다. 그런 결정을 내리게 된 이유 가운데 하나는 어머니로서의 책임과 선교사로서의 책임을 동시에 짊어져야 하며, 전자와 후자가 서로 밀접한 관계를 맺고 있다는 신념 때문이었다.

어머니는 다른 방법을 선택한 사람들을 판단하지 않겠다고 했다. 어머니가 존경하는 사람들 가운데 자녀를 기숙사 학교에 보내는 사람이 많았다. 하지만 어머니는 어린 자녀를 멀리 떨어진 곳에 보내고 사역에만 전념한다는 것이 내키지 않았다. 어머니는 자녀가 선교 사역에 방해가 된다고 생각하지 않았다. 오히려 온전한 사람으로, 즉 자녀를 둔 어머니로서 사역에 임하고자 했다. 어머니는 자녀를 둔 여성들을 가르쳤는데, 어머니로서의 삶이 선교 사역에 깊이와 의미와 가치를 더해 주었다.

일과 관계라는 두 차원을 살펴볼 때, 전반적으로 남성은 첫 번째인 일의 숙련도에 더 치중해 온 반면, 여성은 두 번째인 관계의 숙련도에 더 능숙했던 경향이 있어 보인다(적어도 서구 사회에서는). 하지만 남성도 관계의 중요성을 점점 더 인식하고 있으며, 관계가 그 자체로 목적임을 깨닫기 시작했다. 관계는 완전한 일을 이루기 위한 수단으로 희생되어서는 안 되며, 실제로 관계가 소홀해지면 우리의 일 또한 영향을 받는다. 한편 여성은 자신만의 고유한 소명이 있음을 점점 더 자각하고 있으며, 일에 대한 부르심이 개인 정체성과 성취의 필수적인 측면이라고 인식하고 있다.

우리는 일과 관계 속에서 늘 배우는 삶을 살아야 한다. 배움은 힘을 준다. 더욱더 능력 있는 삶을 살게 한다. 어려운 문제에 직면했을 때 이를 극복할 직관과 통찰을 준다. 가정, 직장, 사회에서 혹시 변화가 일어나더라도 늘 배우는 사람은 그렇지 못한 사람에 비해 위협을 덜 느낀다. 배우는 방법을 터득한 사람은 다른 사람이 한 번도 시도하지 못한 일에 과감히 뛰어들 용기가 있다. 또한 배우는 삶을 살면 가족, 친구, 교인, 동료와 참된 관계를 맺는 능력이 자란다.

실제로 결국에는 지성보다 배움이 더 중요하다. 우리 모두는 지능지수가 다르며, 분명 그중에는 더 똑똑한 이도 있다. 그러나 지성이 배움과 결합되지 않으면 그 가치는 거의 없다. 배우는 사람은 항상 더 멀리 나아가고, 더 많은 일을 하며, 더 큰 변화를 만든다. 지혜로운 여성과 남성은 언제나 묻는다. "이 상황에서 나는 무엇을 배울 수 있는가? 이 새로운 변화나 기회에 대응하기 위해 무엇을 배워야 하는가?"

피터 드러커(Peter Drucker)는 배움과 자기 계발에 늘 관심을 기울여야 한다고 했다. 일과 경력을 염두에 두고 한 말이지만 관계에도 똑같이 적용할 수 있다. 그는 "이미 잘하는 일을 더 잘하는 것"이 첫째이고, 변화 즉 새로운 기회와 책임에 능동적으로 대처하는 새로운 능력을 길러 나가는 것이 둘째라고 했다.[5]

이미 자신의 분야에서 상당한 능력을 발휘하고 있다 해도 새로운 배움을 통해 끊임없이 향상되기를 도모해야 한다. 직업이 교사인 경우에는 현재 일을 효율적으로 수행하고 있다 해도 가르치는 능력을 좀 더 기르기 위해 노력해야 한다. 교육에 대한 새로운 접근법을 시도해 보거나, 자신의 교수법을 다양한 상황에 적응시키는 능력을 길러야 한다. 아울러 새로운 상황이나 기회에 대처하는 새로운 기술을 개발할 수도 있으며, 새로운 언어나 컴퓨터 프로그램 등을 배울 수도 있다. 새로운 기술을 습득할수록 더욱더 성숙한 태도로 주어진 소명과 참된 관계를 이루어 나갈 수 있다.

배우는 과정을 자신의 소명과 관계를 표현하고 성취하는 데 있어 성숙해지는 과정으로 생각하라.

배우는 방식

사람에 따라 배우는 방식에 차이가 있다. 공교육을 좋아하는 사람도 있고 그렇지 않은 사람도 있다. 책에서 지식을 얻는 사람도 있지만, 관찰을 통해 지식을 얻는 사람도 있다. 그 밖에도 다른 사람과의 관계나 대화를 통해 지식을 얻는 이들도 있다.

여러 가지 학습 방식을 살펴보고 각자에게 맞는 학습 방식을 선택하는 것이 바람직하다. 하지만 특별한 방식을 통해서만 가장 잘 배울 수 있는 일도 있다. 그러니 각각을 면밀히 살펴본 후에 학습 방식을 정해야만 효과를 극대화할 수 있다.

그러기 위해서는 두 가지를 인식해야 한다. 첫째, 우리는 자신에게 맞는 학습 방식을 확인하고 이를 적극 활용하는 것이 현명하다. 둘째, 각기 다른 학습 모델이나 스타일에도 주의를 기울여야 한다. 중요한 어떤 것들은 특정한 접근 방식이나 스타일을 통해서만 배울 수 있기 때문이다.

학습 방식을 논하는 다양한 분석과 이론이 있지만, 대략적으로 네 가지 정도로 간추려 정리할 수 있다.

- 개인적인 인식 능력을 통해, 즉 강의와 책 읽기를 통해 배우기 좋아하는 사람이 있다. 이는 지적 이해력에 학습의 강조점을 둔 방식으로, 학습자가 거기서 배운 내용에서 원리와 의미를 도출해 삶에 적용하기를 기대하는 학습 방식이다.

- 관계를 통해 배우기 좋아하는 사람이 있다. 이는 대화를 위주로 한 소그룹 모임을 통해 배우는 방식을 말한다. 이 경우는 다른 사람과의 관계를 통해 학습 효과가 발생한다. 서로가 지혜, 통찰, 새로운 관점, 학습 경험을 공유함으로써 새로운 지식을 얻는다.
- 행동을 통해 배우기 좋아하는 사람이 있다. 이 방식은 대개 가르치는 사람의 도움이 필요한 경우가 많다. 하지만 가르치는 사람의 도움이 있든 없든 이 방식을 좋아하는 사람은 시행착오를 통해 효과적인 것과 아닌 것을 구별하며 지식을 습득한다.
- 관찰을 통해 배우기 좋아하는 사람이 있다. 이들은 당면한 문제나 전수되는 기술에 직접 관여하지 않고, 현장 밖에서 안전거리를 유지한 채 관찰하며 필요한 지식이나 기술을 습득한다.

이 네 가지 학습 방식을 좀 더 자세히 살펴보면 다음과 같다.

첫째, 책, 도서관, 강의실을 좋아하는 사람은 그런 식의 학습이 주로 이루어지는 학교 체제를 통해 배우기를 좋아한다. 하지만 어떤 사람은 이 학습 방식을 곤혹스러워한다. 덜 똑똑하거나 지적 능력이 부족해서라기보다는 그런 학습 방식이 맞지 않기 때문이다.

모든 사람이 이 학습 방식을 선호하는 것은 아니다. 하지만 배움의 과정에는 반드시 그와 같은 교육이 포함되어야 한다. 오직 이 방식을 통해서만 배울 수 있는 일들이 존재하기 때문이다. 예를 들어 독서와 강의 청취는 특정 지식이나 정보를 습득하는 가장 좋은 방법이다. 특히 교사나 저자의 지혜를 전수받을 기회가 된다. 신학자 칼 바르트(Karl Barth)의 사상과 가르침을 알고 싶으면 그의 책을 읽어야 한다. 아울러 깊이 생각하며 읽으려면 한적한 장소에서 노트에 필기를 하며 다른 사람의 사상과 비교하는 작업도 필요하다. 주의 깊은 강의 청취와 사려 깊은 독서는 배우는 과정과 실천에서 없어서는 안 될 중요한 수단이다.

둘째, 어떤 사람은 대화를 통해 배우기를 좋아한다. 그들은 유능하고 지혜로운 교사의 강의를 듣거나 책을 읽기보다 깊이 있는 대화를 통해 학습 효과를 얻는다. 그들의 대화는 주로 배움의 단계가 비슷한 동료 집단 사이에서 이루어질 때가 많다. 사교성이 풍부한 학습자는 다른 사람과 더불어 배우기를 좋아한다. 말하자면 그들은 다른 견해나 경험을 가진 사람과 정보와 지식을 주고받으며 진리를 발견한다. 우리는 다른 사람들 즉 가족, 친구, 동료와의 대화를 통해 세상의 이치를 터득한다. 대화는 중요한 학습 방식 가운데 하나다.

나는 교수법의 일환으로 소그룹 토론을 활용한다. 학생 가운데는 그 방식에 특별한 매력을 느끼는 이들이 있다. 그들은 토론 시간이 되면 열심히 참여한다. 대화를 독점하려 들지 않고 자유롭게 깨달은 바를 주고받으며 서로의 관점을 공유한다. 하지만 개중에는 토론 시간 없이 강의를 계속했으면 하는 학생도 있다. 그들은 교수의 강의를 듣기 위해 등록금을 냈는데 왜 다른 학생과 토론을 해야 하는지 의아하게 생각한다. 그들은 지식 수준이 비슷한 동료 학생과 대화를 나누는 것이 무슨 유익이 있겠느냐는 표정으로 눈동자만 굴린다.

하지만 대화는 가장 중요한 학습 방식 가운데 하나다. 다른 관점을 지닌 사람의 말을 듣고 평가하는 능력은 매우 중요하다. 더욱이 대화는 서로의 관점을 더욱 예리하게 다듬어 주고, 사고를 더 분명하게 발전시킬 기회를 제공할 뿐 아니라, 배운 대로 실천할 능력을 길러 준다. 지적 활동에 비중을 둔 첫 번째 학습 방식은 대개 개인적 차원에 머물 때가 많다. 그 방식은 이론으로만 배우고 실천은 없는 결과를 만들어 낼 공산이 크다. 하지만 관계를 통한 학습 방식은 공동체적 특성을 지니며 서로의 책임 의식을 증대시켜 준다. 구성원은 "여기에서 배우고 발견한 원리대로 살아가겠는가? 함께 발견한 원리를 실천에 옮길 것인가?"와 같은 질문을 통해 서로를 독려한다.

어떤 일은 그룹 활동을 통해 가장 잘 배울 수 있다. 함께 일하는 사람은 함께 배울 필요가 있다. 각각 따로 책을 읽고 깨달은 바를 일터에 적용하기보다, 함께 배우는 것이 효과적일 때가 있다. 대화를 통해 함께 배워 나갈 때 더불어 일하는 능력이 보다 커진다.

셋째, 세상에는 책과 강의 또는 대화를 통해 배울 수 없는 일, 즉 행동을 통해서만 배울 수 있는 중요한 일들이 있다. 어떤 이는 이 방식을 선호하지만, 그렇지 않더라도 우리는 모두 이 방식을 존중해야 한다. 왜냐하면 중요한 많은 것이 오직 이 방식을 통해서만 배울 수 있기 때문이다.

예를 들어 자동차 운전은 강의나 대화만으로는 배울 수 없다. 운전은 직접 해보아야 배울 수 있다. 수동 기어를 사용하는 자동차의 경우는 더욱 그렇다. 아무리 훌륭한 강의를 듣는다 해도 클러치에 대한 느낌은 직접적인 행동을 통해서만 터득할 수 있다. 기도에도 똑같은 원리가 적용된다. 기도는 직접 해보아야 배울 수 있다. 강의를 통해서 기도하는 법을 배울 수 있고, 그룹 토론을 통해서도 기도를 논할 수 있지만, 깊이 있는 기도(그리스도의 임재를 느끼며 깊은 대화를 나누는 기도)를 배우려면 직접 해보아야 한다.

물론 운전하는 법이나 기도하는 법을 배우는 데는 훌륭한 강사나 멘토의 도움이 필요하다. 하지만 이 경우 가르치는 사람은 단순히 말로만 가르치지 않고 배우는 사람의 학습 과정에 적극적으로 동참해 직접 모든 상황을 설명하는 것이 보통이다. 두 경우 모두 시행착오를 통한 학습이 이루어진다. 다시 말해 한두 차례씩 성공을 거듭하면서 점차 완전히 숙달된 상태로 나아가게 된다. 악기나 운동 기술을 익히는 것도 이 경우에 해당한다.

넷째, 관찰을 통해 가장 큰 학습 효과를 얻는 사람이 있다. 그들은 대개 눈앞의 일을 예의주시하여 그대로 모방하는 능력이 탁월하다. 이들은 다른 사람이 하는 것을 보고 직접 실행해 봄으로써 필요한 지식을 터득한다. 다시 말해 누군가가 하는 방법을 보여 주면 그대로 따라한다.

이 방식을 특별히 선호하지 않더라도 관찰을 통한 학습 능력을 계발한다면 지식을 얻는 데 많은 도움이 될 것이다. 나는 훌륭한 스승의 강의뿐만 아니라 학급 운영 방식과 학생을 대하는 태도를 관찰하며 가르치는 방법을 배웠다. 운동선수도 톱클래스에 속한 선수를 관찰하며 많은 것을 배운다. 그런데 관찰을 통한 학습 방식은 관찰 능력을 길러야만 효과를 거둘 수 있다. 관찰 능력은 새로운 것, 다른 것, 의미 있는 것에 깊은 관심과 주의를 기울일 때 자란다.

아울러 관찰 방식은 사람들, 특히 자신과 다른 사람을 아는 데 상당한 도움을 준다. 여행을 통해 많은 것을 배울 수 있는 이유가 바로 여기에 있다. 여행은 다양한 인종과 인간의 경험을 보고 배울 기회가 된다. 여행자와 관광객은 엄연히 다르다. 여행자는 다른 나라 사람들 사이에 거하며 함께 어울린다. 관광객은 원하든지 원치 않든지 주위 사람의 관심을 끌기 마련이지만, 여행자는 관심의 대상이 되기를 피하고 의도적으로 한쪽 편에 물러선다. 이 때문에 관광객보다 훨씬 더 많이 배울 수 있다.

이 밖에도 몸담고 일하는 조직에 대한 지식도 관찰을 통해 이루어진다. 즉, 조직의 특성, 문화, 일 처리 방식, 정신적 풍토 등을 관찰하면 조직에 대한 많은 지식을 얻을 수 있다.

지금까지 네 가지 학습 방식을 소개했다. 이를 활용할 때는 두 가지를 기억해야 한다.

첫째, 자신에게 맞는 학습 방식을 골랐으면 이런저런 눈치 볼 필요 없이 부지런히 활용하면 된다. 도서관을 통해 배우는 방식이 좋으면 기꺼이 그렇게 하라. 대화를 통해 배우는 방식을 좋아하는 사람은 굳이 도서관을 찾을 필요 없이 대화를 통해 지식을 습득할 수 있다. 그렇다고 학습 능력이 떨어지는 것은 아니다.

한편 어떤 학습 방식을 선호하느냐는 자아에 대한 지식과도 밀접한 관련이 있다. 어떤 방식으로 지식을 얻는지, 과거에 새로운 상황이 전개되었을 때 어떤 식으로 반응했는지, 어떻게 새로운 기술을 습득했고 어떻게 새로운 기회에 반응했는지를 관찰하면 자기 자신을 알 수 있다. 아울러 어떤 변화에 효과적으로 적응했을 때와 그러지 못했을 때를 생각해 보라. 특히 자신이 좋아하는 학습 방식이 무엇인지, 어떤 학습 상황에서 가장 큰 즐거움을 느꼈는지 생각해 보라. 자신이 가장 좋아하는 학습 방식이 이루어져야만 최대의 효과를 거둘 수 있다. 고달팠던 학습 상황, 즉 언제 배움이 지겹게 느껴졌는지 솔직하게 생각해 보라. 물론 자신에게 맞지 않는 학습 방식을 굳이 회피할 필요는 없다. 그러나 그 방식을 통해서는 쉽게 지식을 얻을 수 없다는 사실을 알고 있으면 여러 면에서 유익하다.

둘째, 각각의 학습 방식을 통해 학습 능력을 키워야 한다. 네 가지 학습 방식 중 단 한 가지 방식만을 통해서만 배울 수 있는 지식이 있기 때문이다. 따라서 많은 지혜를 갖춘 성숙한 사람이 되어 주어진 소명을 충실히 이행하려면 네 가지 학습 방식 모두를 통해 배우는 능력을 길러야 한다.

학습과 인내

배움은 시간을 요한다. 진정한 배움은 인내의 열매다. 플루트를 연주하는 방법을 하루아침에 터득하기란 불가능하다. 플루트는 행동을 통해 습득된다. 오랜 연습과 인고의 세월을 견뎌 내야만 비로소 연주법을 터득할 수 있다. 다른 학습 방식도 마찬가지다. 아동심리학 대가들은 수많은 시간을 어린아이를 관찰하는 일에 할애한다. 그 분야를 짧은 시간 내에 정복할 길은 없다. 하늘을 관찰하는 기술과 능력을 완전히 갖춘 사람만이 비로소 새로운 소행성을 발견할 수 있다. 그들이 하늘에 나타난 새로운 현상을 발견할 수 있었던 것은 오랜 인내 덕분이다.

네 가지 학습 방식은 모두 시간과 인내가 필요하다. 인스턴트 교육이나 학습은 있을 수 없다.

평가와 복습

각 학습 방식은 적절한 평가와 복습이 이루어질 때 효과가 배가된다. 일, 업적, 노력 등을 비판적으로 평가할 때 학습 효과는 크게 증대된다. 안타깝게도 많은 사람이 평가를 싫어한다. 다른 사람들의 평가를 두려워할 뿐 아니라, 수정을 하라거나 어떤 부분을 좀 더 향상시키라는 비판을 받으면 금방 기가 죽는다. 하지만 어떤 일을 완전히 습득하려면 사람들의 관찰과 평가를 통해 배워야 한다.

우리는 한 분야를 정복한 대가들을 통해 배울 수 있다. 예를 들어 플루트를 시작한 학생은 플루트의 대가로부터 기술을 전수받을 수 있다. 또한 동료의 조언을 통해 배울 수 있으며, 우리가 섬기는 사람을 통해서도 많은 것을 배울 수 있다. 우리의 교수법이나 서비스를 제공하는 방법에 대한 그들의 평가를 통해 배움이 이루어진다. 좋은 회사는 정기적으로 고객의 의견을 묻고 더 나은 서비스를 제공하기 위해 노력한다.

아첨은 백해무익하다. 잠언은 우리의 교만을 부추기는 사람을 경계하라고 말한다. 아첨은 거짓에 지나지 않는다. 정당하게 인정받는 일은 필요하지만 공허한 칭찬은 아무짝에도 쓸모가 없다. 비판을 개선의 발판으로 삼고 자만심을 부풀리는 헛된 칭찬에 넘어가지 않아야만 배움과 성장이 가능하다. 우리는 비판이나 칭찬에 흔들리지 말고 더 나은 발전을 향해 나가야 한다.

아울러 네 가지 학습 방식을 생각할 때는 다음 질문을 염두에 두어야 한다. "어디에서, 어떻게 배움의 과정을 시작할 수 있을까? 어떤 학습 방식이 소명을 이루고자 하는 이 시점에서 가장 큰 유익이 될까?"

형식적인 교육 기관 즉 학위를 주는 학교 기관에서 교육을 받아야 할 사람들이 있다. 하지만 모든 사람에게 다 그런 교육이 필요한 것은 아니다. 다른 학습 방식이 지니는 가치와 그것이 장기적인 소명 계발에 미치는 영향을 과소평가한 채 형식적인 학교 교육만을 지나치게 강조하는 것은 옳지 않다.

중년에 접어들어 비로소 소명을 발견한 사람 가운데 학교 공부를 다시 시작하거나 다른 형태의 학습 과정을 거쳐야 한다고 느끼는 이들이 많다. 학습 과정을 선택할 때는 반드시 필요성을 느낄 때만 그렇게 해야 한다. 단순히 학위를 얻기 위해서나 이미 필요한 지식을 모두 습득했다는 사실을 입증해 줄 '확인서'를 교육 기관으로부터 교부받기 위해 학교 교육을 시작하는 중년층이 많은데, 그런 태도는 모두의 시간을 낭비하는 결과를 초래할 뿐이다. 특히 학생의 경우 낭비가 더 크다. 학교 교육을 시작하려면 그 과정을 통해 배울 것이 있을 때만 그렇게 하는 것이 좋다.

아울러 우리는 "무엇이 소명에 충실한 삶을 살아갈 능력을 길러 줄까?"를 생각해야 한다. 예를 들어 어떤 사람이 물리학 박사 학위를 취득했지만 아직 효과적으로 가르치는 법을 터득하지 못했다고 하자. 그런 경우에는 교수법에 관한 책을 읽거나, 세미나에 참석하거나, 누군가에게 자신의 강의를 듣고 조언해 달라는 식으로 교수법을 발전시켜 나갈 수 있다. 그러려면 자신에게 익숙한 물리학부 밖에서 도움을 찾으려는 노력이 필요하다. 무엇보다도 훌륭한 교수법을 터득하겠다는 의지가 중요하다. 당신이 영업에 재능이 있을지라도, 만약 창업을 결심한다면 기본적인 회계 지식을 배워야 한다.

멘토

훌륭한 멘토를 통해 많은 도움을 받을 수 있다. 내가 기도하는 법을 알지 못했을 때의 일이다. 당시 나는 기도하는 법을 배우기로 결심하고 알렉스 아로니스(Alex Aronis) 박사를 찾아가 도움을 요청했다. 그는 많은 것을 가르쳐 준 뒤에 토머스 그린(Thomas H. Green) 신부를 찾아가 보라고 제안했다. 두 사람의 자상한 지도 덕분에 기도에 대해 많은 지식을 얻을 수 있었다. 그들은 기도 자체나 기도의 현상에 대해서가 아니라 나 자신의 기도에 초점을 맞춰 내 기도가 어떤 식으로 향상되어 가고 있는지 자상하게 지도해 주었다. 그들은 나의 멘토이자 스승이었다.

이 밖에도 나는 처음 목회를 시작했을 때 책을 통해서는 물론, 당시 담임목사였던 로널드 언루(Ronald Unruh) 목사와 한 달에 한 번 대화 시간을 가지며 목회 방법을 배웠다. 그는 내게 큰 축복이었다. 그는 대화 때마다 격려를 아끼지 않았으며, 내 질문에 성실하게 대답해 주었다.

신학교 교육도 내게 큰 도움이 되었다. 물론 개중에는 목회 현장을 떠나서는 배우기 어려운 일들이 더러 있었다. 최근에 신학교가 아무 도움이 되지 않는다고 비판하는 목소리가 여기저기에서 터져 나오고 있다. 심지어는 신학교에서 배우지 못한 것을 나열한 책도 심심치 않게 등장한다. 하지만 이는 신학교 교육에 대한 정당한 평가라고 할 수 없다. 신학교 교육을 통해서만 배울 수 있는 것이 있고, 목회 현장에서만 배울 수 있는 것이 있다.

내 경험에 비추어보더라도 설교의 경우에는 신학교에서 배운 것보다 직접 설교를 해보며 배운 것이 많다. 하지만 내가 목회 현장에서 직접 설교 방법을 배울 수 있었던 데에는 신학교에서 배운 설교학 지식이 큰 도움이 되었다. 현장 경험을 통해 배우는 능력과 형식적인 교육 과정을 통해 배우는 능력 둘 다 필요하다.

현장에서 터득하는 지식은 주로 다른 사람 즉 교사, 멘토, 영적 리더 등을 통해 이루어지는 것이 보통이다. 그런 사람을 만나는 것은 축복이다. 사람들이 배움을 통해 소명에 충실한 사람으로 성장할 수 있다는 확신 아래 늘 소망을 주고 격려를 아끼지 않는 사람만이 훌륭한 멘토가 될 수 있다. 그리고 배우려는 열정을 가지고 지혜를 간절히 구하는 사람만이 멘토를 통해 필요한 지식을 배울 수 있다. 안타깝게도 자신의 부족함을 인정하지 않고 스스로를 과신하는 이가 적지 않다. 그들은 멘토를 통해 배우는 기쁨을 결코 알 수 없다.

배움과 지혜

우리는 여러 가지 기술을 배운다. 또한 관계를 맺는 능력을 습득하고, 이론과 역사를 배운다. 우리가 배울 수 있는 일과 배우는 방법을 말로 요약하는 일은 그리 어렵지 않다. 하지만 우리의 학습을 하나로 통합하는 구심점, 즉 뚜렷한 목적의식을 갖게 함으로써 우리가 배움을 통해 성장하게 하는 근본 원리가 무엇인지 알아야 한다.

모든 학습을 하나로 통합하고 학습의 목적을 뚜렷하게 하는 구심점은 바로 지혜다. 지식과 학습이 지혜를 통해 하나로 통합되어 이해력과 기술이 향상되고 인격이 성장함으로써 일과 관계에서 성숙한 사람으로 거듭나는 것이 우리의 바람이다. 소명에 충실하려면 무엇보다 지혜가 필요하다. 잠언 저자는 이렇게 말했다.

"지혜를 얻으며 명철을 얻으라 내 입의 말을 잊지 말며 어기지 말라 지혜를 버리지 말라 그가 너를 보호하리라 그를 사랑하라 그가 너를 지키리라 지혜가 제일이니 지혜를 얻으라 네가 얻은 모든 것을 가지고 명철을 얻을지니라"(잠 4:5-7).

우리가 얼마나 큰 성공을 이루었고, 얼마나 많은 업적을 이루었으며, 우리가 얼마나 중요한 존재이고 무슨 역할을 했는지 관심을 기울이는 사람은 아무도 없다. 나이가 들수록 얼마나 많은 지혜를 쌓느냐가 중요하다.

지혜를 추구하면 자연히 모든 학습 활동이 하나로 통합되며 배움의 목적이 분명해진다. 지혜로운 사람은 일이나 관계에서 모두 성숙한 태도를 보인다. 지혜는 삶의 깊이를 더한다. 즉 지혜는 우리가 원하는 것이 지식이나 정보가 아니라 우리를 성숙한 인격으로 거듭나게 하는 능력이라는 확신을 일깨운다. 지혜는 추상적인 이론이나 원리를 터득하는 것이 아니라, 새로운 변화와 도전 및 주변 상황에 현명하고 용기 있게 대처해 나갈 능력 및 좌절과 실망을 딛고 일어날 수 있는 성숙한 감정을 유지하는 능력을 갖추는 것이다. 다시 잠언 저자의 말을 들어보자.

"대저 여호와는 지혜를 주시며 지식과 명철을 그 입에서 내심이며 그는 정직한 자를 위하여 완전한 지혜를 예비하시며 행실이 온전한 자에게 방패가 되시나니 대저 그는 정의의 길을 보호하시며 그의 성도들의 길을 보전하려 하심이니라 그런즉 네가 공의와 정의와 정직 곧 모든 선한 길을 깨달을 것이라 곧 지혜가 네 마음에 들어가며 지식이 네 영혼을 즐겁게 할 것이요 근신이 너를 지키며 명철이 너를 보호하여"(잠 2:6-11).

지혜는 뚜렷한 목적의식 아래 성실하고 균형 있는 태도로 일과 관계를 유지해 나가는 능력을 제공한다. 또한 우리가 나이를 먹게 된다는 사실과 삶의 과도기에 담긴 의미(예를 들어 노년기는 삶에 새로운 가능성과 한계를 준다.)를 포용하게 한다.

지혜로워지려면 지난날의 경험에 깊은 관심을 기울여야 한다. 지혜로운 사람은 항상 과거의 경험을 바탕으로 현재를 바라본다. 지혜를 추구하다 보면 이해력이 깊어져 자기중심적이거나 피상적인 태도에서 벗어나 깊은 확신과 뚜렷한 목적의식을 갖춘 사람으로 성장할 수 있다.

한편 지혜를 추구하는 것은 실질적인 결과를 가져온다. 지혜로운 사람은 변화를 갈망하기 때문이다. 지혜는 무익한 이론에 치우치지 않도록 도와준다. 더욱이 생각과 마음을 하나로 통합한다. 지혜로운 사람은 전인적 인격 성장에 도움을 줄 뿐 아니라 진리 안에서 살아갈 능력을 제공하는 지식에 관심을 기울인다. 결국 지혜로운 사람이 되기 위해서는 전인적으로 생각하고 행동하는 법을 배워야 한다.

지혜, 학습, 경험

지혜를 얻는 핵심 수단 가운데 하나는 진리나 지식을 발견하고 이해하고 적용하는 능력이다. 그 외에 또 다른 수단은 과거에 대한 성찰이다. 이미 6장에서 살펴본 바와 같이 과거에 대한 성찰은 소명을 생각하는 삶을 가능하게 하는 중요한 방법이자 배움의 수단이다. 지혜로운 사람은, 일과 관계에서 성장과 발전이 이루어지려면 삶 자체를 배움의 과정으로 삼는 능력, 즉 살아온 경험을 바탕으로 다른 사람과 자신의 삶을 성찰하는 능력이 필요하다는 사실을 잘 안다. 루이스(C. S. Lewis)는 이 점을 다음과 같이 설명했다.

> 경험은 매우 정직하다. 살다 보면 얼마든지 잘못된 길로 치우칠 수 있다. 하지만 항상 눈을 크게 뜨고 주의를 기울이면 고집스럽게 나아가다가 경고 표지판을 만나는 일은 없을 것이다. 우리는 자신을 속일 수 있을지 모르나, 경험은 우리를 속이지 않는다. 공정한 확인을 거친다면, 어디서나 검증할 수 있는 보편적 사실이다.[6]

경험을 통한 학습이 가능하려면 두 가지 능력이 필요하다. 하나는 우리의 안팎에서 이루어지는 일을 관찰하는 능력이고, 다른 하나는 경험을 통해 배운 바를 새로운 상황에 적용하는 능력이다. 우리는 항상 배운다. 배움은 늘 현재 진행형이다. 삶의 모든 부분에서 배움이 이루어진다. 새로운 상황이 전개될 때마다 항상 적응과 실험과 조정과 변화가 필요하다. 교육은 일과 삶을 위한 준비 단계가 아니라 일과 삶 그 자체의 문제다. 삶이 곧 배움이다. 과거의 경험을 토대로 새로운 상황을 이해하고 거기에 대처해 나갈 때 지혜로운 사람으로 거듭날 수 있다. 새로운 상황에 적응하고 이미 잘하는 일을 더욱 잘하려면 과거의 경험을 통해 배우는 수밖에 없다.

 핵심은 이것이다. 절대 안주하지 말라. 절대 배움에 지치지 말라. 배움을 중단하는 순간 일이나 관계에서 성장을 기대하기는 어렵다. 늘 배우고자 할 때 지혜로운 사람이 될 수 있다. 아울러 배움은 인격의 성장을 가져온다. 우리는 배움을 통해 기술을 습득하고, 자신의 참 모습과 잠재력을 발견하며, 삶의 관점을 좀 더 포괄적이고 전체적으로 발전시킬 수 있다. 우리는 매일 모든 것을 통해 배울 수 있다. 저마다의 생활 방식, 병원에서 의사의 진단을 기다리는 사람의 반응, 버스 안에서 마주치는 사람과의 대화, 신문을 통한 정보 습득 등이 모두 지식을 가져다준다.

 경험을 통해 배운다는 것은 일상에서 어떤 일을 경험할 때마다 바로 간단한 교훈이나 도덕적 원리를 추론하는 것, 삶을 지나치게 단순화하는 태도와는 거리가 멀다. 때로 어떤 경험이나 관찰은 오랜 세월이 지난 후 다른 일들을 경험하고 관찰하며 새로운 상황에 지혜와 용기로 대처하는 과정에서 갑자기 그 의미가 실감나게 다가오는 경우가 있다. 경험을 통해 배운다는 것은 삶과 사람과 상황과 우리 자신의 반응과 태도에 늘 깊은 주의를 기울이는 것이다.

배움이 깊어질수록 우리의 마음과 생각도 크게 확장된다. 우리는 배움을 통해 깊고 넓은 영혼의 소유자로 성장한다. 예를 들어 내가 기도하는 법을 처음 배우기 시작했을 때 내 삶에서 이루어지는 하나님의 사역을 새로운 관점에서 이해하는 능력이 조금씩 자라났다. 새로운 언어를 배우면 새로운 세상을 알 수 있다. 새로운 언어는 삶과 사람과 관계를 새로운 각도에서 바라보게 한다. 어린아이든 성인이든 글을 깨우치는 순간 삶이 획기적으로 변화하듯이 말이다.

메리 캐서린 베이트슨은 이렇게 말했다.

> 배움을 통해 삶의 경험을 풍부하게 하려면 아마도 소비를 통해 즐거움을 얻으려는 삶의 태도를 중단할 수 있을 것이다. 언젠가는 잎사귀의 문양과 절벽의 단층을 관찰하는 기쁨이 새 카펫이나 성능이 더 좋은 자동차를 구입하는 즐거움을 대체하게 될 것이다. 일터에서도 조직의 능력을 끌어올리거나 구매력을 향상시키는 일보다 배움의 기회를 더욱 가치 있게 생각하게 될 것이며, 늑대를 퇴치하는 방법을 개발하기보다 그들의 행동 유형을 연구하는 데 더 많은 관심을 기울이게 될 것이다.[7]

하지만 베이트슨이 암시하는 대로 지식을 힘의 수단이 아니라 기쁨의 수단으로 삼아야만 그런 결과가 가능하다. 단지 무엇을 성취할 목적으로 지식을 습득하려는 태도는 잘못이다. 관찰이 재미있고, 마음과 생각이 넓어지고 지혜를 얻는 일이 즐거운 나머지 자연스럽게 학습이 이루어져야 한다. 그러므로 우리는 배움에 대한 사랑을 키워야 한다. 이는 먼저 자신이 선호하는 학습 방식을 인식하는 데서 시작하지만, 동시에 익숙한 방식과 환경을 넘어서서 학습의 폭을 넓혀야 한다. 더 나아가, 배움에 대한 우리의 능력과 열망은 변화에 대한 두려움을 극복하게 한다. 배우는 자가 되려면 상황이나 환경의 변화에 두려움 없이 대처해 나가야 한다.

우리는 배움을 통해 개인적 성장과 변화를 도모할 수 있다. 소명을 발견하고 계발해 나가는 능력은 배우는 능력에 정비례한다.

10

소명과 함께 짊어지는 십자가

그 여정의 어려움과 정서적 성숙

인생에는 어려움과 좌절과 실망이 있기 마련이다. 어떤 사람은 배척을 받기도 하고, 어떤 사람은 불행을 겪기도 한다. 설명하기 어려운 고통을 당하는 사람도 있다. 고난과 고통이 없는 사람은 아무도 없다. 고통은 인생의 일부다. 세상은 냉혹하고 정붙일 곳이 마땅치 않다. 하나님은 선하시지만, 인생은 불공평하다. 소명을 교회 밖에서 이루어 나가든지 교회 안에서 이루어 나가든지 공평하지 않기는 마찬가지다. 누구나 세상에 몸담고 있는 한 여러 가지 고난과 고통을 겪으며 살아가기 마련이다.

두 가지를 강조하고 싶다.

첫째는, 어려움이 닥치더라도 놀랄 필요가 없다는 점이다. 어려움이 닥쳤다고 해서 망연자실하거나 포기해서는 안 된다. 어려움이 닥쳤을 때 크게 놀라는 사람들은 아마도 부모에게 인생은 불공평하다는 말을 듣지 못하고 자랐을 가능성이 높다. 서구권 사람은 대체로 안락한 삶을 누리기 때문에 작은 어려움에도 놀랄 소지가 많다. 우리는 늘 형편이 좋아야 한다고 생각한다. 하지만 그런 생각은 환상에 지나지 않는다. 세상에는 매일 만성적인 어려움에 시달리며 살고 있는 사람이 이루 헤아릴 수 없이 많다.

둘째는, 고난이 소명을 이루는 삶에 어떤 의미가 있는지 깊이 생각할 수 있어야 한다는 점이다. 앞으로 살펴보겠지만 어려움, 좌절, 배척, 실망, 고난 등에 어떤 식으로 반응하느냐에 따라 소명에 충실하게 살 수 있을지 여부가 달려 있다. 고난 앞에서 올바른 태도를 취하면 마음이 유연해지고 감정도 성숙해진다.

고난의 의미

고통과 고난을 다루는 신학이 필요하다. 그것이 없이는 불가피한 좌절과 실망 앞에서 올바른 정신으로 살아갈 수 없다. 우리의 경험에 일치할 뿐 아니라 성경에 근거를 둔 고난의 신학이 필요하다. 이와 관련해 도움이 될 만한 성경 본문 세 곳을 살펴보자.

첫째는, 로마서 8장 17절 이하의 내용이다. 사도 바울은 그리스도 안에서 사는 삶은 어려움과 좌절과 실망을 수반한다고 말한다. 그리스도인이 되는 데에는 그런 경험이 필수적이다. 그리스도와 함께 후사가 되려면 그분과 더불어 고난을 받아야 한다. 성경은 그리스도인의 삶이 비그리스도인의 삶보다 더 쉽다고 말하지 않는다.

하지만 그리스도인은 다른 사람들과 같은 고난을 당해도 한 가지 뚜렷한 차이가 있다. 곧 그리스도인은 고난 중에도 소망이 있다. 이것이 바로 그리스도인의 근본적인 특징이다. 믿음은 고난이 닥쳤을 때 그것을 새로운 관점에서 바라보게 한다.

바울은 로마서 8장 19-25절에서 해산하는 여인에 빗대어 현실을 설명한다. 그는 온 세상이 산고와 같은 고통을 겪고 있다고 했다. 우리의 고통은 타락한 세상이 겪고 있는 고통의 일부인 것이다. 하지만 산고와 해산의 비유에는 고난을 바라보는 새로운 관점이 내포되어 있다. 아무 생각 없이 산고를 겪는 여인도 있을 수 있지만, 자신의 고통을 깊이 이해하고 아이의 탄생을 기대하며 기꺼이 고통을 감내하는 여인도 있을 것이다. 우리는 고통과 어려움이 닥치더라도 절망할 필요가 없다. 오직 하나님의 섭리 안에서 고난을 이해하고 궁극적으로 모든 것이 잘되리라는 소망을 품으면 된다.

둘째는, 고린도후서 4-6장이다. 사도 바울은 어려움을 겪을 때 비로소 다른 사람에게 은혜와 생명을 전할 수 있다고 말한다. 우리는 보배가 담긴 "질그릇"과 같은 존재다. 그리고 자신의 연약함 속에서 그는 이 세상의 고통을 경험하는 놀라운 여러 방식을 설명하며, "우리가 항상 예수의 죽음을 몸에 짊어"진다고 표현한다(고후 4:10). 이어서 이 생각을 바탕으로, 비록 자신 안에 죽음이 역사하지만, 자신이 섬기는 이들 안에는 생명이 역사하고 있다고 결론짓는다(12절).

다시 말해, 깨어진 세상과 사회, 교회 안에서 하나님의 변화를 이루는 능력은, 죽음 한가운데서 생명이 되는 능력, 낙심하는 세상 속에서 소망의 사람이 되는 능력을 통해서 나온다.

바울은 자신의 연약함을 자랑했다. 그것을 통해 하나님의 영광이 나타났기 때문이다. 그의 말은 단지 보통사람처럼 나약하게 살아가겠다는 의미가 아니다. 고린도후서 12장에 비추어볼 때 바울이 말한

"연약함"은 복음 사역에 수반되는 고난과 좌절을 뜻하는 것이 분명하다. 바울은 자신의 고난이 다른 사람에게 하나님의 생명과 은혜가 전달되는 통로가 되었다고 확신했다.

셋째는, 로마서 5장이다. 바울은 고난과 좌절과 절망을 겪어야만 능력 있는 신자로 거듭날 수 있다고 강조했다. 우리는 그런 일이 일어나지 않았으면 하지만 피할 수 없다. 고난 때문에 상처를 입은 사람이 많다. 그들은 고난으로 인해 생기를 잃고 인생을 한탄할 뿐 아니라 현실의 냉혹함을 깨닫는다. 하지만 고난은 인격을 단련하고 성숙하게 한다. 바울이 말한 대로 "환난은 인내를, 인내는 연단을, 연단은 소망을" 이룬다(롬 5:3-4).

모든 것은 우리의 반응에 달려 있다. 고난과 고통은 우리를 파괴하기도 하고, 반대로 성숙한 사람으로 거듭나게 하기도 한다. 고난 때문에 증오와 원한을 품고 냉소적으로 변할 수도 있고, 인내를 통해 더욱 아름다운 사람으로 변화해 어둠과 절망으로 가득한 이 세상에서 빛과 같은 존재가 될 수도 있다.

성숙한 사람으로 거듭나 소명에 충실한 삶을 사느냐 아니냐는 어렵고 힘든 시기를 극복하는 능력에 달렸다. 우리는 일이나 관계에서 발생하는 어려움을 통해 자신의 참 모습을 발견하고 성숙한 믿음을 가질 수 있다. 고난은 진정 중요한 것이 무엇인지 알게 하고, 삶의 우선순위를 분명히 깨닫게 하며, 어려운 중에도 사랑을 주고받을 수 있는 인간으로 성장하게 한다.

선택은 늘 우리의 몫이다. 캐나다인인 나는 선교사 부모 밑에서 태어나 인생의 절반을 해외에서 보냈다. 그러고 나서 모두가 자신을 희생양이라고 생각하는 캐나다의 문화와 사회를 접하니 충격이 상당히 컸다. 존 랠스턴 솔(John Ralston Saul)은 이 '희생자 심리'를 캐나다의 죄 또는 성향으로 묘사했다. 그는 지역 정치 운동을 예로 들어 캐나다의 한 지역이 다른 지역이나 연방 정부에 의해 희생되고 있다는 생각을 부추기는 세태를 설명했다. 그는 그런 식의 정치 운동은 국민에게 비전을 심어 줄 수 없다고 강조했다. 그런 위험하고 어리석은 풍토를 개탄하며 "우리 모두는 이따금 희생자가 되곤 한다. 그것은 부인할 수 없는 사실이다. 하지만 그렇다고 해서 자신을 항상 희생양으로 생각하는 것이 과연 바람직할까?"라고 반문했다.[1]

로버트 오벤(Robert Orben)은 "나는 이따금 온 세계가 나를 적대시하는 듯한 느낌을 받곤 하지만 마음 깊은 곳에서는 그것이 사실이 아니라는 점을 잘 알고 있다. 개중에는 적개심이 전혀 없는 나라도 더러 있다."는 말로 희생자 심리를 은근히 비꼬았다.

자기 연민에 사로잡혀 순교자 콤플렉스를 극복하지 못하고 지난날의 상처로 원한을 품은 채 냉소적으로 살아갈 때, 즉 온화한 마음씨와 강한 인내심, 깊은 동정심과 명랑한 태도로 세상을 살아가는 능력을 상실할 때 우리는 희생자로 전락하고 만다. 희생자 심리는 삶의 활력을 앗아간다.

빅터 프랭클(Viktor Frankl)은 고난은 자기 안에 매몰된 삶을 초월해 진정으로 "타인을 위한 삶"을 살아갈 여부를 가늠하는 시금석이라고 일깨웠다. 고난은 프랭클의 삶에 의미와 목적을 부여했다.[2] 그는 자신의 경험을 토대로 인간의 가치는 고난 속에서 빛을 발한다는 사실을 깨달았다. 삶은 의미와 가치가 있다. 하지만 삶의 의미와 가치는 우리를 둘러싸는 악과 그로 인한 고난을 이겨 내려는 우리의 의지를 통해 발견되고 소유되고 유지된다.

어려움, 좌절, 절망에 긍정적으로 대응하는 법을 배우는 것이 무엇보다 중요하다. 하나님은 선하시지만 인생은 불공평하다는 단순한 현실을 기꺼이 인정하며 살아가겠다는 생각이 중요하다. 자신을 희생자로 전락시킬지, 아니면 어려움과 고난을 은혜를 전하는 수단으로 삼을 것인지 둘 중 하나를 선택해야 한다.

사회 비평가 스테퍼니 골든(Stephanie Golden)은 요즘 유행하는 자기 계발 프로그램 가운데 상당수가 가해자나 학대의 경험에 지나치게 많은 비중을 둠으로써 오히려 희생자의 피해 의식을 더욱 부채질한다고 정확히 꼬집었다. 불행히도 그런 식의 방법론은 지난날의 학대를 극복할 수 없게 한다. 골든의 주장은 그런 경우 학대를 받았다는 이유 때문에 스스로를 특별하게 생각하는 아이러니한 현상이 발생한다는 견해에 근거한다. 학대받은 경험이 있는 사람에게 희생자라는 생각을 지나치게 강조할 경우, 오히려 자신의 결함과 실패를 보지 못하게 막기 쉽다. 골든은 이렇게 말했다.

> 스스로를 희생자로 생각하는 사람은 자신이 옳다는 생각과 증오심에 사로잡혀 자신의 고통을 지나치게 과장하는 면이 있다. 사실 그런 심리 상태를 갖기는 매우 쉽다. 무력감을 느

낄 때는 희생을 미덕으로 생각하는 태도만이 다른 사람의 동정심을 이끌어 내고 스스로 자부심을 느끼는 유일한 길이기 때문이다. 이처럼 자신이 의롭고 특별하다는 느낌은 희생자의 역할을 매력적으로 보이게 한다.[3]

골든은 희생자 역할이 너무 매력적인 까닭에 심지어는 짐짓 희생자인 것처럼 위장해 "긍지와 자부심을 느끼는" 사람도 있다고 지적한다.[4]

물론 깊은 상처와 돌이킬 수 없는 손실을 겪은 사람의 경험을 과소평가하려는 의도는 전혀 없다. 다만 항상 희생자로 머물러서는 안 된다고 강조할 뿐이다. 문제는 우리의 반응이다. 즉 자기 안에 매몰되어 자기 연민과 분노에 사로잡혀 사느냐, 아니면 자신의 고난을 다른 사람에게 은혜를 전할 수단으로 삼느냐 하는 문제다. 고난을 당했느냐 당하지 않았느냐는 그리 중요하지 않다. 사실 고난은 불가피한 현실이다. 푸대접을 받을 때도 적지 않고, 고맙다는 말을 듣지 못할 때도 많고, 마땅히 인정받아야 하지만 인정받지 못할 때도 있다. 또 우리보다 자격이 뒤떨어진 사람이 높은 직책을 차지하는 경우도 있다. 올바른 판단력의 부재로 능력이 제대로 평가받지 못할 때도 있고, 오해받고, 무시당하고, 그릇된 비판을 받는 경우도 있다. 문제는 우리의 반응이다.

자기 연민이나 순교자 콤플렉스에 사로잡히는 것도 위험하지만, 원한과 냉소주의에 치우치는 것은 더욱 위험하다. 그보다는 내게 빚진 사람이 아무도 없으며 하나님이 나를 인정하고 복 주신다는 생각으로 살아가는 편이 훨씬 낫다. 그래야만 고난에 긍정적으로 반응할 수 있다.

긍정적인 반응

고난과 고통에 긍정적으로 반응하려면 어떻게 해야 할까?

과거와의 화해와 용서

삶을 긍정적으로 이끌어 나가려면 과거와의 화해, 즉 지난날에 겪은 고통을 말끔히 씻어 버리려는 태도가 필요하다. 곧 용서가 필요하다.

먼저 부모를 용서해야 한다. 지나치게 학대하는 부모도 별로 없지만 완전한 부모도 없다. 세상에 이상적인 부모는 존재하지 않는다. 우리는 용서하는 마음으로 어머니나 아버지에 대한 분노를 말끔히 씻어 버려야 한다.

부모에게 깊은 상처를 받으며 자란 사람도 있고, 태어나는 순간 버림받아 부모 얼굴도 보지 못한 사람도 있고, 육체적으로나 감정적으로 학대받고 자란 사람도 있을 것이다. 어떤 부모는 무지 때문에 자녀에게 마땅히 주어야 할 것을 주지 못한 경우도 있다. 물론 그들은 나름대로 최선을 다했을 것이다. 하지만 아무리 최선을 다해도 늘 부족한 면이 있기 마련이다. 아내와 나도 지난날을 돌이켜보면 후회스러울 때가 많다. 하지만 이미 엎질러진 물이다. 아이의 의식에서 지난날의 상처와 고통이 없는 일이 되지 않는다.

부모를 용서하지 않으면 평생 분노에 사로잡혀 살 수밖에 없다. 부모를 용서하는 일은 삶에서 가장 중요한 행동이자 교훈이다. 우리는 어린 시절 부모와의 관계에서 빚어진 잘못된 일을 용서하고, 당시 있었던 좋은 일, 즉 하나님께 속한 일을 찾아 감사해야 한다.

한편 부모를 용서하는 것만으로는 어린 시절의 상처를 모두 극복할 수 없다. 한 걸음 더 나아가 부모가 상징했던 모든 것, 즉 어린 시절 우리의 인격 형성에 영향을 미쳤던 영적, 문화적, 사회적 유산을 극복해야 한다. 그 가운데는 종교상, 교파상의 유산도 포함된다. 과거의 근본주의 관점이 왜곡된 사상과 편견을 강요했다고 분노할 수도 있겠지만 그것은 우리의 뿌리다. 뿌리를 잘라낼 수는 없는 노릇이다. 인생과 진리를 폭넓게 인식해 나가면서 과거와의 화해를 시도해야 한다.

과거에 대한 향수에 젖어 사는 사람도 있고, 과거의 것을 쓰레기처럼 생각하고 사는 사람도 있다. 후자의 경우에는 나쁜 것은 물론 좋은 것까지 함께 내버릴 가능성이 높다. 좋은 것은 받아들이고 나쁜 것은 단호하면서도 온화하게 거부해야만 어떤 소명을 이루든지 오래가는 가치를 창출할 수 있다. 과거와 현재의 좋은 것들을 잘 분별해 감사히 받아들이는 능력이 필요하다. 그런 분별력이 있어야만 과거의 유산을 긍정적으로 발전시켜 나갈 수 있다.

그 밖에 다른 사람에 대한 용서도 필요하다. 살다 보면 사람들 때문에 상처를 입는 경우가 있기 마련이다. 가족과 동료 혹은 상사에게 애매한 고통을 당할 수 있다. 제대로 대접받지 못하는 것도 억울한 노릇인데 부당한 취급을 받기까지 한다. 우리를 이용하려는 사람도 있고, 험담과 중상 모략으로 평판을 깎아 내리려는 사람도 있다. 하지만 소명에 충실한 삶을 살려면 원한과 분노를 털어내야 한다.

예를 들어 억울한 마음을 품은 채 회사를 옮기는 경우, 늘 분노에 차 있기 때문에 일과 생활을 잘 이끌어갈 능력이 저하된다. 물론 분노를 적당히 억누른 채 한동안은 즐겁게 지낼 수도 있다. 하지만 과거의 분노를 처리하지 않으면 예기치 않은 순간에 표출되어 자기 삶의 번영과 행복에 찬물을 끼얹을 공산이 크다. 과거의 분노를 청산하지 못한 증거 가운데 하나는 다른 사람의 잘못에 과도하게 흥분하는 태도다. 비록 상대방이 잘못을 했어도 과도하게 분노를 표출한다면 이는 깊이 숨겨진 과거의 분노의 지배를 받기 때문이다.

아울러 과거를 용서하려면 자기 자신을 용서해야 한다. 과거의 일을 돌이켜보며 후회하는 경우가 많다. 공부를 중단한 것을 후회하거나, 지난날의 어리석은 행동 때문에 오늘날 비참하게 살고 있다고 한탄할 수도 있다. 또한 자녀들, 친구들, 돌아가신 부모, 직장 동료에게 최선을 다하지 못했던 것을 후회할 수도 있다.

자신을 용서하는 능력이 필요하다. 후회를 안고 사는 삶은 아무 유익이 없다. 자신을 용서해야 한다. 과거의 경험과 과거에 행한 일에서 교훈을 얻으라. 그런 다음 새로운 기회와 순간을 기꺼이 받아들이며 전진하라. 후회는 자기 연민을 낳을 뿐이다. 자기 연민은 자기중심과 자기만족에 불과하다. 어렵고 힘들겠지만 과거로부터 완전한 해방을 얻기까지 인내해야 한다.

한계와 손실을 인정하는 태도

고난에 긍정적으로 반응하려면 용서뿐 아니라 손실과 한계를 인정하는 태도가 필요하다. 사춘기에서 성년기, 성년기에서 중년기, 중년기에서 노년기로 접어드는 인생의 과도기를 잘 극복하려면 자신의 한계를 기꺼이 인정해야 한다. 인생의 과도기에 따라 한계를 의식하는 방법도 달라진다. 파커 파머는 이렇게 말했다.

> 우리는 각자 하나님이 주신 본성을 타고났다. 우리의 본성에는 한계와 잠재력이 동시에 있다. 우리는 잠재력은 물론 한계를 통해 하나님이 허락하신 자신의 본성을 알 수 있다. … 하고 싶은 일을 다 할 수도 없고, 되고 싶은 사람이 다 될 수도 없다. 창조된 본성 즉 하나님이 주신 본성을 통해 나는 생태계를 구성하는 작은 유기체와 같은 존재가 된다. 그 체계 안에 존재하는 역할과 관계에는 내가 번성하는 경우도 있고 말라 비틀어져 죽을 수밖에 없는 경우도 있다.[5]

하지만 한계는 종종 고통을 안겨 준다. 이력서를 제출했지만 거절당할 때도 있고, 일이나 직책에 어울리는 능력을 갖추지 못했다는 이유로 해고되는 경우도 있다. 때로는 소망을 이루지 못해 고통스럽기도 하고, 간절히 하고 싶은 일이 있었지만 결국 능력이 미치지 못한다는 사실을 깨닫고 좌절할 때도 있다.

하지만 곰곰이 생각해 보면 좌절된 꿈이 과시욕에서 비롯했다는 사실을 깨달을 수 있다. 우리의 꿈과 열망은 현실과 동떨어질 때가 많다. 그런 꿈을 이루지 못했다고 해서 스스로를 실패자로 생각해서는 안 된다. 단지 이룰 수 없는 일을 이루지 못했을 뿐이기 때문이다. 우리는 그런 경험을 통해 자신의 한계를 체험한다.

어떤 사람은 인생 초기에 자신의 한계를 발견한다. 하지만 중년이 되어서야 하고 싶은 일을 다 할 수는 없다는 사실을 비로소 깨닫는 사람이 훨씬 더 많다. 아이를 갖고 싶었지만 현대 의학으로는 불가능하다는 사실, 백만장자나 박사가 되고 싶었지만 그럴 수 없다는 사실을 뒤늦게 깨닫는 경우가 적지 않다. 어떤 소망이나 열망이든 그것이 좌절되는 순간 우리는 자신의 한계를 경험한다.

어떤 사람은 육체적 한계에 부딪히기도 한다. 예를 들면 프로 운동선수가 되는 데 필요한 자질을 갖추지 못한 경우나 심각한 사고로 평생 휠체어 신세를 져야 하는 경우다.

우리가 부딪히는 한계가 무엇이든 그것을 기꺼이 인정하고 받아들이지 않으면 즐겁게 살아갈 수 없다. 파머는 "하나의 문이 닫히면 새로운 세계가 문을 열고 우리를 기다린다. 닫힌 문을 두드리지 말고 우리 앞에 놓인 광대한 삶을 바라봐야 한다."고 했다.[6] 소명에 충실한 삶을 기쁘게 살아가는 방법은 비록 고통스럽더라도 한계를 인정하고 없는 것을 한탄하기보다 앞에 놓인 기회를 받아들이는 것이다. 파머의 말을 다시 빌리자면 "새로운 세계가 문을 열고 우리를 기다린다."

이는 우리가 하나님의 섭리하심을 전제할 때에 의미가 있다. 하나님은 만사를 섭리하시며 모두를 돌보신다. 하나님이 악을 허용하신다는 사실을 받아들이면서도 얼마든지 그분의 사랑과 섭리와 인도하심을 확신하며 살아갈 수 있다.

더 나아가, 우리의 확신은 하나님의 은혜가 죄보다 크며, 하나님께서 항상 은혜로운 능력으로 악에서 선을 이루시는 분이라는 확신에 기반한다. 또한 하나님의 시간표는 결코 우리의 시간과 같지 않으며, 하나님은 자신의 목적을 이루기 위해 일하신다는 사실을 기억하는 것이 중요하다. 하나님의 섭리에 대한 우리의 확신은 오직 하나님만이 하실 수 있는 일을 그분의 때에 맡기고 신뢰하도록 우리를 자유롭게 한다.

나는 정치범으로 20년 이상 옥살이를 해야 했던 넬슨 만델라의 이야기를 종종 떠올리곤 한다. 그는 독방에 감금될 때가 많았다. 그야말로 분노와 좌절과 원한을 품을 만한 상황이었다. 하지만 감옥에 처음 들어갔을 때보다 석방되었을 때 그의 눈빛에는 더 많은 활력이 감돌았다. 그는 어쩔 수 없는 자신의 한계를 한탄하지 않고 오히려 담담히 받아들였다. 그리고 언젠가 상황이 변화될 것을 믿고 기다리면서 주어진 상황 속에서 최선을 다해 자신을 발견하고자 노력했다.

소명에 수반되는 고난을 감내하는 태도

첫째, 우리는 과거에 대해 결단을 내린다. 둘째, 우리 삶과 환경의 한계와 제한, 그리고 그것이 가져온 상실을 은혜롭게 받아들인다. 그러나 우리는 여기서 멈추지 않고 더 나아가야 한다.

소명에 충실한 삶을 살려면 소명에 수반되는 고난과 어려움을 감내해야 한다. 예수님을 보자. 그분은 분명한 소명 의식을 가지고 공생애를 시작하셨으며(막 1장), 사역을 마치시면서 성부 하나님이 요구하신 사명을 모두 이루었다고 말씀하셨다(요 17장). 예수님이 십자가를 받아들이지 않으셨다면 그분의 사역은 결코 완성될 수 없었다. 더욱이 예수님은 제자들에게도 십자가를 지고 자기를 따라오라고 말씀하셨다.

우리는 예수님을 따라가되 십자가까지 따라가야 한다. 우리는 십자가를 져야 한다. 모든 소명에는 어떤 형태로든 십자가가 뒤따른다. 타락한 세상에서 소명을 이루려면 반드시 고난이 수반되기 마련이다.

특별한 목적을 이루는 데는 반드시 어려움이 뒤따른다. 최고의 운동선수가 되려면 엄격한 훈련과 연습을 통해 고된 땀을 흘려야 한다. 훌륭한 음악가나 운동선수가 될 수 있는 재능을 가지고 있으면서도 그렇게 되지 못하는 사람이 많다. 그 이유는 대가(아무도 인정하거나 칭찬하지 않는 상황에서도 땀을 흘리며 훈련과 연습을 반복하는 노력)를 치르려고 하지 않기 때문이다. 이런 점에서는 어떤 목적을 이루는 데 필요한 노력이 십자가가 될 수 있다.

어떤 역할이나 책임을 떠맡는 일이 십자가가 되는 경우도 있다. 예를 들어 사람들에게 도움이 되는 일을 할 때마다 칭찬이나 인정받기를 원하는 사람은 행정 업무를 맡기에 부적합하다. 행정 업무는 자녀 양육이나 가사를 돌보는 경우처럼 대부분 남의 인정을 받지도 못하고 고맙다는 소리를 듣지도 못한 채 일을 처리할 때가 많다. 그 점을 감당할 수 없거든 행정 업무를 맡지 않는 편이 낫다.

요즘 세상은 실용성을 강조하기 때문에 예술가가 각광을 받기는 그리 쉽지 않다. 또한 사업가는 시장의 상황과 소비자의 성향이 바뀔 때마다 고민해야 한다.

교사의 경우에는 가르치는 내용을 학생이 이해한다고 하면서도 정작 요점을 파악하지 못하거나, 실제로 이해했다고 해도 가르침에 고마움을 느끼지도 않고 배운 대로 살아가지도 못하는 모습을 볼 때 고충을 느낄 수 있다. 예수님도 "주여 아버지를 우리에게 보여 주옵소서 그리하면 족하겠나이다"(요 14:8)라고 말하는 빌립의 모습에서 그와 같은 고충을 느끼셨을 것이다. 하지만 학생들이 이해력이 부족하거나 감사하지 않는다고 해서 불성실하게 가르칠 수는 없는 노릇이다. 오히려 그것을 훌륭한 교육에 수반되는 어려움이나 부담으로 알고 인내해야 한다.

의사의 경우에는 많은 생명을 구하기도 하지만 그렇지 못할 때도 있다. 어떤 때는 확실하게 살릴 수 있으리라 생각했던 환자가 죽는 경우도 있다. 정치인의 경우에는 선거구민을 모두 만족시킬 수 없다. 한때 자신을 지지했던 지지층이 어느 순간 등을 돌릴지 모른다.

이 밖에도 소명에 수반되는 고충이 아니라 특정한 시간에 특별한 소명을 이루고자 노력하는 독특한 상황 때문에 발생하는 어려움이 십자가가 될 때도 있다. 예를 들면 소명을 알고는 있지만 생계유지를 위해 일을 해야 하는 탓에 소명을 이행하는 데 제약을 받는 경우나, 행정가와 작가 또는 교사와 가정주부의 역할을 동시에 해야 하는 경우다. 후자의 경우에는 일과 생활의 두 측면이 서로 경쟁 관계를 유지하며 갈등을 조장한다. 앞에서 말한 대로 그 두 측면은 사실 서로를 보완하고 발전시키는 경우가 많다. 어쨌든 어떤 일이나 소명이든 항상 어려움이 뒤따르기 마련이다.

삶과 일에 수반되는 어려움은 두 가지 이유에서 중요한 의미가 있다. 첫째, 어려움을 통해 하나님의 도우심을 구하고 그분을 의지하게 된다. 삶의 고충은 하나님의 은혜를 경험하게 하는 수단이다. 소명에 뒤따르는 십자가를 인식하는 순간 하나님의 풍성한 은혜를 더욱더 의지하게 된다. 히브리서 저자는 예수님이 "그 앞에 있는 기쁨을 위하여 십자가를 참으사"라고 했다(히 12:2). 십자가는 그분의 소명을 이루고 즐거움을 얻는 데 필요한 수단이었다. 이런 점에서 십자가는 한계가 아니라 하나님이 주신 소명을 기쁨으로 행하게 하는 은혜의 수단이다. 우리는 살며 일하며 소명을 이루어 나가는 데 수반되는 십자가를 기꺼이 받아들여야 한다.

둘째, 어려움을 통해 다른 사람에게 은혜와 생명을 전할 수 있다. 약할 때 즉 '사망이 우리 안에서 역사할 때' 우리는 다른 사람에게 생명이 된다(참조. 고후 4:12).

비록 사람들이 우리의 어려움에 관심을 보이며 동정하지 않는다고 해서 자기 연민에 빠져서는 곤란하다. 그럴 경우에는 우리의 십자가가 은혜의 수단이 될 수 없다. 조용히 온유한 마음으로 인내하며 복종해야만 십자가가 비로소 은혜의 수단이 된다. 그것은 약함이 아니라 강함이다. 그래야만 진실한 삶을 살며 다른 사람에게 생명을 전할 수 있다.

모든 고난의 원인을 마귀의 공격이나 방해 공작으로 잘못 생각하는 사람이 많다. 선교회보를 읽거나 어떤 사업에 대한 보고를 들을 때면 그들이 겪는 어려움이 모두 마귀의 직접적인 역사에서 비롯하는 것처럼 믿는 듯한 인상을 받을 때가 있다.

원칙적으로는 가능한 이야기지만, 우리가 겪는 어려움은 대부분 우리가 이 세상에 살기 때문이거나 소명을 이행하는 과정에서 하나님이 때로 고난을 허락하시기 때문이다.

모든 어려움을 마귀의 탓으로 돌리는 것은 그에게 과도한 권리를 쥐어 주는 것이다. 그런 사고방식을 가지면 하나님이 고난이라는 십자가를 수단으로 삼아 우리와 다른 사람에게 은혜를 베푸신다는 사실을 이해할 수 없다.

실패와 좌절을 긍정적으로 받아들이는 태도

실패와 좌절을 처리하는 법을 배워야만 어려움을 당당히 극복할 수 있다. 소명에 충실한 삶을 살려면 실패와 좌절과 배척에 부딪히더라도 유연한 태도와 긍정적인 자세를 견지해야 한다.

심각한 건강 문제나 가정 문제에 부딪히면 자기 연민에 사로잡히기 쉽다. 하지만 소명을 이루는 데 필요한 삶의 활력과 기쁨을 앗아가는 데 자기 연민만큼 나쁜 영향을 미치는 것은 없다. 어려움과 고난을 겪는 와중에서도 소망을 잃지 않고 늘 감사하며 굳건한 믿음을 지켜나가야만 성공적인 인생을 살 수 있다. 자신의 실패나 다른 사람의 행위를 통해 빚어진 절망과 좌절을 극복할 능력을 기르지 않으면 원망과 분노와 독선에 사로잡혀 살아갈 수밖에 없다.

때로는 이룰 수 없는 이상을 품은 탓에 스스로를 실패자로 여기는 경우도 있다. 원하는 사람이 되지 못했다는 이유로 스스로 자괴감에 빠져든다. 이때의 고통은 우리의 상처받은 자아에서 비롯한다. 하지만 그런 고통도 아픔을 주기는 마찬가지다.

성공에 대한 그릇된 개념 때문에 고통을 겪는 경우도 있다. 우리는 우리의 일과 현재 상황과 관계에 만족하기보다 영웅이 되어 모든 일을 해결하기를 꿈꾼다. 그래서 자신의 한계를 인정하지 못하고 고민한다. 모든 것을 다 할 수 없다는 사실, 조직 안에서 발생하는 일을 다 책임지지 못하고 고작 주어진 일과 상황만을 처리해야 하는 현실 아래 고민할 때가 많다. 때로 다른 사람들이 잘하는 바람에 우리의 잠재력은 제대로 발휘하지 못하는 경우도 있다. 하지만 이런 현실을 기꺼이 인정하는 것이 지혜로운 태도다.

물론 완벽한 실패를 경험하는 경우도 있다. 과거를 돌이켜보면 조금만 더 생각했다면 피할 수 있었던 실패의 경험이 생각날 때가 있다. 그 같은 상황에서는 내가 어떤 일에 소질이 없다는 사실이나 최소한 그때 당시에는 주어진 일을 훌륭하게 처리할 능력이 없었다는 사실을 겸허하게 인정해야 한다.

설교자로서 좋은 설교를 하지 못했거나, 발명가로서 잘못된 발명품을 만들어 자산이나 후원금을 날렸거나, 자동차 수리공으로서 차량 수리를 잘못하는 바람에 고객에게 시정 요구를 받는 경우는 어떤 변명도 통하지 않는 명백한 실패다. 그런 경우는 어떤 논리나 변명으로도 무마할 수 없다.

하지만 소명에 충실한 삶을 살려면 실패조차 담담히 끌어안고 묵묵히 전진해야 한다. 굳이 자신을 옹호할 필요도 없고, 변명거리를 애써 생각해 낼 필요도 없다. 자신이 완전하지 않다는 사실을 인정하고 실패를 통해 배우도록 하자. 실패를 인정한다고 해서 하찮은 사람으로 전락하는 것은 아니다. 우리는 믿음, 소망, 사랑으로 전진할 수 있다.

실패를 인정하는 태도는 매우 중요하다. 실패를 인정하지 않으면 사태는 더욱 악화된다. 더욱이 우리는 실패의 의미를 종종 과장하고는 한다. 실패를 깨끗이 잊어버리고 새롭게 출발해야 하는데도 수렁에 빠져 허우적거리는 경우가 적지 않다. 실패를 딛고 일어서면 생각보다 앞으로 할 일이 더 많이 남아 있다는 사실을 깨닫게 된다. 실패를 교훈 삼아 전진하다 보면 고통스러웠던 기억이 점차 희미해질 것이다.

고난과 출세 지상주의

십자가와 고난에 관한 이 모든 논의에 암묵적으로 내포된 한 가지가 있다면, 바로 소명에는 고난이 따른다는 사실을 분명히 밝혀야 한다는 점이다. 이는 소명에 대한 성찰이 단순한 직업주의와 갈라지는 중요한 지점 중 하나이다. 경력을 쌓는 일에만 관심을 기울이는 경우 소명에 충실할 수 없을 뿐 아니라 고난의 의미조차 제대로 이해할 수 없다. 출세 지상주의에 사로잡히면 일과 인생이 신분 상승 과정에 불과하다는 생각에서 벗어나기 어렵다. 바꾸어 말해 오늘 주어진 일을 하는 것은 단지 내일의 성공과 출세를 위한 것이라는 단편적인 생각에 매이기 쉽다.

하지만 살다 보면 종종 재산이나 직업을 잃거나 심한 좌절을 겪곤 한다. 훌륭한 목회자로 성장할 수 있는 사람이 중도에서 교인들의 압력을 견디지 못하고 물러나는 경우도 있고, 선교 훈련을 받고 사역에 임한 선교사가 극도의 어려움과 반대에 부딪히는 바람에 이 모두가 아무 의미 없다고 판단하는 경우도 있다. 또 사업가가 큰 손실을 경험하기도 하고, 재능 있는 정치가가 선거에 패배하기도 한다.

그러나 소명을 생각하는 삶은, 고난이 장애가 아닌 성장을 위한 진통이라는 사실을 기꺼이 받아들이는 삶이다. 고난을 성장을 위한 진통으로 받아들여야만 소명에 충실한 삶을 살 수 있다.

정서적 성장과 회복력

장기적으로 소명을 계발해 나가려면 고난과 어려움을 잘 처리하는 능력이 필요하다. 좌절과 실패와 손실을 잘 극복해 내야만 일평생 소명에 충실하게 살 수 있다. 고난의 원인이 우리의 잘못이든지 다른 사람의 잘못이든지 상관없다. 문제는 어려움을 감내할 능력이 있느냐 없느냐에 달려 있다.

무엇보다도 유연한 태도와 성숙한 감정이 필요하다. 문제는 어려움 자체가 아니라 우리의 마음 상태, 즉 인생의 우여곡절을 감정적으로 잘 헤쳐나가는 마음이다. 기쁠 때나 슬플 때나 마음이 한결같아야 소명에 충실한 삶이 가능해진다. 성숙한 태도란 곧 감정적 유연성을 지니는 것이다. 감정이 성숙하지 않으면 항상 사춘기 단계에 머물러 있을 수밖에 없다. 더욱이 감정적으로 성숙해야만 소명에 충실한 삶을 살 수 있다. 감정적으로 성숙한 사람은 살아가면서 반드시 겪을 수밖에 없는 온갖 좌절과 실망과 변화와 도전을 힘있게 극복해 나갈 수 있다.

사람들은 흔히 소명에 충실히 살도록 주어진 잠재력을 최대한 발휘하려면 특출난 한 가지 자질이 필요하다고 말한다. 즉, 인격이 가장 중요하다고 말하거나, 배우는 능력이 가장 중요하다고 말하는 사람도 있다. 또 고난을 담담히 받아들이는 능력이나 조직에 잘 적응해서 일하는 능력을 강조하는 사람도 있다. 하지만 소명에 충실한 삶을 결정 짓는 가장 중요한 요인은 바로 성숙한 감정이다.

성숙한 감정은 개인 생활과 일의 뼈대를 이루는 모든 요소를 하나로 통합하는 역할을 한다. 유연한 태도와 성숙한 감정이 없으면 일상적인 삶은 물론 소명에 충실한 삶을 살아가기 어렵다. 지능, 재능, 노력, 헌신, 기회가 모두 허사로 돌아가고 낭비될 수 있다. 성숙한 감정은 우리의 소명이 성장하는 데 가장 결정적인 요소일 것이다.

나는 감정을 이차적인 것이나 부수적인 것으로 폄하하는 문화권에서 성장했다. 감정이 풍부한 사람은 의심의 대상이었다. 이성적이고 지성적인 사람만이 깊이와 신뢰성을 갖춘 사람으로 인정되고, 감정적인 사람들은 가볍고 신뢰할 수 없는 사람으로 치부되었다. 그 가운데는 성차별도 단단히 한몫을 차지했다. 여성은 감정이 더 풍부하다는 이유로 남성에 비해 능력, 신뢰성, 합리성이 뒤떨어진다고 평가되었다.

하지만 나는 성경을 통해 그 같은 문화적 잣대가 잘못이라는 사실을 깨달았다. 성경은 감정에 많은 비중을 둔다. 예를 들어 예수님의 사역은 기쁜 감정을 강조한다. 예수님은 우리의 기쁨을 충만하게 하기 위해 오셨다고 말씀하셨다(요 15:11). 바울의 서신에도 감정을 강조하는 내용이 많다. 그는 "모든 지각에 뛰어난 하나님의 평강이 그리스도 예수 안에서 너희 마음과 생각을 지키시리라"(빌 4:7)고 말했다. 하지만 무엇보다도 감정을 가장 강조하는 성경은 시편일 것이다. 시편에는 깊은 열정에서 솟아 나오는 많은 기도가 있다.

깊이 있는 사람이란 자신의 마음, 즉 존재의 핵심에서부터 사는 법을 터득한 사람이다. 깊이 있는 사람은 하나님과 창조 세계와 이웃을 진실한 마음으로 대하는 능력을 갖추고 있다. 그리스도인이 되라는 소명에 충실한 삶, 즉 하나님과 이웃을 사랑하며 믿음으로 사는 삶을 살려면 마음을 깊이 성찰하는 태도가 필요하다.

대개 나약하고 성숙하지 못한 사람을 보면, 감정은 풍부하지만 상황에 따라 적절하게 감정을 표현할 능력을 지니지 못한 경우가 많다. 그런 사람의 감정은 변덕스럽다. 그들은 작은 불편에 버럭 화를 내기도 하고, 아무런 이유 없이 두려워하며 사람들과 원만한 관계를 맺지 못하고 즐거워해야 할 때 즐거워하지 못한다. 성숙한 감정을 지닌 사람만이 인생의 슬픔과 기쁨에 적절히 대응할 수 있고, 살면서 반드시 겪게 되는 위기를 능히 극복할 수 있다.

내 경험으로 미루어볼 때 감정이 미성숙한 사람은 갑자기 위기 상황이나 문제가 발생하면 갈피를 잡지 못하고 허둥댄다. 하지만 비단 그런 사람만이 아니라 우리 모두도 상황에 맞게 적절히 감정을 표현할 줄 아는 성숙한 사람이 되어야 한다.

건강한 감정

건강한 감정은 어떤 것일까? 유연한 태도와 성숙한 감정이 있어야만 지혜와 믿음 안에서 성장할 수 있고 소명에 충실한 삶을 살 수 있다. 그러면 그런 감정은 어떤 특징을 갖고 있을까?

1. 자신의 감정 상태를 잘 알고 있다. 그는 어리석은 감정에 사로잡혀 결단을 미루지 않고 안정된 감정 상태를 바탕으로 중요한 결정을 내린다. 자신의 감정 상태를 적절히 통제하는 사람은 걱정에 사로잡혀 의기소침하거나 분노에 사로잡혀 허둥대지 않는다. 감정에 지배되기보다 오히려 감정을 통제한다.
2. 좌절과 실망에 굴하지 않고 가치 있는 목표를 향해 자신의 열정을 쏟아붓는다. 그는 당장에 만족스런 결과가 나타나지 않아도 기꺼이 감내한다.
3. 다른 사람의 감정을 이해할 줄 안다. 그는 다른 사람과의 관계에서 비롯하는 감정적 문제를 잘 처리할 수 있다. 그는 자신의 감정만 중요시하다가 다른 사람의 감정을 나 몰라라 하지 않는다. 인내심과 친절한 태도를 잃지 않으며, 다른 사람의 감정을 격동시키게 되더라도 필요한 말은 지혜로운 방법으로 솔직하게 전한다. 다른 사람이 분노해도 함께 노하지 않고 다른 사람의 반응을 겁내지 않는다. 다른 사람들이 분노하더라도 할 말이 있을 때면 당당히 말하고, 다른 사람이 슬퍼할지라도 전해야 할 소식이 있으면 주저하지 않는다. 그런 태도를 몰인정하다고 생각하면 잘못이다. 전혀 그렇지 않다. 다른 사람의 감정을 존중하면서도 그들의 감정적 반응을 두려워하지 않고 할 말을 솔직하게 하는 태도는 감정이 건강하다는 증거다. 아울러 건강한 감정의 소유자는 조직이나 그룹 내에서 다른 사람의 감정을 존중하는 법과 공동체로 살아가는 법을 잘 안다.

4. 헌신을 향한 열정이든 분노든 실망스런 감정이든 자신의 감정을 솔직하게 표현한다. 때로는 하나님이, 때로는 배우자나 자녀, 때로는 동료나 친구가 대상이 될 수 있다. 적절한 감정 표현은 전혀 문제가 되지 않는다. 예를 들어 부당한 일을 당했을 경우에는 분노해야 한다. 하지만 그 와중에서도 이성을 잃지 않는다. 다시 말해 배우자나 자녀 또는 엉뚱한 사람에게 분노의 화살을 돌리지 않는다. 오히려 실망스러울 때면 자신의 감정을 옳게 이해해 줄 수 있는 믿을 만한 사람을 찾아간다.

5. 감정을 무기로 내세워 목적을 달성하려고 하지 않는다. 그는 원하는 것을 소유하지 못했다고 해서 또는 상대방이 부탁을 들어주지 않거나 호의를 베풀지 않는다고 해서 토라져 고집을 부리지 않는다. 정직하고 솔직한 태도를 취함과 동시에 의견 차이를 보이는 사람, 특히 가족이나 동료에게도 공손한 태도를 유지한다. 아울러 자신의 감정이 다치는 한이 있더라도 다른 사람이 신념과 양심에 따라 행동하도록 놔 둔다. 그는 자신의 감정을 앞세워 다른 사람의 행동을 규제하지 않는다. 그가 분노를 터뜨리거나 성질을 부릴까 봐 혹은 감정이 다칠까 봐 걱정스런 나머지 다른 사람이 행동을 자제해야 한다면, 그는 결코 건강한 감정의 소유자라고 하기 어렵다.

6. 칭찬이나 비판을 공손히 받아들인다. 그는 비판에 토라지거나 칭찬에 우쭐하지 않는다. 사람들의 인정을 갈망하지 않으며, 비판을 들을 때도 자신을 옹호하려 들지 않고 겸손한 태도를 취

한다. 아울러 비판을 외면하지 않으며 그 책임을 상대방이나 다른 사람에게 돌리지 않는다. 오히려 비판을 귀담아 듣고 자기 발전의 계기로 삼는다.

7. 고난이 닥쳐 슬픔, 분노, 탄식, 절망감이 일더라도 침체되지 않고 기쁨을 되찾는다. 감정적으로 성숙한 사람의 마음에는 근본적으로 기쁨이 존재한다. 그것은 하나님의 선하심과 섭리를 믿는 믿음과 정의와 평화의 궁극적인 승리를 확신하는 소망에서 비롯하는 기쁨이다.

감정적으로 성숙하지 못한 증거 가운데 하나는 참된 고난과 생활의 불편을 구별하지 못하는 태도다. 나쁜 날씨나 교통 체증은 고난이 아니다. 살다 보면 으레 겪는 불편에 불과하다. 감정적으로 미성숙한 사람은 살면서 자연스레 겪는 일에도 쉽게 흥분하거나 실망하는 경향이 있다. 그들은 작은 불편도 마치 큰 손해를 보는 것처럼 한탄한다. 그러나 살면서 그런 일을 겪더라도 인내해야 한다. 날씨가 나빠도 담담히 받아들이고 늘 겸손한 태도로 감사해야 한다.

건강한 감정을 얻는 방법

어떻게 해야 건강한 감정을 얻을 수 있을까? 성숙한 감정의 소유자가 되는 방법은 무엇일까? 대답은 간단하다. 8장에서 말한 대로

"상상을 불허하는 정직성"을 소유하면 된다. 즉 자기 내면의 감정을 솔직히 인정하고, 그 의미를 깊이 생각하는 태도가 필요하다. 그 같은 정직성이 있어야만 우리가 감정적인 존재라는 사실을 받아들일 수 있다. 더욱이 정직해야만 진리 안에서 살 수 있고, 진리를 통해 기쁨에 이를 수 있다.

화가 나면 화를 내야 한다. 분노 자체는 죄가 아니다. 하지만 이성을 잃거나 분노에 사로잡혀 사랑이나 정의의 원칙을 파괴하는 행위를 저지른다면 그것은 죄에 해당한다. 아울러 마음의 분노를 다음날까지 연장하는 것도 죄다. 그런 태도는 자신을 파괴한다. 분노를 품고 잠자리에 들면 마음이 부글부글 끓는다. 결국은 원한으로 변해 나중에는 극복하기가 매우 어려워진다.

아버지는 "하나님께 진 빚은 신속히 처리하라."고 말씀하시곤 했다. 이 말은 분노에도 적용된다. 우리는 부당한 일을 겪을 수 있다. 살다 보면 어쩔 수 없는 일이다. 하지만 마음에 원한을 품고 스스로를 망칠 것인지, 아니면 훌훌 털고 자유를 얻을 것인지는 우리 결정에 달렸다.

화난 것을 부인하는 태도는 스스로를 속이는 일이다. 감정적 상처를 입고서도 화가 나지 않았다고 하는 것은 내면 상태를 솔직히 털어놓지 못하는 것이다. 분노를 인정하고 털어 버려야만 건강한 감정을 유지할 수 있다. 그래야만 감정적으로 성숙할 수 있다.

두려움을 갖게 되는 이유는 우리가 상처받기 쉬운 존재이기 때문이다. 우리는 세상에 사는 한 근심 걱정에서 자유로울 수 없다. 근심 걱정에 짓눌려 살 때 사망의 길을 걸어가게 된다. 유일한 소망은 자신의 근심 걱정과 두려움을 솔직히 인정하고, 선하고 전능하신 하나님의 섭리를 의지하는 데 있다.

살아가면서 우리는 실망할 수밖에 없다. 실망스런 세상에 살고 있기 때문이다. 하지만 실망스런 감정을 극복하지 못하면 냉소적으로 변해 늘 우울할 수밖에 없다. 실망을 느끼는 것 자체는 아무 문제가 없다. 하지만 실망을 극복하고 용기를 내야 한다. 새날의 아침 햇살, 친구의 따뜻한 조언, 성경 말씀, 공원에서 개가 뛰노는 모습, 어린아이의 미소 등을 통해 스스로를 추슬러야 한다. 실망에 사로잡힐 경우에는 자기 연민이나 냉소주의에 치우칠 공산이 크다. 그것들은 한번 빠지면 쉽게 빠져나올 수 없는 구덩이다.

살다 보면 여러 아픔을 경험하기도 한다. 그럴 때면 솔직히 토로해야 한다. 감정을 부인하면 오히려 해가 된다. 활력을 잃고 더 이상 앞으로 나아가기 어렵다. 아픔을 애써 부인하면 과거에 얽매여 거짓된 삶을 살아가기 쉽다. 최근에, 부모나 직장을 잃는 경우 그 아픔에서 회복하는 데 대략 1년이 걸린다는 글을 읽은 적이 있다. 아픔을 극복하는 데는 시간이 걸린다. 사람에 따라 더 걸리는 경우도 있다.

감정이 회복되어 다시 일어설 힘을 얻으려면 아픔을 솔직히 인정하고 하나님께 치유를 부탁드려야 한다. 아픔을 솔직히 인정해야만 하나님께 받은 위로로 고통당하는 다른 사람에게 용기를 줄 수 있다. 사도 바울은 고린도후서에서 이렇게 말했다.

"찬송하리로다 그는 우리 주 예수 그리스도의 하나님이시요 자비의 아버지시요 모든 위로의 하나님이시며 우리의 모든 환난 중에서 우리를 위로하사 우리로 하여금 하나님께 받는 위로로써 모든 환난 중에 있는 자들을 능히 위로하게 하시는 이시로다"(고후 1:3-4).

커다란 아픔을 경험했으면서도 무덤덤하게 그대로인 사람도 많다. 그들은 자신의 경험을 한쪽 구석에 처박아 놓고 그 의미를 되새기지 않는다. 자신의 아픔을 인정하지 않고 그것을 변화의 기회로 삼지 않는다. 우리는 큰 아픔을 겪었으면서도 울지 않고 마음의 평정을 유지하며 입술을 굳게 다문 사람을 칭찬하는 경향이 있다. 하지만 그런 태도는 위선에 치우치기 쉽다. 우리는 내면의 감정 상태를 솔직하게 드러내야 한다. 그렇지 않으면 마음이 강퍅해지기 쉽다. 강퍅한 마음이란 아픔을 경험하고서도 아무렇지 않은 마음을 뜻한다.

아픔을 겪은 사람은 당연히 고통스러워하고 슬퍼해야 한다. 자기 연민에 치우치지 않으면서 아픔의 의미를 깊이 새길 줄 아는 사람의 모습에서 훨씬 더 긍정적인 결과를 기대할 수 있다. 그는 곧 감정적으로 회복되어 다시 기쁨을 되찾을 가능성이 매우 높기 때문이다.

우리의 마음을 하나님과 이웃을 향해 활짝 열어 놓을 때 유연한 태도와 성숙한 감정을 지닐 수 있다. 위로는 하나님과 든든한 관계를 맺고 옆으로는 이웃과 친밀한 관계를 맺어야만 건강한 감정에 도달할 수 있다. 여기서 전자는 홀로 조용히 하나님과 개인적으로 맺는 관계를 뜻하고, 후자는 다른 사람과 공동체를 이루어 대화를 주고받으며 맺는 관계를 뜻한다. 우리에게는 둘 다 모두 필요하다. 공동체의 삶과 홀로 있는 시간에 관해서는 12장에서 좀 더 포괄적으로 다룰 예정이다.

11

조직 안에서 실현되는 소명

타인과 연계하여 시너지 창출하기

우리는 다른 사람과 더불어 소명을 이루어야 한다. 우리의 동반 관계는 조직을 통해 이루어지는 경우가 보통이다. 우리는 조직 안에서의 활동에 시간과 노력을 투자한다.

조직이란 여러 개인이 공식적인 관계를 맺고 공동의 목표(함께 이루고자 하는 사명)를 향해 나아가는 현장을 가리킨다. 이는 일반 사업체나 교회에나 똑같이 적용된다. 자원봉사 단체나 교육 기관도 예외가 될 수 없다. 조직에는 정부처럼 크고 복잡한 경우도 있고, 두 사람이 공동의 목표를 위해 함께 일하기로 합의할 때처럼(단기 프로젝트를 수행하거나 사업을 함께 시작하는 경우) 작고 단순한 경우도 있다.

조직을 구성하는 데는 혼자보다 함께 일하는 편이 훨씬 더 효율적이라는 전제가 깔려 있다. 조직을 우리를 속박하는 대상으로 이해하기 쉽다. 사장이나 운영 위원회는 언뜻 보면 우리의 잠재력을 제한하는 것처럼 보인다. 어떤 사람은 조직을 필요악으로 여기기도 한다. 하지만 조직은 우리의 소명을 이루는 적절한 환경을 제공한다. 서로 합심해서 일하면 개개인의 노력을 단순히 합친 것보다 더 큰 시너지가 발생한다. 우리는 혼자서 하기보다 함께 일함으로써 더 큰 일을 해낼 수 있다.

조직은 기회와 격려와 훈련 프로그램을 제공하여 우리의 역량을 최대한 발휘하게 한다. 그리하여 우리의 한계를 극복하고 잠재력을 최대로 끌어올려 혼자서는 도저히 꿈도 꾸지 못할 일을 하게 한다. 조직은 마치 정원과 같다. 정원사의 손을 거쳐 아름다운 화초가 피어나듯이, 조직 안의 훈련을 통해 우리는 잠재력을 극대화할 수 있다. 다른 사람과 협력하며 일하는 법을 배워야만 우리의 소명을 이룰 수 있다. 동반 관계는 각자의 재능과 기회를 철저히 펼쳐 나갈 능력을 제공한다.

지금까지 말한 내용은 조직이 이상적으로 가동될 때 나타날 수 있는 결과다. 하지만 조직의 기능이 다소 불완전할 경우에도 우리에게는 여전히 조직이 필요하다. 아무리 뛰어난 재능을 지녔다고 해도 다른 사람의 협력 없이는 주어진 능력을 충분히 발휘할 수 없다. 웨인 그레츠키(Wayne Gretzky)는 뛰어난 재능을 지닌 역사상 가장 위대한 아이스하키 선수이다. 하지만 혼자 경기에 임했다면 분명 청소년 팀조차 이기지 못했을 것이다. 사실 그레츠키 같은 선수가 탁월한 기량을 발휘할 수 있었던 이유 하나는 다른 선수와 협력했기 때문이다. 그는 다른 선수와의 협력에 힘입어 위대한 선수가 될 수 있었다.

위대한 음악가에게도 교사, 멘토, 작곡가는 물론 다른 사람이 운영하는 오케스트라 홀이 필요하다. 아울러 작가에게는 편집자와 출판업자가 필요하다. 그들은 서로에게 의존한다. 아무도 혼자서 소명을 이룰 수 없다. 우리 모두는 다른 사람과 협력할 수 있는 제도와 관계망이 필요하다.

하나님이 원하시는 사람이 되고, 소명을 용기 있게 이루어 나가려면 조직 안에서 다른 사람과 협력하는 능력을 길러야 한다. 개개인의 소명은 구체적인 조직 안에서 서로 긴밀한 관계를 맺는다. 아울러 우리가 가장 효율적으로 일할 수 있는 조직을 찾아내는 능력을 배양하는 것도 중요하다.

물론 조직 안에서의 활동에는 위험도 따른다. 조직에는 우리의 정체성과 소명에 충실한 삶을 위협하고 방해하는 요소와 특징이 존재한다. 올바른 분별력과 용기를 갖추는 것이 필요한 이유가 여기에 있다. 일을 그만 두고 조직을 떠나야 할 때를 분별할 지혜가 필요하다. 조직을 떠나는 이유는 소명을 더 잘 이룰 수 있는 조직을 찾기 위해서다. 다시 말해 조직의 목적은 궁극적으로 우리 자신이 아니라 하나님과 이웃을 좀 더 잘 섬기는 데 있다.

조직 안에서 효율적으로 일하는 법

다른 사람과의 협력 아래 우리의 소명을 이루려면 몸담고 있는 일터나 각종 명분으로 관계를 맺은 사람(서로의 관계 아래 예배, 교제, 섬김의 삶을 실천하는 교회 조직 등) 사이에서 효율적으로 일하는 능력을 기르는 것이 중요하다. 조직 안에서 효율적인 활동이 이루어지려면 무엇보다도 공동체 정신을 길러야 한다. 바꾸어 말해 조직이 지향하는 공동의 목적이나 사명을 위해 다른 사람과 협력하는 여러 가지 요인을 찾아 활용해야 한다. 이들 원리는 교사가 둘밖에 없는 주일학교나 훨씬 더 복잡하고 큰 조직에나 똑같이 적용된다.

인격적 요인

조직 안에서 효율적으로 일하려면 무엇보다도 성숙한 인격이 필요하다. 사람을 뽑을 때는 인격을 면밀히 살펴야 한다. 성숙한 인격은 항상 친절한 태도와 인내심을 유지하며 다른 사람과 더불어 일하는 능력은 물론 양심에 따라 행동하는 용기와 겸손을 요구한다. 우리는 다른 사람과의 관계 안에서 효율적으로 일하는 능력을 키우는 데 직접적으로 관여하는 인격적 자질을 힘써 계발해야 한다.

첫째, 조직 안에서 어떤 역할을 맡았든지 간에 상대방의 말에 귀를 기울일 때 기량을 최대로 발휘할 수 있다. 사장이든 보조 매니저든, 운영 위원이든 관리인이든, 영업 사원이든 기부자든 상대방의 말을 잘 들어야만 맡은 일을 효율적으로 해낼 수 있다. 유능한 정치가는 유권자의 말에 귀를 기울이고, 훌륭한 기부자는 후원을 고려하는 조직 단체의 활동 상황과 계획에 귀를 기울이고, 유능한 판매 사원은 손님의 말에 귀를 기울이고, 성공적인 회사는 고객의 의견에 귀를 기울인다. 한마디로 그들은 듣는다.

둘째, 조직 안에서 자신의 기량을 최대로 발휘하려면 신뢰도가 필요하다. 동료든 부하 직원이든 상사든 함께 일하는 사람에게 자신이 한 번 입 밖에 낸 일은 어김없이 해내는 사람이라는 것을 보여 주어야 한다. 우리는 자신의 말에 충실해야 한다. 그래서 동료가 우리의 책상 위에 일감이 놓인 것을 보면 안심할 수 있는 정도가 되어야 한다. 또한 한 번 약속한 것은 반드시 지켜서 모임이나 약속이나 마감 날짜에 한 치의 어긋남도 없어야 한다.

예수님은 작은 일에 충성한 자에게 큰일을 맡기겠다고 하셨다. 신뢰받는 인격의 소유자란 바로 그런 사람을 말한다. 작은 일이나 의무는 대수롭지 않게 생각하며 좀 더 큰 기회나 승진이 주어지지 않는다고 불평하는 사람이 많다. 그런 사람은 대개 하찮게 보이는 일은 주의를 기울이지 않고 무시해 버린다.

한편, 다른 사람을 존중하고 그들의 평판과 존엄성에 누가 되는 행동을 하지 않아야만 좀 더 깊고 넓은 인격을 갖출 수 있다. 조직 안에서 효율적으로 일하는 사람은 동료의 가치와 중요성을 인정한다. 동료가 유능하든 그렇지 않든 상관하지 않고 예의를 다한다. 심지어 어떤 동료가 의무를 게을리하거나 신뢰를 깨뜨린 탓에(회사 돈을 횡령하거나 성추행을 하는 경우) 해고를 당하는 경우에도 멸시하거나 무시하지 않는다. 상사에게는 역할이나 직책에 맞게 예의를 다하고, 부하 직원도 졸병이 아닌 동반자로 여겨 겸손히 그들의 도움에 감사한다. 또한 뒤에서 험담을 늘어놓지 않고, 비꼬는 말이나 부당한 비난으로 상대방의 인격을 모독하지도 않는다.

지금까지 말한 대로 업무의 효율성을 극대화하려면 '다른 사람의 말 경청하기', '작은 일에나 큰일에나 성실하게 최선을 다하기', '다른 사람의 가치와 존엄성 인정하기'라는 세 가지 인격적 자질을 길러야 한다.

넓게 생각하고 역할에 충실하라

성숙한 인격은 필수불가결한 요소다. 하지만 일을 하는 방법 또한 업무의 효율성에 상당한 영향을 미친다. '넓게 생각하고 역할에 충실히 임하는 법'(이 말은 사회 운동가의 표현을 빌린 것이다)을 터득해야만 조직 안에서 효율적인 업무 수행이 가능하다.

조직 안에서 어떤 역할을 맡았든지 항상 넓게 생각하며 자신의 역할을 잘 수행해야만 효과적인 업무 수행이 이루어진다. 항상 혼자 일하는 것이 아니라 조직 안에서 함께 일한다는 생각을 염두에 두어야 한다. 이 원리는 재정과 예산을 다루는 일이든, 의사 전달과 협력 관계를 다루는 일이든 조직에서 이루어지는 모든 활동에 똑같이 적용된다.

유능한 노동조합 지도자는 회사에는 리더십을 발휘할 사장이 있어야 하고, 회사가 흑자를 내야 한다는 사실을 잘 알고 있다. 이를 알고 있어야만 노동조합이 효율적으로 움직일 수 있다. 유능한 중간 간부는 직원과 동료의 협력이 절대적으로 필요하다는 사실을 잘 안다. 이처럼 사람이 일을 잘하려면 권리와 혜택은 물론 작업 조건이 잘 갖추어져 있는지 확실히 알고 있어야 한다.

요즘 조직의 성공 비결을 다룬 책이 시중에 많이 나와 있는데, 내용이 대개 경영자나 관리자에게 초점을 맞추고 있다. 하지만 그런 위치에 있는 사람만이 아니라 모든 사람이 조직 안에서 자신의 정체성과 소명에 충실함으로써 주어진 역할을 성공적으로 수행하고 싶어 한다. 미식축구 팀의 센터백이 공을 한 번도 만져보지 못하고 터치다운을 성공시키지 못했다 해도 팀이 승리를 거둘 경우 그 공로는 부분적으로 그에게 있다. 그가 팀의 전술을 잘 이해하고 그대로 실행에 옮겼기 때문이다. 그는 자신의 역할을 큰 틀 속에서 이해하고, 자신의 기여 없이는 아무도 효율적인 성과를 거두지 못하리라는 사실을 잘 안다.[1]

전체의 관점에서 생각하고 행동해야만 효율적으로 일할 수 있다. 어떤 조직이든지 서로 구별되면서도 밀접한 관계를 맺고 있는 세 가지 요소가 있다. 첫째, 조직의 사명, 둘째, 조직의 재정 형편, 셋째, 원활한 의사소통이다.

첫째, 조직의 사명을 이야기해 보자. 조직이 추구하는 사명의 관점에서 생각하는 것이 무엇보다 중요하다. 즉 "조직의 목적은 무엇인가? 단순히 문서상으로만이 아니라 실제로 이루고자 뜻하는 것이 무엇인가? 나는 내가 하는 일을 통해 조직의 목적에 어떻게 기여할 수 있을까? 조직이 추구하는 근본 가치는 무엇이며, 나는 그 틀 안에서 어떤 역할을 할 수 있을까?"와 같은 물음을 생각해 보아야 한다. 조직의 사명, 가치, 성격, 잠재력을 이해하려면 조직의 역사를 더듬어 봐야 한다.

무엇보다도 조직의 사명을 잘 이해하고 그것을 이루기 위해 노력해야 한다. 내게 주어진 작은 역할을 조직의 사명으로 혼동해서는 곤란하다. 조직의 사명이란 함께 일하는 모든 사람이 공동으로 추구하는 목표다. 사명은 진화하고 발전되는 법이지만, 그 저변에는 항상 조직의 독특한 성격과 역사와 근본 가치가 존재한다. 조직의 리더가 조직에 맞지 않는 비전을 받아들이는 경우에는 실패가 불을 보듯 뻔하다. 또한 조직이 발전하면서 새로운 가능성과 기회에 적절히 대응하지 못하고 과거의 향수에만 젖어 있는 경우에는 실망스런 결과가 나타날 수밖에 없다. 현재의 상황과 가능성을 고려하여 하나님이 조직에 부여하신 사명을 사람들과 더불어 성취해 나가도록 노력해야 한다.

둘째, 조직의 재정 형편이다. 우리는 조직의 재정 형편을 잘 이해하고 양심적으로 행동해야 한다. 큰 틀을 생각하며 일하는 사람은 항상 동료를 의식하며 조직의 예산이 모두에게 어떤 영향을 미칠지 깊이 헤아린다. 전체에 미치는 영향을 고려하지 않고 자기 자신이나 자기 부서의 활동만을 위해 예산을 운용하려 든다면 효율적인 성과를 거두기 어렵다. 무엇이 전략상으로 중요한지 생각해야 한다. 어떤 일을 할 때마다 항상 새로운 예산을 요구하는 것은 바람직하지 않다. 비록 예산 삭감이 있더라도 조직 전체의 안정을 위해 서로 협력해야 한다는 사실을 늘 기억해야 한다.

우리는 주어진 자산을 청지기처럼 잘 관리해야 한다. 한정된 자산으로 더 많은 일을 하는 창의적인 방법을 계발해야 한다. 자금 문제와 관련해 이기적인 태도보다 더 위험한 것은 없다. 조직에서 가장 민감한 사안이 있다면 바로 자금 문제다. 늘 내면의 동기를 살피며 항상 일관성 있게 겸손히 섬기는 자세를 유지해야 한다.

셋째, 원활한 의사소통이다. 조직 안에서 소명을 이루려면 상호 간에 의사소통이 원활해야 한다. 큰 틀을 생각하며 서로 협력하며 공동의 목표를 추구해 나가려면 의사소통이 잘 이루어져야 할 뿐 아니라 다른 사람의 의도를 잘 파악해야 한다. 곧 "어떻게 하면 내 의사를 잘 전달할 수 있고, 다른 사람의 의도를 잘 파악할 수 있을까?" 하는 물음을 생각해야 한다. 협력 관계가 잘 유지되려면 들을 말은 듣고 할 말은 해야 한다. 조직의 공지사항이든, 쪽지로 전달되는 내용이든, 복도에서 이루어지는 일상적인 대화든, 어떤 형태라도 다른 사람이 말하는 내용에 깊은 관심을 기울여야 한다.

우리가 행하는 역할에도 동일한 원리가 적용된다. 의사 전달 능력을 잘 갖추어야 효율적으로 일할 수 있다. 항상 "내가 하는 일을 누가 알아야 하는가? 내가 무엇을 알고 있어야 모두의 일이 효율적으로 진행될 수 있을까? 내가 아는 정보를 어떤 사람과 공유해야 할까? 어떤 방법을 통해 적당한 시기에 내가 아는 내용을 전달할 수 있을까? 그들은 물론 궁극적으로 조직 전체를 위해 반드시 알려 주어야 할 내용은 무엇인가?"와 같은 물음을 생각해야 한다.

관리자나 리더는 조직의 구성원 모두가 충분한 정보를 알고 있을 때 일의 효율성이 극대화될 수 있다는 점을 잊어서는 안 된다. 유능한 리더는 단순히 조직의 구성원이 무슨 일을 하고 있는지 알리는 데 그치지 않고, 효율적이고 철저한 의사소통을 통해 모두가 큰 틀을 생각하며 일할 수 있도록 이끌어 준다.

대개 사람들이 더 많은 정보를 알수록 일의 효율성이 높아진다. 때로는 조직 안에서 부지중에 정보가 원활하게 공유되지 않는 상황이 발생한다. 그 이유는 보통 리더가 부주의하거나 정보 공유의 중요성을 진지하게 생각하지 않기 때문이다. 하지만 때로는 지배력을 확보하기 위해 정보를 일부러 감추는 경우가 발생하기도 한다. 그런 경우는 동료에게 마치 부모와 같은 태도를 취하는 것으로, 그 저변에는 혼자서만 권력을 독점하려는 의도가 깔려 있다.

아내와 나는 이따금 예배 순서지가 마련되어 있지 않은 교회에서 예배를 드릴 때가 있다. 그럴 때면 매우 당혹스럽다. "왜 예배 순서조차 교인에게 알려 주지 않을까? 다음 순서가 무엇인지 알면 더욱 효율적인 예배가 이루어지지 않을까? 정보를 알려 주지 않는 데에는 지배력을 확보하려는 미묘한 저의가 깔려 있지는 않을까?"와 같은 의문이 드는 탓이다. 물론 항상 그런 이유 때문은 아닐 것이다. 세상에는 예배 순서를 알려 주지 않고 예배를 드리는 교회가 많다. 하지만 예배 순서를 알려 준다면 서로의 의사소통에 많은 도움이 될 것이다. 요점은 간단하다. 협력 관계가 원활하게 유지되려면 정보 공유가 반드시 필요하다.

이처럼 큰 틀을 생각하며 일하기 위해서는 조직의 사명, 조직의 재정 형편, 의사소통이라는 세 가지 요소를 고려해야 한다. 물론 이는 '넓게 생각하고 역할에 충실하기'라는 원칙을 토대로 한다. 우리는 항상 큰 틀을 생각하며 일의 효율성을 극대화함으로써 주어진 임무를 탁월하게 수행해야 한다. 또한 주어진 역량을 최대한 발휘할 수 있는 분야에 모든 노력을 쏟아 부어야 한다.

사람은 누구나 자신의 분야나 영역에서만 최고의 기량을 발휘할 수 있다. 조직의 모든 분야에서 탁월한 능력을 발휘할 수 있는 사람은 없다. 자신이 잘할 수 없는 일이나 자신의 책임이 아닌 일을 잘 못한다고 해서 불만을 갖거나, 애써 그 일을 잘하려고 하는 태도는 바람직하지 않다. '내가 잘할 수 있는 일을 하겠어. 내가 책임져야 할 분야만 확실하게 책임지겠어.'라고 생각하며 자신이 할 수 있는 일에 초점을 맞추어야 한다. 결과의 성공 여부는 조직 전체의 관점에서, 즉 조직의 사명과 재정 형편과 의사소통의 관점에서 평가되어야 한다.

상호보완의 관점에서 생각하라

상호보완의 관점에서 생각하고 일해야만 일의 효율성이 극대화될 수 있다. 우리는 회사나 조직에서 서로 협력해야 한다. 공동의 목적을 이루려면 서로의 도움이 필요하기 때문이다.

우리의 생각과 재능과 힘이 하나로 모아질 때 가장 효율적으로 일할 수 있다. 그러려면 각자 자신의 정체성을 확립하고 자신의 참 모습에 충실해야 한다. 그와 동시에 우리는 다른 사람의 강점과 능력을 인정해야 한다. 다른 사람의 강점과 능력에 위협을 느끼거나 위축되어서는 곤란하다. 오히려 그들의 재능을 기꺼이 인정하고 도움을 구해야 한다. 다시 말해 다른 사람의 강점으로 우리의 부족함을 보완해야 한다.

리더십을 다룬 요즘의 책들은 혼자 모든 일을 다 하려고 하지 말고 권한을 위임해야 한다고 강조하는 데 그칠 뿐, "다른 사람을 신뢰하고 의존하는 방법을 터득했는가?"라는 근본적인 질문은 다루지 않는다. 단순히 권한을 위임하는 것은 우리의 일을 가볍게 하는 데 그칠 뿐이다. 근본적으로는 사고방식을 점검하고 교정해야 한다. 구체적으로 말해 "다른 사람을 위협적인 존재로 생각하는가 아니면 서로를 보완하며 함께 일하는 존재로 생각하는가? 다른 사람에게 의무와 책임을 수행할 기회를 허락할 것인가? 조직 안에서 리더십이 요구하는 역할에 충실할 것인가?"를 물어야 한다.

리더십의 역할에 충실하며 우리의 일에 영향을 미치는 다른 사람의 결정을 받아들이려면 모두를 대신해서 결정을 내리는 리더나 동료를 신뢰하는 태도가 필요하다.

혼자 모든 일을 처리하려고만 하고 다른 사람의 역할을 기꺼이 인정하지 않는다면 항상 좌절에 부딪힐 수밖에 없다. 비영리 단체 운영 위원도 이 점을 기억해야 한다. 운영 위원은 중간 간부와 직원이 임무를 자유롭게 수행할 수 있도록 도와주어야 한다. 그러려면 무엇보다도 그들을 신뢰해야 한다. 상호보완의 관점에서 일을 생각하기 위해서는 서로를 의지하는 법을 배워야 한다. 바꾸어 말해 다른 사람을 신뢰하는 능력을 키워야 한다.

권한을 공유하는 법을 배우라

조직의 구성원 모두에게 권한이 있다. 한 사람도 예외는 없다. 심지어는 백화점 고객도 물건 구매를 거부할 권한이 있다. 이 부서 저 부서로 정보를 전달하는 비서에게도 권한이 있기는 마찬가지다. 과거의 조직은 일방통행식의 권력 구조였다. 즉 권한을 가진 자가 권한이 없는 자에게 일방적으로 지시를 내렸다. 그러한 권력 구조는 항상 최고 권위자의 권한만을 인정했다. 하지만 점차 각자에게 주어진 권한과 역할을 통해 서로 협력하면 모두의 일이 효율적으로 이루어진다는 생각이 점차 힘을 얻고 있다.

설교를 잘하려면 먼저 준비가 철저해야 하고 전달이 잘 되어야 한다. 아울러 교인들이 설교자의 말에 주의를 기울여야만 좋은 설교가 될 수 있다. 효과적인 말씀 사역이 이루어지려면 청중의 반응과 태도가 매우 중요하다. 교수의 권한과 영향력을 인정하지 않는 교육 기관의 운영 위원이나 학장은 고지식하다고 할 수 있다. 운영 위원, 학장, 교수가 협력 관계를 유지하려면 권한을 공유해야 한다. 각 개인이나 그룹이 지니는 권한을 인정해야 한다.

우리에게는 유권자로서 정치인을 선출할 권한이 있다. 하지만 적절히 책임을 물을 제도를 구축하고 그 안에서 자유롭게 주어진 임무에 충실하도록 배려해야 한다. 또한 우리는 등록 교인으로서 평신도 지도자를 선출할 권한이 있다. 그 경우에도 적절히 책임을 물을 제도를 마련한 뒤 그 안에서 자유롭게 교회를 섬길 수 있도록 배려해야 한다.

권한을 공유할 때 조직의 효율성은 극대화된다. 교회의 권한은 제직회와 전임 교역자에게 있다. 하지만 양자의 권한은 서로 다르다. 권한을 공유하더라도 행사하는 방법은 다르다. 교육 기관의 경우에도 각 단체가 모두 각자의 권한이 있다. 하지만 서로 다른 역할을 통해 서로를 보완한다. 예를 들어 행정 책임자와 교수단은 서로의 역할을 인정하고 공동의 목적을 위해 협력한다. 백화점 내에서 일하는 판매직 사원도 주어진 권한을 통해 경영에 참여할 수 있다. 경영진은 그들을 통해 고객의 반응을 전해 듣고 고객의 취향에 맞춘 사업 정책을 수립할 수 있다.

다른 사람의 권한 행사에 위협을 느끼지 않고, 어떤 역할을 맡든 서로 협력해야만 조직의 효율성이 극대화될 수 있다. 다른 사람을 부하 직원이나 상사로 보기보다 동료로 받아들여야 한다. 실제로, 최종 결정자가 한 사람으로 고정되지 않고 혼자서 모든 것을 책임지겠다는 사람이 없을 때 협력 관계가 활발히 이루어진다. 지배하지도 않고 지배당하는 것도 없이, 즉 최종 권위를 지닌 결정권자 없이 모두가 동료가 되어 함께 일하는 풍토가 조성되어야 한다.

서로의 말에 귀를 기울이며 상호보완적인 관계를 유지함으로써 구성원 모두가 만족을 얻는 결과를 만들어 내겠다는 결심이 있어야 한다. 그래야만 원활한 협력이 이루어질 수 있다. 다른 사람의 권한을 인정하고 그들이 임무를 충실히 수행하도록 배려할 때 모두가 성공할 수 있다. 권한을 남용해 다른 사람을 방해하거나, 결정 과정에 사람들의 의견이 반영되기를 막아서는 안 된다. 개인 차원에서나 조직 차원에서나 항상 "어떻게 다른 사람들이 좀 더 효율적으로 일하게 할 수 있을까? 공동의 목적을 이루어 나가려면 이 일을 어떻게 처리해야 할까?"를 염두에 두어야 한다.

다른 사람과 더불어 늘 배워 나가겠다는 생각을 지닌 사람이야말로 조직의 효율성을 극대화하는 가장 가치 있는 자산이다. 함께 배워 나가는 일은 시간과 인내를 필요로 한다. 혼자 배우고 일해 온 습관이 깊이 뿌리박혀 있기 때문이다. 하지만 함께 배워 나가면 서로를 경계하는 경쟁 심리나 다른 사람을 탓하는 습관을 극복할 수 있다. 함께 배우는 삶은 변화에 적응하는 능력, 즉 변화와 기회가 찾아왔을 때 서로를 의지하는 능력을 키운다.

원활한 협력 관계가 이루어지려면 주어진 상황에 대해 솔직하게 대화를 나누어야 할 뿐 아니라, 자신의 입장이나 이익만을 보호하겠다는 생각을 버리고 허심탄회하게 의견을 주고받는 풍토가 조성되어야 한다. 남성과 여성이 긴밀한 협력 관계를 유지하려면 서로의 강점이 결정 과정에 영향을 미치도록 해야 한다. 남성과 여성의 협력 관계가 직장은 물론 사람이 함께 모여 일하는 장소 어디에서나 점점 더 긍정적인 영향을 미칠 것이다.

하지만 자신의 입장을 지나치게 옹호하거나, 우월감을 갖거나, 상대방을 이용하려 하거나, 비꼬는 식으로 말하는 경우에는 협력 관계가 유지될 수 없다. 대화를 잘 주고받는 방법을 터득해야만 협력 관계가 잘 유지된다.

우리 모두가 권한을 갖고 있다. 다른 사람을 배려하며 자신의 직책이나 영향력을 활용해야만 조직 안에서 효율적으로 일할 수 있다. 한마디로 우리는 모두 종이다. 예수님은 위대한 사람이 되려면(자신의 정체성과 소명에 충실하려면) 섬기는 법을 배워야 한다고 강조하셨다(막 10:43-44).

조직의 강점과 한계를 활용하라

조직의 불가피한 한계를 극복하려고 노력하기보다, 오히려 주어진 상황의 한계를 최대한 활용할 때 조직의 효율성이 극대화될 수 있다. 즉 한계를 인정하고 조직의 강점을 발전시켜 나가는 것이 필요하다.

우선 상황의 한계를 인정해야 한다. 그리고 그 한계 내에서 상황을 최대한 활용하는 방법을 찾아내야 한다. 때로 조직이 두려움이나 비전의 부재로 인해 스스로에게 한계를 부여하는 경우도 있다. 한계를 지나치게 과장하는 것은 옳지 않다. 그럴 경우에는 힘을 합쳐 긍정적인 결과를 만들어 낼 잠재력이 크게 저하된다.

어떤 비전이든지 현실성이 있어야 한다. 조직의 실제 역량이나 현실 상황을 고려하지 않고 열정만 가득할 경우에는 지혜와 용기와 참된 비전이 불가능하다. 지혜와 용기와 비전은 서로 일맥상통한다. 지혜로운 사람만이 참된 비전을 제시할 수 있다.

물론 이는 평범한 수준에 머물러야 한다는 뜻이 아니다. 현실성 없는 비전을 꿈꾸며 불평을 늘어놓기보다 특정한 상황과 한계 내에서 최선의 것을 추구하라는 의미다. 우리는 모든 것을 해결하거나 모든 말을 하도록 부르심 받지 않았다. 오히려 이렇게 기도할 수 있다. "나는 과도하게 말하지 않고 오직 내가 부름받은 바를 말하고자 합니다." 우리는 모든 것을 해결해야 할 부르심을 받은 것이 아니다. 자신에게 주어진 부르심을 받아들이고, 그에 따르는 모든 한계를 은혜롭게 수용하며 평안을 누릴 수 있다.

체스터턴(G. K. Chesterton)은 이 대응 방식에 대한 깊은 영적 통찰을 제공한다. 그는 찰스 디킨스(Charles Dickens)의 소설『데이비드 코퍼필드』(David Copperfield)의 서문에서 매우 중요한 언급을 했다. 그의 서문을 읽어 보면 출판업자가 그에게 서문을 부탁한 이유가 아리송해진다. 디킨스의 "엄청난 실수"를 상당히 길게(두세 쪽에 달한다.) 논하고 있기 때문이다. 그의 서문은 전혀 그 책을 추천하는 듯한 인상을 주지 않는다. 하지만 그는 이렇게 말했다.

> 디킨스를 정당하게 평가하려면 실제의 그보다 훨씬 낮게 평해야 한다. 다시 말해 그의 엄청난 실수를 인정해야만 그에 대한 정당한 평가가 가능하다. 나는 앞서 두세 페이지에 걸쳐 그가 저지른 가장 큰 잘못 가운데 하나를 지적했다. 그런 실수를 감추는 것은 정직한 일이 못 된다. 하지만 아무리 사람과 천사의 입을 빌려 말한 정직한 비평이라 해도 디킨스를 올바로 평가하기에는 부적절하다. 내가 지금까지 말한 내용도 디킨스를 언급한 것은 아니었다. … 나는 디킨스가 가지지 않은 것을 말했을 뿐이다. … 나는 디킨스를 언급한 것이 아니라 디킨스가 아닌 것을 언급했다. 하지만 그와 그의 작품을 대할 때는 그가 실제로 말한 내용에 초점을 맞춰야 한다. 즉, 그가 작품에서 지진과 새벽에 관해 어떤 말을 했는지에 관심을 기울여야 한다.[2]

체스터턴의 글을 읽으면서 사람이 비평가가 되기란 참 쉽다는 생각이 들었다. 없는 것, 좋지 않은 것, 조직에 대한 비현실적 이상을 논하기란 그리 어렵지 않다. 하지만 지혜로운 사람은 강점을 파악해 그것을 활용하고 발전시켜 나갈 뿐 아니라, 없는 것을 불평하기보다 있는 것을 감사할 줄 안다. 물론 해결해야 할 문제점을 간과해서는 곤란하다. 하지만 조직의 구체적인 상황에서 변화를 위한 긍정적인 노력을 기울여 나가는 것이 무엇보다 중요하다. 리더를 원망하거나 일이 뜻대로 되지 않는다고 불평하기보다 이미 있는 강점을 발전시켜 나가야 한다.

강점을 발전시키려면 자신에게 주어진 것에 감사할 줄 아는 마음이 필요하다. 개인이나 그룹이 조직 안에서 긍정적인 변화의 촉매 역할을 하려면 감사하는 태도를 지녀야 한다. 예배와 섬김이 이루어지는 교회의 경우에도 감사하는 태도가 있어야만 긍정적인 변화가 가능하다.

변화에 적응하는 능력을 익히라

변화에 적응하는 능력을 갖춘 사람만이 조직 안에서 효율적으로 일할 수 있다. 변화를 극복할 수 있는 사람만이 활력을 잃지 않고 끝까지 소명에 매진할 수 있다. 모든 조직은 항상 변하기 마련이다.

조직의 효율성이 극대화되려면 유연성과 적응력, 혁신과 개혁이 필요하다. 변화에 대한 적응력이 뛰어난 사람만이 조직 안에서 살아남을 수 있다.

내가 대학 학장으로 재직하던 때 한 운영 위원의 말을 끝까지 인내하며 경청했던 기억이 난다. 그는 상황이 전과 다르다며 불만을 토로했다. 물론 개중에는 긍정적이지 못한 변화도 있었지만 그의 불평은 주로 과거에 대한 향수에 불과했다. 그의 불평은 현실적이지 못했다. 조직은 늘 변한다. 그 사실을 인정하지 못하면 큰 부담을 안고 살아갈 수밖에 없다. 그런 경우 변화는 서로의 짐을 더욱 무겁게 할 뿐이다.

유연성, 즉 변화를 성장의 기회로 삼아 적응하는 능력이 있어야만 변화를 극복하고 도약할 수 있다. 어떤 경우에는 조직을 떠나야 하는 상황이 있을 수도 있다. 하지만 대부분은 변화에 적응하며 조직의 상황에 맞춰 자신의 역할을 재조정하고, 변화하는 상황 속에서 살아남는 법을 생각해야 한다.

개인과 조직의 조화

조직 안에서 소명에 충실하기 위해서는 자신과 조직 사이에 조화가 이루어져야 한다. 1996년과 1997년에 나는 캐나다의 신학교 교수들이 소명에 얼마나 충실한 삶을 살고 있는지 조사하는 활동에 참여했다. 로마 가톨릭교회와 주요 개신교 교단 및 복음주의 신학교에서 일하는 중견 교수를 상대로 인터뷰가 실시되었다. 우리는 여러 가지 흥미로운 결과를 얻을 수 있었다. 가장 중요한 결과 가운데 하나는 55세 이상 교수 가운데 동료와 학생들로부터 가장 활기찬 활동을 하고 있다고 평가받은 교수의 경우 가치관과 비전적인 측면에서 학교와 일치했다. 중년층에 속한 이들 교수는 단순히 가르치는 역할이나 쉽게 인정받을 수 있는 일에만 관심을 쏟지 않았고, 자신과 학교의 조화를 추구했다.

조직 안에서 소명을 충실히 이행하는 사람은 한결같이 그들의 사명과 조직의 사명이 일치하는 곳에서 일하는 경우가 많다. 소명을 이해하는 중요한 원리가 바로 여기에 있다. 즉 소명에 충실한 삶을 살려면 자신의 사명과 조직의 사명이 일치하는 일터를 찾아야 한다. 그렇다고 젊었을 때부터 서두를 필요는 없다. 하지만 중년층에 접어들면 반드시 자신의 사명과 조직의 사명이 일치하는지 심각하게 고민해 보아야 한다. 대개 40대 후반에 그런 경험을 하는 이가 많다. 그리고 기회가 닥쳤을 때는 언제라도 유연하게 대처해야 한다.

조직과 자신의 조화를 발견하지 못하는 이도 있다. 그것은 성격적인 문제 때문일 수 있다. 즉 다른 사람과 더불어 일하겠다는 마음자세가 없어서다.

어떤 사람은 위기가 닥칠 때마다 직장을 옮겨 다니며 자신의 역량을 극대화시킬 곳을 찾다가 마침내 자기와 가장 잘 어울리는 일터를 발견하기도 한다. 하지만 어떤 조직이든 완전한 곳은 없다. 회사든 단체든 각기 나름대로 문제가 있기 마련이다. 문제에 부딪힐 때마다 이리저리 피해 다니는 경우가 적지 않은데, 그것은 하나의 어려움이 또 다른 어려움으로 대체되는 결과를 낳을 뿐이다.

하지만 적극적으로 변화의 가능성을 모색함으로써 조직과의 불일치를 극복해야 할 상황도 있다. 조직과 일치점을 발견하지 못하는 사람들 가운데는 기업가로 성장할 자질을 갖춘 이도 있다. 그런 사람은 자신의 비전과 가치관을 직접적으로 드러낼 수 있는 사업을 시작하거나, 다른 사람이 일구어 놓은 교회를 물려받기보다는 직접 교회를 개척하거나, 신문사 직원으로 일하기보다는 프리랜서로 활동할 수 있다.

나는 사업가 기질이 전혀 없다. 나는 조직에 스스로를 맞추는 편이다. 이루어진 것을 관리하거나 개혁을 통해 기존의 조직을 더욱 발전시켜 나가는 것이 내 적성에 어울린다. 하지만 이런 나와는 달리 독자적으로 자신의 길을 개척할 때만 소명에 충실한 삶을 살 수 있는 사람들이 있다.

우리는 단체나 조직 안에서 다른 사람과의 협력을 통해 소명을 이루라는 부르심을 받았다. 하지만 조직의 가치관과 비전에 자신을 일치시키는 데에는 항상 상당한 위험 부담이 따른다.

개중에는 현재 일하는 단체, 회사, 교회 외의 곳에서 일할 가능성을 전혀 고려하지 않는 이도 있다. 그런 경우에는 그 조직과 결혼 생활을 하고 있는 것이나 마찬가지다. 하지만 일, 직업, 경력은 물론 몸담고 일하는 조직과 자신을 구별하지 않으면 소명에 충실하기가 어렵다. 즉 몸담고 일하는 조직과 자신을 근본적으로 구별하지 않으면(가족 체계 이론의 용어를 빌려 말하면 '차별화 원리'라고 한다.) 자신의 참 모습에 충실할 수 없다.

조직과 자신을 구별하지 못하면 조직에 병적으로 의존하는 상태로 전락하고 만다. 조직을 부모처럼 생각하는 사람들이 있다. 그들은 부모에게 받지 못한 사랑과 인정과 공동체 삶을 일터에서 찾으려 한다. 다시 말해 가족이나 친구나 교회만이 제공하는 심리적 유대감을 직장 동료에게서 얻으려 한다. 무조건적 사랑과 유대감은 인간의 기본 욕구다. 하지만 몸담고 일하는 조직에서 그 욕구를 충족시키려고 하는 것은 잘못이다.

조직으로부터 심리적 안정과 사랑을 얻으려는 사람은 대개 실망하기 쉽고, 조직에 분노를 느끼는 경우도 적지 않다. 일터는 그런 욕구를 충족시켜 줄 수 없기 때문이다.

함께 일하는 사람을 '가족'으로 일컫는 경우가 종종 있는데 조직은 가족이 될 수 없다. 가족은 식구를 내쫓는 법이 없다. 하지만 일터에서는 업무 능력을 평가받아야 하고, 능력 부족으로 판단되는 경우나 회사의 규모를 줄이는 경우에는 해고를 당하기도 한다. 조직을 가족으로 생각하는 사람은 해고를 당할 경우 '어떻게 나를 해고할 수가 있지? 나는 회사를 가족처럼 생각했는데 말이야!'라고 생각하며 깊은 상처를 받고는 한다.

물론 일터에서 사람들과 의미 있는 관계를 형성해야 한다. 사실 직장에서 최소한 한 사람 정도는 친구가 있어야 좀 더 효율적으로 일할 수 있다. 하지만 공동체의 삶과 우정, 유대감 같은 감정적 욕구를 일터에서 만족시키려고 해서는 곤란하다. 그것은 비현실적인 소망이다. 결국 우리는 조직 밖에서 감정적 유대 관계를 형성해야 한다. 그래야만 조직에 대한 충성심을 균형 있게 견제할 수단이 생긴다. 조직을 좋아하는 것은 괜찮지만 의존하는 것은 소명에 충실한 삶에 부정적인 영향을 미친다. 어떤 직장이든 평생을 보장하는 곳은 드물다. 직장 동료들은 감정적 욕구를 채워 주는 주된 수단이 될 수 없다.

더욱이 항상 자신의 존재 가치를 인정받기 원하는 사람은 조직의 힘을 강화하기보다는 무력화시킨다. 조직의 인정과 칭찬을 원하는 경우에는 늘 자신을 부각시키는 데에만 관심을 기울이기 때문이다. 그런 태도는 결국 정체성과 소명에 충실한 삶을 방해할 뿐이다.

예를 들어 조직이 무엇을 하라고 지시하지 않을 때 초조해한다거나, 미래의 계획에 자신을 포함시키지 않을 때 실망한다는 것은 조직에 의존하고 있다는 명백한 증거다. 그것은 스스로 삶을 책임지지 못하고 그 책임을 조직의 손에 떠넘기는 것(조직에게 부모 역할을 기대하는 것)이나 다름없다. 더구나 그런 상태는 성실, 인내, 신뢰성이라는 미명하에 적당히 은폐되는 경우가 많다. 그런 것들이 참된 덕성으로 평가되려면 책임감, 용기, 양심적인 삶이 뒤따라야 한다.

하나님께 대한 충성심을 바탕으로 소명에 충실한 삶을 살 때 비로소 주어진 일에 매진할 수 있을 뿐 아니라 몸담고 일하는 조직 안에서 너그러운 태도로 열심히 최선을 다할 수 있다. 물론 조직에 절대적인 충성을 바치는 것은 옳지 않다. 조직은 가족이 아니다.

경력을 쌓으면서 하나님의 인도하심에 따라 최소한 한 번 이상 직장을 옮기는 경우가 많다. 특히 요즘에는 그럴 가능성이 더 높다. 소명에 좀 더 충실하기 위해 기존의 선택을 포기해야 한다면 기꺼이 그렇게 해야 한다. 그와 같은 결정은 소명에 충실하겠다는 결심에 근거한다. 우리는 병적 의존 상태에 빠지지 않고서도 얼마든지 최선을 다할 수 있다. 최선을 다하는 삶이란 속해 있는 조직이나 그룹 또는 부과된 사명이나 임무에 충실한 삶을 의미한다.

나는 지금까지 많은 사람을 면접하고 내가 몸담고 일하는 조직에 필요한 사람을 결정해 왔다. 그들 가운데는 직업을 단지 신분 상승의 수단으로 생각하고 최선을 다하지 않는 사람이 더러 있었다. 그들은 현재 직장을 자신이 진정으로 원하는 직장을 찾기까지 잠시 거쳐가는 것으로 생각한다. 그런 태도는 결코 바람직하지 않다. 물론 나는 사람을 고용할 때 우리 조직에 평생을 바치기를 기대하지 않는다. 훌륭한 자질을 갖춘 사람일수록 나중에 더 좋은 직장을 얻을 가능성이 높다. 하지만 일단 현재의 직장에 속한 상태에서는 그 직장의 목표와 동료에게 최선을 다해야 한다.

퇴직, 어려운 결정

언제, 어떤 상황에서 사표를 내는 것이 적절할까?

우선 이직에 대한 편견부터 극복하는 것이 좋을 듯하다. 인내, 성실, 헌신 같은 덕성은 소명에 충실한 삶을 사는 데 반드시 필요한 요소다. 그런데 문제를 회피할 목적으로 직장을 바꾸는 경우가 적지 않다. 어려운 상황이나 문제 또는 위기를 극복하려고 하지 않고 단순히 피하는 데 급급한 나머지 인격적으로 성장하지 못하는 사람이 많다.

하지만 반드시 사표를 내야 할 때가 있다. 요즘 같은 경제 체제 아래서는 직장 생활에 충실한 사람도 최소한 한 번쯤은 직장을 바꾸는 것이 보통이다. 하지만 양심과 소명에 좀 더 충실한 삶을 살려는 목적이라면 사표를 제출해야 한다. 이런 면에서 사표 제출은 용기 있는 행동이다.

조직 안에서 임무를 완수했다는 생각이 들어 사표를 제출하는 사람도 있다. 구체적으로 말해 자신의 능력으로 조직에 기여할 수 있는 일이 없어진 경우, 즉 하나님의 부르심을 받고 그들의 재능과 비전에 부합하는 특정 교회나 선교 단체 또는 사업체에 가담해 일하다가 임무를 완수하고 용기 있게 사표를 제출하는 경우다. 소명에 충실한 사람은 인내해야 할 때와 떠나야 할 때, 어려움을 견디고 일해야 할 때와 한계를 인정해야 할 때를 잘 안다.

더 이상 소명에 충실한 삶이 불가능할 때는 과감하게 떠나야 한다. 우리의 재능을 다른 곳에 사용하면 더 나은 결과를 얻을 것이라 생각될 때도 있고, 직장 상사나 운영 위원 같은 사람에게 충분한 지원을 받지 못해 더 이상 업무를 효율적으로 처리할 수 없다고 판단될 때도 있다.

물론 어떤 상황에서도 소망을 잃어서는 안 된다. 그보다는 "지금 이 조직에서 내 능력이 필요할까? 내 능력은 동료의 능력과 서로 조화를 이루어 공동의 목표를 이루는 데 얼마나 효과적일까?"를 생각해야 한다. 군대에서 흔히 통용되는 지혜로운 격언에 "실패에 집착하지 말라."는 말이 있다. 이 말은 직장 생활에도 상당한 의미가 있다. 처칠은 전쟁 중에 실패를 굳이 강조하는 것은 아무런 도움이 되지 않는다는 사실을 깨달았다. 이는 우리가 조직에 대한 헌신과 참여를 고민할 때 분명한 의미를 지닌다. 예를 들어 벤처 사업을 시작했다가 생각대로 잘 되지 않는 경우도 있고, 선교 사역에 뛰어들었지만 자신의 소명이 아니라는 것을 깨닫는 경우도 있다. 실패에 집착해 봤자 아무 소용없다. 오히려 겸손하게 실책을 인정하고 용기 있게 다음 행보를 결정해야 한다.

양심상의 이유로 사표를 제출하는 이도 있다. 조직이 더 이상 양심적으로 용납할 수 없는 방향으로 나가는 경우도 있고, 터무니없는 일을 요구함으로써 일할 의욕을 상실케 하는 경우도 있다. 또한 양심상 도저히 할 수 없는 일을 요구받을 때도 있다. 어떤 경우가 되었든지 퇴사를 결정하는 일은 양심의 문제다. 예를 들어 우리 부모님은 나와 누이를 기숙학교에 보내라는 요구를 받고 몸담고 있던 선교 단체와 결별했다.

안타깝게도 이후의 결과를 두려워한 나머지 현명한 결정을 제때 내리지 못하는 상황이 빚어지기도 한다. 사람들이 퇴사를 두려워하는 이유는 최소한 세 가지다.

첫째는, 잘못된 결정을 내릴까 봐 두려워서다. 충분히 이해할 만한 일이다. 동기가 순수하지 못할 수도 있고, 판단이 올바른 것인지 의문이 들 때도 있다. 아무리 문제가 많더라도 성급하게 사표를 내는 것보다 일단 상황을 견디려고 노력하는 편이 지혜롭다. 하지만 필요 이상으로 지체하는 것은 바람직하지 않다. 대개 필요 이상으로 머뭇거리는 경우가 많다. 진작 사표를 제출해야 했는데 미적거리다가 해고 통고를 받는 경우도 있고, 주변 사람의 따가운 눈총을 견디다 못해 사표를 제출하는 경우도 있다. 사표를 제출하는 시점은 다른 누구보다 당사자가 가장 먼저 알고 있어야 한다.

둘째는, 경제적으로 어려움을 겪을까 봐 두려워서다. 우리에게는 경제적 안정을 바탕으로 가족의 기본 욕구를 충족시켜 주어야 할 책임이 있기 때문에 항상 지혜롭게 처신해야 한다. 하지만 그런 두려움 때문에 사표 제출을 주저한다면 먼저 경제적 안정에 대한 자신의 생각이 비현실적인 이상은 아닌지, 소명에 충실한 삶보다 경제적 여유를 더 원하는 것은 아닌지 곰곰이 생각해 봐야 한다. 사실 경제적 안정은 얼마나 많은 재산을 가졌느냐보다 우리의 마음이 무엇을 지향하느냐에 근거해 판단해야 한다.

양심에 어긋나는 삶을 살아갈 바에는 차라리 경제적 안정을 제공하는 직장을 그만두는 편이 더 낫다. 소명이나 양심에 충실한 삶이나 가족에 대한 책임을 가로막는데도 수입이 좋다는 이유로 직장에 연연하기보다 검소하게 살더라도 양심을 지키는 편이 용기 있는 행동이다.

「세계선교회보」(International Bulletin of Missionary)에는 "나의 선교 여행"(My Pilgrimage in Mission)이라는 흥미로운 연재 기사가 실려 있다.

그중 윌리엄 스몰리(William A. Smalley)의 글에는 그의 사역과 신앙 여정이 잘 소개되어 있다. 인류학과 언어학을 연구해 박사 학위를 받은 스몰리는 연합성서공회(United Bible Societies)에서 일하던 중 54세가 되던 해 과감하게 사표를 제출했다. 스몰리와 그의 아내는 살던 집을 처분하고 월세가 싼 아파트로 이사한 다음 장난감 도매점에서 점원으로 일하며 생계를 이어갔다. 나중에 그는 당시의 경험을 떠올리며 "배움과 성장과 해방을 만끽했던 시기"라고 술회했다. 그로부터 2년 뒤 스몰리는 자신의 능력과 경험에 걸맞은 학문적 직위를 얻게 되었다.[3]

경제적 안정이나 성공만을 생각하고 직업을 선택할 경우 돈을 버는 능력과 재산만을 근거로 자신의 가치를 결정 짓는 잘못에 빠지기 쉽다. 돈은 있다가도 없는 것이다.

셋째는, 의지와 용기와 인내심과 어려운 상황을 견딜 끈기가 없는 사람으로 비춰질 것이 두려워서다. 우리는 쉽게 일을 그만두는 사람으로 비춰져 평판이 깎일까 봐 두려워한다. 하지만 때로는 다른 사람이 불만족스럽게 여기거나 좋아하지 않더라도 결단해야 할 때가 있다는 사실을 알아야 한다. 그래야 소명에 충실하게 살 수 있다. 우리는 양심에 충실해야 하며, 궁극적으로 하나님 앞에서 책임을 다해야 한다.

무엇인가를 포기하거나 잃어버릴 각오를 하지 않으면 소명에 충실한 삶을 살기 어렵다. 퇴사는 소명을 이루기 위한 작은 희생이다. 경우에 따라서는 사람들의 평판을 잃을 수도 있다. 그러나 평판을 잃는 것은 순전한 인격을 지키며 살기 위해 치러야 할 최소한의 희생에 불과하다.

퇴사를 결정할 때 몇 가지 고려해야 할 사안이 있다.

먼저 "내가 사표를 제출해서 안 될 이유는 무엇인가? 근거 없는 두려움 때문인가? 경제적 안정 외에 다른 이유가 없는데도 주저하는 것은 아닌가? 다른 사람들이 나를 어떻게 생각할지 두렵기 때문인가?"와 같은 문제를 생각해야 한다.

그 밖에도 "어떤 동기에서 퇴사를 결심했는가? 승진을 하지 못한 데서 비롯한 분노, 실망, 좌절, 자존심의 상처 때문인가? 다른 사람과 함께 일하는 능력이 부족하기 때문인가? 사람과의 관계에서 비롯된 어려운 문제나 갈등 때문인가? 조직의 한계를 인정할 수 없거나 내 일을 비판한 사람과 일하고 싶지 않아서 퇴사를 결심하는 것은 아닌가?"와 같은 문제를 생각해야 한다.

퇴사를 결심하는 동기가 인내심 부족에서 비롯된 경우에는 사표를 제출하면 안 된다. 주어진 상황에서 더 이상 할 일이 없다는 사실, 즉 몸담고 있는 조직 안에서 하나님이 명령하신 모든 일을 완수했다는 사실을 인정하는 것과, 인내심이 부족한 것은 엄연히 차이가 있다.

마지막으로, 사표를 제출해야 할지 고려할 때에는 "나 자신에게 충실하기 원해서 사표를 내는 것인가? 나 자신의 참 모습에 일치하는 삶을 살아야겠다는 마음에서 이런 결정을 내리는 것인가?"를 생각해야 한다.

단순히 어려운 상황에서 벗어나기 위해 퇴사를 하려는 것은 아닌지 판단하기 원한다면, "이것이 혹시 내가 져야 할 십자가는 아닐까?"를 생각해야 한다. 하나님은 우리가 깊은 골짜기를 지날 때 우리의 길을 인도하신다. 하지만 우리는 항상 이것이 내가 지나야 할 골짜기인지 신중히 따져 보아야 한다. 겟세마네의 기도는 예수님께 특별한 경험이었다. 예수님은 십자가를 지는 것이 진정 하나님의 뜻인지 확인하기 원하셨다. 예수님은 피할 수 있는 십자가라면 지고 싶지 않으셨다. 그것이 반드시 지지 않으면 안 될 십자가인지 알기 원하셨다.

하나님은 어려운 상황에서 인내하기를 원하실 때도 있고 다른 일을 맡기실 때도 있다. 어려운 상황이나 고난이 찾아왔을 때 이제는 떠나야 할 때가 왔다고 쉽게 단정하기보다, 그 고난이 조직 안에서 자신의 소명을 이루는 것과 어떤 관계가 있는지 진지하게 생각해야 한다.

여러 분야에서 활동하는 사람은 공통적으로 이렇게 말한다. 대략 6년에서 8년마다 새로운 일을 받아들이거나, 이미 해오던 일을 새롭게 접근하는 방식을 찾아야 한다는 것이다.

예를 들어 한 대학 총장은 학술 기관 고위 임원의 임기 적정 기간이 대략 이 정도라고 제안하면서, 이 기간이 지나면 이미 이루어진 성과를 바탕으로 여기서 더 보완할 수 있는 강점을 지닌 다른 사람을 그 자리에 두는 것이 최선일 수 있다고 말했다. 누구도 특정 역할에 필요한 모든 것을 갖추고 있지 않기 때문에, 우리는 한 시기를 맡아 일하다가 다음 장을 이끌 새로운 능력을 가진 이에게 그 책임을 넘겨야 한다.

미국 대통령의 두 번에 걸친 4년 임기 제한이 바로 이런 원리에서 비롯된 것일지도 모른다. 이 개념에는 타당성이 있을 수 있으나, 그렇다고 해서 이러한 전환이 반드시 더 쉬워지는 것은 아니다.

올바른 판단을 내리기가 어려울 때가 많다. 내 경험에 비추어 보더라도 퇴사를 결심할 때가 가장 어려웠다. 매번 결정을 내릴 때마다 하나님과 다른 사람을 신뢰하는 믿음이 더욱 커졌다. 나는 과도기를 거칠 때마다 인내해야 할 때와 사표를 내야 할 때를 판단하는 것이 얼마나 어려운 일인지를 절실 느꼈다. 그것은 결코 쉬운 일이 아니었다. 제임스 파울러는 그런 갈등을 아래와 같이 묘사했다.

> 우리는 자신이 속한 사회 집단과 그 안에 연루된 사람들의 삶에 영향력이나 결정권을 행사하려고 노력한다. 그런 노력의 이유를 설명하려 할 때 우리는 스스로를 정당화하거나 스스로의 논리에 속아 넘어갈 가능성이 매우 높다.[4]

어떻게 해야 할까? 어떻게 해야 양심에 어긋남이 없이 지혜롭고 용기 있는 결단을 내릴 수 있을까? 직장 생활에 충실하면서도 조직을 지나치게 의존하지 않을 방법은 무엇일까? 어떻게 해야 조직과 자신을 적절히 구별함으로써 필요할 때 자유롭게 일을 그만두고 또 다른 일을 찾아 나설 수 있을까?

우리는 두 가지 소망을 가진다. 첫째, 혼자 있는 시간을 통해 하나님과 깊은 관계를 누리는 것이며, 둘째, 공동체 안에서 다른 사람들과 생생한 관계를 유지하는 것이다. 개인과 공동체. 우리의 유일한 소망은 하나님께로부터 오는 평안과 고요함 속에서 살아가게 하는 개인적인 습관을 갖고, 동시에 진정으로 중요한 것들에 대해 편안하게 대화할 수 있는 친밀한 관계를 다른 이들과 맺는 것이다.

이제 이어지는 장에서 개인의 삶과 공동체 삶의 패턴을 살펴보고자 한다.

12

개인과 공동체 사이, 중심 잡기

소명을 위한 질서 있는 삶의 모습

소명에 충실한 삶을 살려면 우리의 삶과 일정을 조직적으로 구축해야 한다. 다시 말해 질서 있는 삶이 필요하다. 소명을 발견해 효과적으로 이행하려면 질서가 있어야 한다.

질서 있는 자유

질서 있는 삶은 자유를 가져다준다. 질서가 없으면 삶의 활력이 소진되고 목적의식이 희미해진다. 또한 분주한 삶이나 혼란스런 활동에 휘말리거나 목적의식이 사라져 심한 정체성의 혼란이 야기되고 다음에 어떤 일을 해야 할지 갈피를 잡을 수 없다. 질서와 삶의 리듬을 가지고 살아야 활력이 넘치는 자유로운 인생을 살 수 있다.

삶에 질서가 없으면 시간은 원수로, 각종 마감 날짜는 부담으로 변해 버린다. 다시 말해 끊임없이 위협을 느끼며 맞서 싸워야 할 고통으로 변질된다. 반대로 질서가 있으면 시간은 친구가 된다. 하지만 질서는 엄격한 통제나 규칙과는 다르다. 삶을 위한 가장 좋은 질서는 소명에 꼭 들어맞는 질서, 즉 우리의 발전을 가능케 하는 삶의 패턴이다. 우리의 기질과 관계의 특성, 일의 목적과 삶의 상황에 일치하는 질서가 가장 좋은 질서다. 예술가나 가정주부를 자유롭게 하는 질서와 치과 의사나 교사를 자유롭게 하는 질서는 서로 다르다. 하지만 모든 사람은 질서를 통해 자유를 얻는다.

질서는 안식일의 쉼에서 비롯하는 자유, 즉 일과 휴식의 적절한 조화를 통해 주어지는 삶의 기쁨을 가져다준다. 그 같은 질서가 있어야 안식일이 단순한 휴일이 아니라 진정한 의미의 안식일이 된다(휴일과 안식일은 큰 차이가 있다.).[1] 우리는 질서를 통해 우리의 책임과 한계를 기꺼이 인정할 수 있다. 삶의 질서는 소명에 충실한 삶에서 이탈하지 않고 주변 사람의 요구에 관심과 시간을 기울일 여유를 준다. 질서가 없으면 온갖 요구와 기대, 주변 사람의 필요를 충족시켜야 한다는 부담, 영웅이 되고 싶은 욕망에 짓눌려 우왕좌왕할 수밖에 없다. 즉 이렇다 할 성과도 없으면서 괜히 바쁘기만 한 삶을 살 수밖에 없다.

세 가지 원리를 따라야만 질서 있는 삶을 살 수 있다. 어쩌면 이 원리를 보고 시간 활용법을 다른 식으로 풀이한 것에 지나지 않는다고 생각할지도 모르겠다. 하지만 질서 있는 삶은 시간을 다스린다기보다는 자아를 다스리는 것과 더욱 밀접한 관계가 있다. 그런 점에서 이 원리는 단순한 시간 활용법이 아니라 무질서한 삶에서 우리를 자유롭게 하는 근본 원리라고 하겠다.

질서 있는 삶을 위한 원리는 세 가지 소명, 즉 신자가 되라는 일반 소명, 각 사람의 존재 목적에 부합되는 고유하고 구체적인 소명, 하나님이 순간순간 각 사람에게 요구하시는 책임과 의무인 일상 소명을 전제로 한다.

우선순위를 명확히 하라

먼저, 질서 있는 삶을 살려면 무엇이 진정으로 중요한지 명확히 파악해야 한다. 일의 우선순위와 목적을 알지 못하는 데서 무질서한 삶이 비롯한다. '해야 할 일'을 정한다고 아무 일이나 마구잡이로 선택해서는 안 된다. 우선순위를 신중히 따져보아 오랫동안 관심을 기울여야 할 중요한 일과 긴급히 처리하지 않으면 때를 놓쳐 더 이상 손을 쓸 수 없는 일을 가려내야 한다.

그리스도인에게 가장 중요한 일은 신자가 되라는 일반 소명에 일치하는 일이어야 한다. 믿음, 소망, 사랑 안에서 성장하는 것보다 더 중요한 것은 없다. 충실한 신자가 되는 데 필요한 영적 훈련과 습관을 유지하기를 삶의 중심으로 삼아야 한다.

더 나아가 자녀 양육, 집안 청소, 편지 작성과 같이 지금 당장 해야 할 일도 중요하게 생각해야 한다. 물론 그 일들은 근본적인 소명과 직접적으로 관련되지는 않는다. 하지만 중요한 일이다. 우리 아들들이 어렸을 때는 아이들을 돌보는 일이 우선이었다. 그렇다고 해서 직장 생활이나 사역을 소홀히 한 적은 없었지만, 나로서나 아이들로서나 당시에는 양육 문제가 가장 중요했다.

그럼에도 지금 이 위치에서 내가 해야 할 일이 무엇인지 항상 생각해야 한다. 즉각 처리할 일이든 오랫동안 관심을 기울여야 할 일이든 오늘 분량을 끝마쳐야 한다. 예를 들어 나는 매일 다음과 같은 문제를 생각한다. "보고서를 준비하거나 의제를 결정해야 할 모임이 다가오는가? 일주일, 혹은 몇 달을 투자해도 유익한 결과를 예상할 수 없지만 그 일을 위해 나는 오늘 무엇을 해야 하는가?"

대학에서 학생을 가르치다 보면 학생들이 다른 교수가 내준 숙제와 내가 내준 숙제의 제출일이 겹친다며 불평하는 모습을 이따금 본다. 나는 그때마다 왜 그런 불평을 하는지 이해가 안 간다. 살다 보면 예기치 않은 일이 생기기 마련이다. 즉시 처리해야 할 일은 즉시 처리하는 습관도 필요하지만, 며칠이나 몇 주 뒤에 해야 할 일을 매일매일 조금씩 미리 해나가는 습관도 아울러 필요하다.

마지막으로, 해야 할 일을 결정할 때는 "먼저 처리해야 할 일을 먼저 처리하자."라는 원칙을 따르는 것이 좋다고 생각하는 이들이 많다. 이 원칙은 일을 미루고 질질 끌다가 마감 날짜가 임박해서야 허둥대는 습관을 극복하는 데 많은 도움이 된다.

삶의 한계를 인정하라

질서 있는 삶을 통해 자유를 얻으려면 삶의 한계를 기꺼이 인정해야 한다. 하고 싶은 일을 다 할 수는 없다. 모든 사람에게 만족을 주는 삶은 불가능하다. 모든 것을 다 하려는 욕심을 버려야 한다. 가능하다면 다른 사람에게 일을 위임하거나 다른 사람도 능히 그 일을 잘 해낼 수 있을 것이라고 인정해야 한다.

삶의 한계를 인정한다는 것은 때로 느닷없는 방해나 지연, 돌발 상황 때문에 차질이 빚어질 수도 있다는 사실을 기꺼이 받아들이는 것이다. 한마디로 인생은 혼란스럽다. 차가 막힌다고 해서 초조해하거나 실망해서는 안 된다. 교통 체증도 삶의 일부다. 도시 생활을 하면서 차를 소유하고 운행한다면 그 정도 불편은 감수해야 한다. 질서 있는 삶은 자신과 이웃과 인생 자체를 유연한 태도와 유머 감각과 인내심을 가지고 대하라고 요구한다.

삶의 한계를 인정하려면 "아니오."라고 거절할 용기가 필요하다. 삶을 고달프게 생각하는 사람이 많은 이유는 너무 많은 일을 하려고 하기 때문이다. 우리는 대개 감당할 수 있는 한계를 넘어서는 일을 떠맡곤 한다. 우리는 자신이 "능력과 사랑과 절제하는 마음"(딤후 1:7)이 아니라 다른 욕망에 이끌리고 있음을 알면서도 다른 사람의 요구에 부응하고 그들의 필요를 채워 주려고 애쓴다.

그러면 우리로 "아니오."라고 말할 수 없게 하는 요인은 무엇일까? 첫째는 배척을 받을지도 모른다는 두려움이다. 사람들에게 인정받고 싶은 욕망 때문에 자신의 한계를 넘어서는 일을 할 때가 많다. 둘째는 스스로의 가치를 확인하고 싶은 욕망이다. 우리는 바쁜 생활을 하며 많은 사람을 만족시킬 수 있을 때 비로소 자부심과 함께 삶의 중심에 선 듯한 느낌을 받는다. 다시 말해 남들이 나를 필요로 한다는 느낌이 들어야만 자신이 중요한 존재라는 생각을 갖는다. 셋째는 자신의 소명에 대한 무지다. 사람들은 때로 가능한 한 많은 일을 해야 자신이 진정으로 해야 할 일을 한 가지라도 할 수 있을 것처럼 생각하는 듯하다.

거절할 것을 거절하지 못하면 좌절할 수밖에 없다. 아무리 일을 많이 해도 사람들의 인정을 받거나 자부심을 느낄 만큼 일을 다했다는 성취감을 얻기 어렵다. 그런 상황은 절망적이다. 우리의 유일한 소망은 삶의 목적과 소명 의식을 되살리는 일, 즉 현재의 위치에서 정체성과 소명에 충실한 삶을 사는 데 있다. 무엇이 중요한지 분명히 알아야 한다. 물론 소명을 발견하는 일에만 많은 시간을 할애하게 될 수도 있다. 하지만 그 자체만으로도 중요한 일을 한 셈이다.

우리는 하나님 앞에서 분주한 삶에 치우치지 않고 평화롭고 고요한 상태에서 행할 수 있는 책임과 의무만을 이행하고 그 이상의 욕심을 부리지 않겠노라고 다짐해야 한다. 그런 각오가 있어야만 좌절의 늪에 빠지지 않고 항상 자유롭게 살 수 있으며, 정체성과 소명에 부합하는 질서 있는 삶이 이루어진다.

일정이나 계획에 틈이 생기더라도 담담하라

마지막으로 일정이나 특별한 계획에 예상치 못한 차질이 생기더라도 담담할 수 있어야 질서 있는 삶을 살 수 있다. 의도적으로라도 그런 시간을 만들라. 살다 보면 삶의 고삐를 놓고 가만히 기다려야 할 때도 있다.

무엇보다도 그런 시간을 의도적으로 만드는 것이 중요하다. 하루 일과 중에도 생각하고 계획하고 대화를 나눌 시간을 마련하라. 모임이 있을 때면 약속 시간보다 일찍 가서 기다리며 마음을 차분히 가라앉히라. 또한 모임을 계획할 때면 정해진 시간보다 일찍 끝나도록 계획하여 참석자들이 다음 약속을 위해 바쁘게 서두르지 않도록 배려하라.

오전에는 기도와 묵상의 시간을 마련하고, 하루의 일과를 계획하며 생각을 가다듬고, 마음을 진정시키고, 돌발 상황에 대처할 시간을 확보하라.

하루 일과 중에 계획에 없는 틈이 생기더라도 담담히 그 시간을 보낼 수 있어야 한다. 그 시간을 성가시거나 부담스럽게 여기기보다 선물로 생각하라. 교통이 막혀 오도가도 못할 때나, 병원에서 진료를 기다릴 때나, 약속 시간에 늦은 상대방을 기다릴 때도 서두르지 말라. 성급하고 초조한 마음을 갖기보다 책을 읽거나 기도하거나 주변에서 보여지는 삶의 모습을 관찰할 기회로 삼을 수도 있고, 그냥 차분히 기다리면서 참되고 경건하고 옳고 정결하고 사랑스럽고 칭찬할 만하고 덕스럽고 명예로운 것을 생각할 수도 있다(참조. 빌 4:8).

지금까지 말한 세 가지 원칙(우선순위를 명확히 하라, 삶의 한계를 인정하라, 일정이나 계획에 틈이 생기더라도 담담하라.)을 준수한다면 질서 있는 삶이 가져다주는 자유를 만끽할 수 있다.

두 가지 닻

하지만 그것만으로 끝나는 것은 아니다. 세 가지 원칙이 아무리 유익하다고 해도 인생의 닻을 든든히 드리워야만 질서 있는 삶을 살 수 있다. 인생의 닻이란 하나님의 소명과 삶의 현실에 힘차게 부응하는 능력을 말한다.

인생의 닻은 두 가지 차원으로 구성된다. 자신의 참 모습을 인정하고 받아들이는 겸손과 용기를 지니려면 이 두 가지 차원을 잘 숙지해야 한다. 그래야만 두려움을 극복하고, 고난과 고통의 의미를 이해하고 유연한 태도로 삶의 변화와 시련에 대응해 나갈 뿐 아니라 회복력 있고 기쁜 인생을 살 수 있다.

질서 있는 삶은 항상 예외 없이 공동체의 삶과 홀로 있는 시간이라는 두 가지 현실에 근거한다. 두 가지 가운데 하나만 있으면 아무런 가치가 없다. 우리에게는 두 가지 현실이 동시에 필요하다.

대화 공동체

우리는 공동체의 은혜가 필요하다. 우리는 공동체 안에서 소명을 발견하고 서로를 의존함으로써 소명을 이루어 나간다. 그뿐 아니다. 우리의 소명은 다른 사람(배우자, 신앙 공동체, 이웃과 직장 동료)과의 관계에 의해 좌우된다. 우리는 그들의 필요와 상황을 고려하지 않을 수 없다. 다른 사람의 필요, 기대와 동떨어진 상태에서는 어떤 소명도 이룰 수 없다. 소명에 충실한 삶을 산다고 해서 공동체의 삶이 요구하는 책임과 의무를 등한시할 수는 없다. 모든 소명은 본질적으로 공동체적 특성이 있다.

이 점은 결코 좋은 소식이 못 된다. 공동체는 심지어 신앙 공동체라 하더라도 억압적인 성격을 띠기 때문이다. 가족과 공동체의 전통, 기대, 관습은 우리의 정체성과 소명에 충실한 삶을 방해할 소지가 높다. 어떤 사람은 자신의 상황을 고려할 때 과연 소명에 충실하게 살 수 있을지 의문을 갖기도 한다. 그런 사람은 차라리 혼자 떨어져 나와 다른 곳에서 위로와 힘을 얻는 것이 유일한 탈출구라고 생각하기도 한다.

우리는 자기 자신에게 충실하기보다 다른 사람의 기대에 부응하며 살 가능성이 매우 높다. 그런 기대를 충족시켜 주었을 때 무언가 이익을 보는 사람이나, 자신의 기대가 곧 하나님의 기대라고 주장하는 사람을 조심해야 한다. 그 사람이 부모든 목회자든 아니면 그 밖의 권위를 지닌 사람이든 상관없다. 때로 공동체의 압력이 너무 커서 소명에 충실하게 살기가 불가능하다고 여겨질 경우에는 과감하게 결별을 선언해야 한다. 그러나 여전히 어떤 형태로든 공동체가 우리에게 자신을 발견하고 소명을 받아들이는 능력을 부여한다.

홀로 있는 시간이 중요한 이유가 바로 여기에 있다. 우리는 혼자만의 시간을 통해 궁극적인 충성을 바쳐야 할 존재, 즉 삶의 목적과 소명과 보호의 울타리를 허락하시는 하나님을 만날 수 있다. 단순히 공동체의 삶만을 추구해서는 안 된다. 그럴 경우에는 하나님의 뜻에 복종하기보다 공동체의 기대에 매몰될 소지가 높다.

하지만 비록 공동체의 삶에 위험의 소지가 있고 홀로 있는 시간이 매우 중요하다고 해도 우리에게는 여전히 공동체의 삶이 필요하다. 인생이란 다른 사람과 어울리며 사는 것이기 때문이다. 우리는 인생의 여정을 혼자 걸어가지 않는다. 자신을 발견하고 소명을 이루려면 반드시 공동체의 삶이 필요하다.

공동체란 우리가 다른 사람과 연합하여 살아가게 하는 은혜를 의미한다. 이 연합은 은혜의 통로이자 삶 그 자체의 본질이다. 하나님은 우주 만물을 창조하시고, 보시기에 좋았다고 말씀하셨다(창 1장). 하지만 아담이 홀로 지내는 것은 좋지 않다고 말씀하셨다(창 2:18). 다시 말해 아담에게는 하나님 외에 다른 존재가 필요했다. 그에게는 함께 어울릴 다른 사람이 필요했다. 다른 사람과의 관계를 통해서만 인간의 고독한 영혼이 만족을 얻을 수 있다.

서로를 존중하는 법, 즉 입에 발린 아첨이 아니라 진리에 근거한 사랑으로 서로를 대하는 법을 배우는 곳도 공동체이고, 그리스도께서 우리의 죄를 짊어지시고 용서를 베푸셨듯이 서로에 대해 오래 참으며 용서를 베풀 능력을 키울 수 있는 곳도 공동체이다. 또한 공동체의 삶은 서로를 섬기는 방법, 즉 자신의 것을 주고받는 방법을 깨닫게 하고, 사랑하고 사랑받는 방법을 알게 한다. 공동체 없이는 진정한 자신과는 물론 하나님과도 소외된 상태에서 일차원적 삶을 살아갈 수밖에 없다.

대화는 공동체의 삶이 주는 가장 큰 혜택이다. 우리는 대화를 통해 성령 안에서 공동체의 삶을 살아갈 수 있다. 대화는 부부 관계,

친구 관계, 교우 관계를 가능하게 하고, 서로의 협력 아래 효율적으로 일하는 능력을 길러 준다.

무엇보다도 친구, 가족, 동료, 이웃과의 대화를 통해 지혜와 은혜와 능력 안에서 성장할 수 있다. 또한 대화를 통해 서로를 격려함으로써 위로를 얻을 수 있다. 위로를 받게 되면 두려움을 억누르거나 극복할 수 있는 용기가 생긴다.

대화를 구성하는 요소는 두 가지다.

첫째, 듣기다. 듣기보다 상대방을 더 존중해 주는 것은 없다. 상대방의 말에 진지하게 귀를 기울일 때 그들을 존중하고 이해할 수 있을 뿐 아니라 그들이 중요하게 생각하는 일에 관심을 보일 수 있다. 듣기는 가장 중요한 사랑의 표현이다.

할 말이 있거나, 가르치고 싶은 것이 있거나, 해야 할 일을 강조하고 싶은 마음이 들더라도 참고 상대방의 말에 귀를 기울여야만 대화가 성립된다. 상대방의 말을 충분히 듣기 전에 말을 하거나, 성급한 결론을 내리거나, 무슨 말을 할 것인지 미리 속단하는 경우에는 대화가 성립되지 않는다.

둘째, 대화에는 말하기가 포함된다. 하지만 말을 할 때는 비꼬는 말이나 불평이나 냉소적인 어투를 사용해서는 안 된다. 또한 과장이나 아첨이나 가식이 없이 진실만을 말해야 한다.

어떤 사람은 말할 때 선심을 쓰는 듯한 태도를 취한다. 그런 사람은 말을 할 때 상대방을 통제하려 들거나 자신의 두려움을 감추려고 한다. 자녀에게 선심을 쓰는 척 말을 해서는 곤란하다. 그런 태도는 진실한 대화를 가로막는다. 그들은 대화를 나눌 때 마음은 고사하고 눈빛조차 진지하지 않다.

진실한 대화는 생명을 가져다준다. 듣고 말하기를 통해 서로 친밀감을 느낄 수 있다. 대화를 통해 우리의 참 모습을 있는 그대로 받아들일 수 있을 뿐 아니라, 내면의 두려움을 회피하지 않고 오히려 적나라하게 끄집어내어 극복할 용기와 겸손을 지닐 수 있다.

또한 다른 사람과 대화를 나눔으로써 인생의 기쁨과 슬픔의 의미를 깨달을 수 있다. 대화는 분노와 탄식과 절망의 고통을 이겨 낼 힘을 제공한다. 대화가 없으면 홀로 두려움을 안고 살아갈 수밖에 없으며, 심지어는 자기 자신으로부터도 소외된 삶을 살게 된다. 아이러니하게도 다른 사람과 관계를 맺을 때 자신과도 진정한 관계를 맺을 수 있다. 다른 사람과 관계를 맺어야만 자신의 참 모습을 발견할 수 있으며 하나님의 소명에 부응할 수 있다.

모든 사람 즉 배우자, 가족, 동료, 이웃과 늘 대화를 나누다 보면 은혜와 지혜가 풍성하신 하나님이 몇몇 특별한 친구를 만날 기회를 허락하신다. 모든 사람에게 친밀한 감정을 느끼기는 어렵다. 깊은 두려움을 모두에게 털어놓을 수는 없는 노릇이다. 하지만 하나님의 은혜 안에서 몇몇 사람(동료가 될 가능성이 많지만 꼭 그렇지는 않다.)과 가식이나 거만함 없이 진실하고 참된 대화를 나눌 수 있다. 내 경우도 그런 우정을 나눌 수 있는 사람이 몇 있다. 우리는 1년 이상 만나지 못했을 때도 우리의 대화가 어디에서 중단되었는지 기억할 수 있다. 나는 그들과의 우정을 하나님이 주신 가장 귀한 선물 가운데 하나로 생각한다. 그들은 남편과 아버지로서 살아가는 기쁨 다음으로 내게 큰 기쁨을 준다.

개인의 삶

진정한 공동체 안에 살기 위해서는 개인을 알아야 한다. 개인이 없으면 공동체는 억압이 된다.

예수님의 공생애 초기에 있었던 일이다. 어느 날 베드로와 다른 제자들이 마을 사람들이 예수님을 찾는다며 가버나움으로 돌아가자고 간청을 드렸다. 하지만 예수님은 다른 마을로 가자고 권하시며 "거기서도 전도하리니 내가 이를 위하여 왔노라"(막 1:36-38)고 말씀하셨다. 예수님은 제자들이 자신을 냉정하고 동정심 없는 사람으로 잘못 생각하지 않도록 한 한센병자가 길에서 치유를 간청하자 기꺼이 손을 내밀어 고쳐 주셨다(막 1:40-44).

이 일화는 무엇보다도 예수님의 목적의식이 분명했다는 사실을 보여 준다. 예수님은 자신의 정체성과 소명을 정확히 아셨다. 그분은 가버나움 사람의 필요를 채워 주기 위해 계획을 바꾸거나 지체하시지 않았다. 또한 제자들의 간청에도 마음이 약해지시지 않았다. 글린 오웬(Glyn Owen)은 "예수님은 사람들이 자신을 종으로 생각하는 것보다 직접 종의 길을 가는 것을 더 중요하게 생각하셨다."는 말로 예수님의 태도를 설명했다.

하지만 예수님은 목적의식만 뚜렷하신 것이 아니었다. 그분에게는 다른 무엇이 있었다. 예수님은 길을 가시다가 느닷없이 한센병자

한 사람을 만나셨다. 그분의 마음에 동정심이 가득 일었다. 하나님은 예수님이 동정해야 할 상황을 외면하는 것을 원치 않으셨다. 우리도 마찬가지다. 병들어 고생하는 이웃을 만나거나, 자녀들이 무엇을 요구하거나, 동료가 무언가 하고 싶은 말이 있는 듯할 때는 기꺼이 그들의 필요에 관심을 기울여야 한다.

이것이 바로 우리가 원하는 삶이다. 우리는 비전과 목적의식이 뚜렷한 삶, 즉 현재는 물론 일평생 정체성과 소명에 충실한 삶을 살기를 갈망한다. 그와 동시에 우리는 동정심 많은 사람, 즉 가식이나 거만함 없이 다른 사람의 필요에 진정한 관심을 기울일 수 있기를 원한다. 우리 가운데는 주위 사람이나 주변의 현실적 요구에 전혀 아랑곳하지 않고 오직 소명만을 생각하는 사람도 있고, 반대로 소명의식은 별로 없이 마치 스펀지처럼 주위의 요구에 무조건 순응하는 사람도 있다. 두 경우 모두 이기적이라고 할 수 있다. 전자는 업적을 남기려는 욕구에 사로잡혀 있는 경우고, 후자는 사람들에게 필요한 존재가 되고 싶어 하는 욕구에 사로잡혀 있다.

그러면 어떻게 해야 소명 의식도 뚜렷하고 동정심도 많은 사람이 될 수 있을까? 앞서 인용한 성경의 일화에서 답을 찾을 수 있다. 그 서두에 보면 "새벽 아직도 밝기 전에 예수께서 일어나 나가 한적한 곳으로 가사 거기서 기도하시더니"(막 1:35)라는 말씀이 발견된다. 제자들은 여기저기를 헤매다가 홀로 계시는 예수님을 발견했다.

홀로 있는 시간은 하나님과 인격적인 교제를 나누는 기도 생활을 의미한다. 곧 의도적으로 하나님을 찾는 시간을 뜻한다. 홀로 있는 시간은 단지 홀로 떨어져 있는 것이 아니라 하나님과 단 둘이 만나는 순간이다. 이런 점에서 홀로 있는 시간은 기독교의 영성을 가장 본질적으로 드러내는 행동이다. 홀로 있는 시간은 마음과 심령을 쏟아놓는 시간, 즉 오로지 소명을 주신 하나님만을 생각하는 시간이다. 홀로 있는 시간에 기도가 이루어진다. 기도는 곧 하나님과의 대화다. 그 시간에 하나님 앞에 마음의 문을 활짝 열고 성령님이 감동하시는 대로 솔직한 모습을 하나님 앞에 보여 드린다.

뚜렷한 소명 의식을 가지고 소명에 충실한 삶을 살려면 홀로 있는 시간이 반드시 필요하다. 그 시간을 통해 소명을 주신 하나님과 관계를 맺을 수 있기 때문이다. 홀로 하나님과 대화를 나눌 때 비로소 자신의 참 모습을 볼 수 있고, 가식이나 헛된 열망에 사로잡히지 않고 자신에 대한 솔직하고 객관적인 판단이 가능하다. 홀로 있는 시간을 통해 기쁨과 슬픔을 적절히 다스릴 수 있고, 고난과 절망을 극복하는 은혜를 발견할 수 있으며, 우리의 한계와 실패를 솔직하게 고백할 수 있다.

하지만 공동체의 삶이 없으면 홀로 있는 시간은 한갓 주위 사람은 물론 삶의 긴장과 스트레스에서 벗어나려는 행위에 불과하다. 물론 한쪽으로 조용히 물러나야 할 때나 장소가 있다. 하지만 언제나 자기도취에 빠질 가능성이 있다. 공동체 안에서 살아가는 법을 배워야만 홀로 있는 시간도 중요한 영적 훈련으로서 제 기능을 발휘한다. 그런 조화가 이루어져야만 공동체의 삶의 부당한 압박에서 벗어나 진실한 대화를 나누는 능력이 생긴다.

소명과 용기

우리에게는 질서 있는 삶이 가져다주는 자유가 필요하다. 삶의 우선순위를 파악하고, 자신의 한계를 인정하고, 일정이나 계획에 틈이 생기더라도 담담히 대처할 수 있어야만 질서 있는 삶이 가능하다. 또한 힘들고 분주한 일상에서 우리를 안정감 있게 받쳐 주는 인생의 닻, 즉 공동체의 삶과 홀로 있는 시간이 필요하다. 이 은혜가 없이는 자신의 한계를 인정하거나 삶의 우선순위를 분별할 수 없기 때문에 주변의 필요를 채우기에 급급한 삶을 살아갈 수밖에 없다.

물론 질서 자체를 위한 질서는 아무런 의미가 없다. 우리가 질서 있는 삶을 갈구하는 이유는 혼란스럽고 타락한 세상에서 용기와 소망을 잃지 않기 위해, 즉 변화와 갈등과 불확실성 속에서도 뚜렷한 소명 의식을 지닌 사람이 되기 위해서다.

우리는 공동체의 삶과 홀로 있는 시간을 통해 믿음, 소망, 사랑 안에서 살아갈 은혜를 발견할 수 있다. 공동체의 삶과 홀로 있는 시간은 목적과 의도가 뚜렷한 삶을 살게 한다. 이는 두려움을 극복하고 소망을 가지고 살아가게 하는 인생의 닻이다. 공동체 안에서 대화의 은혜를 통해, 홀로 있는 시간을 통해 하나님과 관계를 맺음으로써 우리는 점차 소망 없는 세상에서 용기 있게 살아가는 사람으로 변화된다.

인생의 닻은 우리의 참 모습을 인정하고 소명에 충실한 삶을 살아가는 용기와 예수 그리스도 안에서 뚜렷한 목표의식을 가지고 힘차고 성실하게 살아가는 능력을 준다. 우리의 궁극적인 목표는 위대한 업적을 이루는 것이 아니라 예수님을 알고 사랑하고 섬기는 것이다. 우리의 궁극적인 관심은 사역이나 명예나 경력이 아니라 그리스도의 구원의 은혜 안에서 성장하며 일과 생활을 통해 사람들에게 그분의 존재를 일깨워 주는 데 있다.

우리의 간절한 염원 가운데는 이 세상에서는 결코 이루어지지 않는 일이 존재한다. 그리스도의 통치가 이루어지는 날, 즉 완전한 정의와 평화가 실현되는 날까지 기다려야 할 일도 있다. 이 세상에 사는 한 우리는 많은 일을 포기할 수밖에 없다. 때로는 기대가 좌절되기도 할 것이다. 심지어는 기회가 많고 주변 사람의 후원이 풍성할지라도 타락한 세상에 거하는 한 뜻하는 바를 모두 이룰 수는 없다. 우리의 염원 가운데는 세상에서 성취되는 일도 있고 그렇지 않은 것도 있다. 내 생각에 세상에서의 성취는 장차 새 하늘과 새 땅에서 이루어질 우리의 일과 삶을 미리 맛보는 기회를 제공하는 듯하다. 우리의 소명은 이 땅에서만이 아니라 영원히 상상을 뛰어넘는 방법으로 계속될 것 같다.

세상에서 우리의 기대와 염원은 다 성취되지 않는다. 그렇다고 해서 세상에서 이루어지는 일과 삶이 무의미하다고 생각해서는 곤란하다. 인간의 삶은 타락한 세상에서도 많은 가능성을 내포하고 있다. 우리는 "일의 열매"(빌 1:22)를 통해 얼마든지 변화를 갈망할 수 있다. 본서는 소명에 충실한 삶을 격려하는 데 그 의미가 있다. 우리의 궁극적인 목적은 그리스도의 구원과 영광이라는 사도 바울의 비전에 동참하는 데 있다. 결국은 예수 그리스도를 아는 것이 가장 중요하다(빌 3:7-8).

이 비전은 인생에서 경험하는 절망과 좌절과 실패에 의미를 부여한다. 공동체의 삶과 홀로 있는 시간을 통해 질서 있는 삶이 이루어지면 세상에서 소명을 이행할 수 있을 뿐 아니라 그리스도 안에서 자유를 누리며 용기 있게 살아갈 수 있다.

13

개인의 소명을 위한 공동의 비전

공동체 안에서 확인되는 소명

소명과 일, 그리고 직업에 대해 반드시 반복해서 확인해야 할 기본적이고 중요한 내용이 있다. 누구도 대신해서 당신의 소명을 분별할 수 없으며, 누구도 당신을 대신해 부르심을 선택할 수 없다. 그것은 오직 당신의 부르심이며, 당신 스스로 분별해야 한다. 그러나 동시에 분명하고 신속하게 확인해야 할 것은, 당신이 혼자서는 이 일을 해낼 수 없다는 사실이다.

맞다, 그것은 당신의 부르심이기에 부모나 권위자, 설득력 있는 설교자, 혹은 가장 가까운 친구까지, 그들이 당신에게 가하는 압박과 기대에서 벗어나 혼자 있는 분리의 시간을 가져야 한다. 그러나 분리의 시간에 더해 반드시 알아야 할 것은, 우리가 그리스도인 공동체의 온전한 일원으로 참여하지 않는다면 소명을 분별할 수 없다는 사실이다.

따라서 우리는 이 과정의 공동체적 측면을 질문해야 한다. 즉, 신앙 공동체(교회)든 학문 공동체(예컨대 기독교 대학)든 소명을 분별하도록 격려하는 공동체의 일원이 된다는 것은 무슨 의미인가? 소명이 활발히 논의되고, 소명에 대한 인식과 명료성을 길러 주는 문화가 있는 공동체에 속한다는 것은 어떤 모습인가? 용기와 소명을 키워

내는 공동체란 어떤 모습인가? 각 개인이 자신의 삶에 임한 하나님의 부르심을 분별하고 응답하도록 격려하고 준비시키며 우리를 자유롭게 하는 공동체에 속한다는 것은 무엇을 의미하는가?

기독교 대학과 교회 공동체 모두 그리스도 안에서 제자도와 성숙에 대한 확고한 의지를 가지고 있다고 가정해 보자. 이는 분명히 근본적이고 핵심적인 헌신을 포함한다. 곧 모든 이가 자신에게 임한 하나님의 부르심을 인식하고, 민첩함과 용기, 결단을 가지고 그 부르심을 기꺼이 받아들이도록 격려하는 일이다.

우리는 타인이 무엇이 되어야 하거나 무엇을 해야 하는지 미리 단정하지 않고, 오히려 그들의 마음과 생각을 열어 하나님의 부르심을 받아들이게 하는 공간과 대화를 만들고 격려해야 한다. 그리고 어떤 부르심도 다른 부르심보다 우위에 두지 않아야 한다.

영문학 교수라면 자신의 학생 중 한두 명이 대학원에서 영문학을 계속 공부하는 모습을 보면 기쁘겠지만, 언제나 가장 중요한 것은 그 학생에게 임한 하나님의 부르심이다. 반면 목회자라면, 자신이 바라든 바라지 않든 교회의 다음 세대가 목회직 부르심에 응답하길 원하겠지만, 각 개인에게 진정으로 바라며 고집해야 할 것은 그들이 자신에게 임한 하나님의 부르심을 알고 기꺼이 받아들이는 것이다.

그렇다면 소명에 대한 명확성과 확신, 즉 용기와 부르심을 키워내는 공동체란 무엇을 의미하는가? 그런 공동체의 특징이나 요소는 무엇인가?

초월적 인식을 기르는 공동체

이것이 기본이다. 소명을 분별하도록 이끄는 공동체는 초월적인 그리스도에 대한 인식을 길러 주는 공동체다. 부르심은 하나님께로부터 오며, 우리가 받은 소명은 궁극적으로 우리가 만들어 낸 것이 아니기 때문이다. 그러므로 공동체는 하나님의 통치를 증언하는 일로 성도를 관대히 섬기면서 각 사람을 부르시는 초월적인 하나님에 대한 인식을 지녀야 한다.

모세는 불타는 떨기나무를 만났고, 엘리야는 호렙산에서 바람이나 불이 아닌 고요한 침묵의 소리 가운데 하나님께서 임재하여 말씀하심을 인식했다. 이사야는 임재의 영광을 경험했고, 마리아는 천사 가브리엘의 방문을 받았다. 사도 바울은 다마스쿠스로 가는 길에서 그리스도를 만났으며, 이는 그의 회심과 부르심의 계기가 되었다. 이 모든 이들에게 부르심은 하나님의 임재와의 만남, 즉 부활하시고 승천하신 그리스도와의 만남의 열매였다. 오늘날 우리 모두에게도 마찬가지일 것이다. 우리는 예수님의 음성을 알고자 갈망하며, 열린 마음과 뜻으로 그의 부르심에 응답하기를 원한다. 그러므로 우리가 모인 공동체는 승천하신 주님께서 우리와 함께 계시고 이 세상 가운데 임재하심을 깨닫게 해야 한다.

소명을 분별하는 많은 방식이 이를 기계적인 과정으로 다룬다. 이 양식을 작성하고, 강점 분석을 하고, 성격 검사를 하면 '자신이 누구인지', '어떤 직업이 적합한지'가 바로 나온다는 식이다. 이러한 검사에는 분명 큰 가치가 있고, 자기 이해를 높이는 데 필요하다. 그러나 결국 중요한 것은 예수님의 음성을 아는 것이다. 따라서 생생한 그리스도인 공동체는 초월적인 하나님과 승천하신 그리스도에 대한 인식을 길러 준다.

하지만 우리는 한 가지 중요한 주의사항을 덧붙여야 한다. 하나님과 그리스도의 초월성에 대한 인식을 키울 때, 하나님의 사랑에 대한 우리의 인식도 자란다. 우리는 하나님께서 근본적으로 선하고 자비로우시다는 깊은 깨달음에서 우리를 향한 하나님의 부르심을 알 수 있다고 강력히 주장해야 한다.

우리 삶에 임하는 소명은, 우리를 창조하셨으며 우리 존재의 깊은 곳까지 사랑하시는 분에게서 온다. 소명은 바로 이 사랑 안에서, 이 사랑으로부터 구체적으로 나타난다. 하나님은 우리 편이시다. 이는 소명이 창조주 앞에서 자신을 증명하거나 옳음을 입증하는 일이 아니며, 잘못하면 심판받을까 두려워하는 일도 아니라는 뜻이다.

마찬가지로, 하나님의 근본적인 선하심은 우리가 소명을 하나님을 달래거나 감동시키거나 하나님께 사랑받기 위한 수단으로 보지 않게 한다. 오히려 하나님의 사랑이 우리를 앞으로 나아가게 하는 원동력이다. 우리의 삶과 소명은 이 사랑에 대한 응답으로 살아가는 것이다.

이를 위해 소명을 분별하도록 돕는 공동체의 특징은 바로 예배이다. 교회에서는 매주 모여 찬양과 예배를 드리고, 기독교 전문 대학과 같은 환경에서는 학사 일정에 대학 예배에 참여할 기회를 포함할 수 있다. 소명이 하나님께로부터 왔다면, 자연스럽게 우리는 공동체 생활의 주간 일상 속에서 하나님의 임재를 점점 더 인식해야 한다.

그러므로 가장 우선되어야 할 것은 오직 한 가지이다. 바로 공동체 안에 임재하시고, 특히 그 자리에 있는 각 사람에게 임재하시는 승천하신 그리스도를 인식하도록 돕는 일이다. 우리는 질문을 강요하거나 프로그램을 특정한 결과로 몰고 갈 필요가 없다. 단지 우리가 하나님의 임재 앞에 모였음을 확신하고, 하나님을 신뢰하며 나머지 일을 맡기면 된다. 하나님께서 자신의 때에 말씀하시고 예배자가 알아들을 수 있도록 말이다.

우리는 예배 가운데 부활하시고 승천하신 자비로우신 주님을 만날 뿐만 아니라, 말씀 사역을 통해 하나님 나라를 선포할 기회도 갖는다. 곧 그리스도의 통치라는 복음, 좋은 소식을 선포한다. 그리고 이를 통해 모든 사람을 하나님의 선교에 말과 행실로 참여하도록 초대한다. 우리는 사업, 예술, 교육, 기독교 사역 등 다양한 분야에서 말과 행동으로 그리스도의 통치를 증언한다.

교회의 설교 사역이 그리스도 안에서의 하나님의 통치, 즉 하나님 나라에 특별한 관심을 기울일 때, 우리 삶에 의미와 목적을 주는 복음이 우리의 마음을 새롭게 하고, 그리스도의 통치가 임하는 현실을 바라보며 살아가도록 우리를 격려하는 영감이 된다.

그러므로 기독교 예배는 최소한 두 가지를 이루어 낸다. 하나는 자비로우시며 승천하신 주님의 임재 안으로 우리를 이끄는 것이며, 또 하나는 교회의 설교 사역을 통해 하나님의 백성이 자신의 삶을 하나님 나라라는 관점에서 바라보고 이해할 수 있도록 준비시키고 능력을 부여하는 것이다.

소명, 일, 직업에 관한 워크숍과 세미나

활기찬 공동체는 예배하는 공동체이며, 동시에 가르침과 배움이 이루어지는 공동체이다. 소명을 생각하는 문화를 조성하는 공동체는 일의 의미와 하나님의 통치의 중요성, 그리고 이것이 구성원 각자에게 어떤 의미를 지니는지 집중적으로 가르치는 곳이다. 이를 '소명의 거룩함'을 기르는 일로 생각할 수 있다.

교회는 본질적으로 그리스도인을 성숙과 믿음, 소망 그리고 사랑 안에서 성장시키는 데 헌신한다. 그들은 제자를 삼으라는 명령(마 28:19-20)을 수행하고 있다. 분명 그리스도의 성숙한 제자가 지녀야 할 가장 중요한 특성 중 하나는 자신에게 임한 일을 명확히 인식하고 확신하며 용기를 가지고 살아가는 것이다.

그들은 하나님의 부르심을 분별할 능력과 그 부르심을 기꺼이 받아들일 용기를 갖고 있으며, 동시에 삶과 일의 변화(퇴직과 노년기로의 전환을 포함한)를 관리하고 적응하며 혁신하는 능력을 갖추고 있다. 따라서 교회 공동체는 각 소명을 통해 드러나는 하나님의 역사를 기뻐하며, 소명을 분별할 수 있도록 영적·지적으로 필요한 자원을 제공한다. 우리는 하나님께서 여성과 남성을 다양한 방식으로 하나님 나라 사역에 부르시는 것을 기뻐한다. 그렇다면 교회 공동체가 이러한 모든 주제를 활발히 논의하고 가르치는 워크숍을 진행하지 않을 이유가 무엇이겠는가?

- **소명, 일, 직업에 관한 토요 세미나**: 일반 주제일 수도 있고, 사업, 예술, 기독교 사역 등 특정 부르심을 다룰 수도 있다.
- **직장에서 구조 조정이나 기타 이유로 직업의 전환을 겪는 이를 위한 주말 컨퍼런스**: 재취업을 위한 격려와 전문적 지도를 제공할 수 있다.
- **은퇴 준비와 은퇴 후의 삶을 후퇴가 아닌 적극적 참여의 기회로 보는 토요 세미나**: 공동체에서 원로로 살아간다는 의미를 성찰할 수 있다.

여정 내내, 다양한 관점에서 우리는 설교와 강연, 세미나를 통해 일의 의미를 이야기한다. 우리의 일은 삶의 큰 부분을 차지한다. 그러므로 공동체로서 우리는 묻는다. 우리의 일은 무엇을 의미하는가? 그리고 어떻게 하면 성경 본문의 지혜를 반영하는 방식으로 일에 대해 생각하고 이야기할 수 있을까?

이 모든 학습 기회가 전하는 메시지는 단순하다. 당신의 일은 하나님과 우리에게 중요하며, 우리는 교회 공동체나 학문 공동체로서 당신이 소명을 올바르게 분별하고, 그에 맞는 직업으로 전환할 수 있도록 필요한 역량을 제공하는 데 최선을 다할 것이다. 교회 공동체로서 우리는 단지 주말 예배에 참석하기만을 기대하지 않는다. 설교와 가르침, 예배를 통해 월요일부터 금요일까지(또는 경찰관, 간호사처럼 토요일과 일요일에도) 당신이 부름받은 일을 잘 감당할 수 있도록 준비시키고 힘을 싣기를 간절히 원한다.

기독교 전문 대학은 소명, 일, 직업에 관한 지속적인 대화를 의도적으로 장려할 것이다. 하나님께서 학생들을 하나님 나라의 사역으로 부르시는 여러 길을 조명하는 워크숍과 세미나를 개최할 것이다. 학생들이 다음 두 가지를 할 수 있도록 집중적인 지원을 제공할 것이다. 첫째, 자신이 속한 종교적 하위 문화와 그 안에 내재된 일과 직업에 관한 가정을 이해하고 해석하도록 돕는다. 둘째, 세상에서 하나님의 목적에 대한 넓은 비전을 소개한다. 또한 학생들이 청소년기에서 성인기로 전환을 하도록 정서적, 사회적 도구를 제공하며, 자신을 이해하도록 격려하는 교육을 경험하게 한다.

교회 공동체는 자기 이해를 증진하는 데 깊고 공통된 헌신을 가진다. 곧 하나님을 알고, 창조와 구속에서 하나님의 일의 의미를 이해하며, 나아가 자신을 아는 것이다. 우리는 16세기 위대한 영적 저작, 장 칼뱅의 『기독교 강요』(Institutes)를 통해 이 지혜를 배운다. 곧 하나님을 알고 자신을 아는 것이 지혜이다. 이것은 학문 공동체든 교회 공동체든 우리의 공동체 생활에서 핵심 목표가 되어야 한다.

그렇다, 우리의 부르심은 승천하신 그리스도와의 만남에서 나오며, 예수님의 음성을 들을 때 시작된다. 그러나 하나님에 대한 지식이 있을 때, 그리고 자신에게 정직하여 자신을 냉철하게 돌아볼 수 있을 때(롬 12:3), 우리는 그 음성을 더 잘 듣고 용기와 기쁨으로 응답할 수 있다.

다양한 부르심을 기념하며

예배와 찬양, 그리고 가르침과 배움의 자리에서 우리는 하나님 나라가 임하는 다양한 방식에 사람들이 참여하는 모습을 정기적으로 기념할 수 있고 그래야 한다. 예를 들자면, 찬양 가운데 그리고 설교 중에 농부, 의사, 약사, 고등학교 교사 등을 잠시 언급하며 이들을 격려하는 것이다.

우리의 찬양은 소명에 충실한 삶을 통해 나타나는 하나님의 선하심에 감사하는 노래가 될 수 있다. 예를 들어, 하나님 백성의 손과 발을 통해 이루어지는 하나님의 일을 찬양하는 노래가 있다면 좋겠다. 설교에서는 서점 주인, 노숙인 구호를 위해 싸우는 변호사, 네 자녀를 정성껏 돌보는 주부, 이번 주에 지역 갤러리에서 전시회를 여는 예술가 등을 언급할 수 있다. 기도 시간에는 새 학기가 시작될 때 학교 선생님을 위해, 수확철에는 농부를 위해 좋은 날씨를, 연말연초에는 마감에 쫓기는 회계사를 위해 기도할 수 있다.

즉, 신앙 공동체든 학문적 환경이든 우리의 예배와 학습 모임은 두 가지 역할을 할 수 있다. 하나는 자비로우신 하나님의 임재와 부르심에 대한 인식을 키우는 것이고, 다른 하나는 하나님께서 남녀를 하나님 나라 사역으로 부르시는 다양한 방식을 기념하고 이를 인식하도록 격려하는 것이다. 나의 바람은 교회들이 다음과 같은 정기적인 행사를 갖는 것이다. 연중, 아마도 한 달에 한 번, 교회의 특정 그룹이 일어서서 자신의 고유 소명을 함께 기념하는 것이다. 예를 들어, 내가 사는 지역의 한 교회에서는 다음과 같이 할 수 있다.

- 9월 어느 주일에 모든 학교 교사와 대학 교수를 일으켜 세워 그들의 사역을 위해 기도하고 축복한다. 유치원부터 박사 과정 지도 교수까지 모두 포함한다.
- 10월 주일에는 농부와 제철 식품을 공급하는 식료품점 직원을 일으켜 세워 그들을 위해 기도하고 축복한다.
- 11월에는 택시 기사, 호텔 직원, 관광 안내원 등 환대 산업에 종사하는 이를 일으켜 세워 그들이 우리 지역을 방문하는 이들을 환영할 때를 위해 기도한다.
- 1월에는 사업에 종사하는 모든 이를 일으켜 세워 그들의 훌륭한 일을 인정하고, 그들이 상품과 서비스에 투자하는 것을 감사하며 사업이 번창하도록 기도한다.
- 2월에는 약사, 의사, 수의사, 실험실 연구원, 그리고 우리가 세상을 떠날 때 우리 몸을 돌보는 이들을 인정하고 기도한다.
- 3월에는 예술가들, 음악가, 화가, 작가, 디자이너, 배우와 그들의 작품을 다루는 음악 제작자, 미술관 관계자, 출판사 직원을 일으켜 세워 축하한다.

- 4월에는 변호사와 시청, 주의회, 연방 정치 등 공직에서 봉사하는 이를 인정하고 기도한다.
- 5월에는 가정에서 안전하고 환대하는 공간을 만드는 이와 아이를 돌보는 일을 주요 책임으로 하는 이를 인정한다.
- 6월에는 엔지니어, 목수, 전기공, 위생 노동자 등 우리의 건물, 거리, 다리 등 삶의 실용적 측면을 돌보는 이를 위해 기도한다.

그 과정에서 사회 복지 분야에 부름받은 이들과 도움이 필요한 노인을 돌보는 시설 직원들을 잊지 말아야 한다. 군인, 지역 경찰관, 소방관으로 봉사하는 이도 기억해야 한다. 또한 종교 지도자와 현재 전일제로 공부하는 학생들(지금은 이것이 그들의 부르심인 이들)을 위해 하나님께 감사드리는 시간을 갖자.

교회의 젊은 청년들은 이 모습을 보고 그 힘을 느낄 것이다. 신앙 공동체로서 교회의 일상적이고 연례적인 계획 가운데 예배를 위해 모이는 자리에서 하나님께서 남녀를 하나님 나라의 사역으로 부르시는 다양한 방식을 감사하는 것이다. 그리고 1년 동안 모든 이가 자신이 하는 일을 인정받고 축하받을 기회를 갖는다. 그러나 주의할 점은 어떤 직종이 소외되거나, 혹은 무급 상태이거나 직장을 잃은 이들이 배제되어 기도받지 못한다고 느낄 위험이 있다는 것이다.

이 글을 쓰는 지금, 모든 택시 기사나 농부, 학교 교사, 사회 복지사가 일어나 축복받는 모습을 본다면 얼마나 감동스러울까 하는 생각이 든다. 아마 내가 제안한 방식이 현실적이지 않을 수 있다. 그럼에도 내가 요청하는 바는, 하나님께서 자신의 백성을 부르시는 모든 방식을 기념하고, 그들의 일이 하나님께 그리고 우리 기독교 공동체에 얼마나 중요한지 모두가 확신할 길을 찾자는 것이다.

이런 일이 일어날 때, 중년층은 자신이 다른 직업으로 전환할 길을 깨달을지도 모른다. 어쩌면 원래 부르심을 놓친 요나와 같거나, 인생 후반에 이르러서야 하나님의 새로운 부르심을 알게 되는 모세와 같은 경우일 수 있다. 또한 노년기로 접어드는 이들은 공동체 안에서, 그리고 특정 소명이나 산업 내에서 원로가 된다는 것이 무엇을 의미하는지 더욱 깊이 이해하게 될 것이다.

축복의 은혜가 특징인 세대 간 공동체

교회는 예배하는 공동체이자 가르치고 배우는 공동체이다. 그 목적은 모두가 세상 속에서 하나님의 선교에 참여하는 것이다. 학문 공동체는 명백히 가르치고 배우는 공동체이지만, 예배당 모임이 있기에 예배하는 공동체이기도 하다. 그러나 그 이상으로, 소명과 일, 직업에 관한 활기차고 역동적인 대화를 지속하고 하나님께서 그의 백성을 부르시는 다양한 방식을 기념하는 공동체는 대개 세대 간 공동체이기도 하다.

높은 수준으로 소명을 인식하도록 돕는 신앙 공동체는 반드시 노인과 젊은이, 원로와 신앙 초년생이 함께 예배하고, 함께 배우며, 함께 섬기는 공동체다. 엘리야와 엘리사, 그리고 수 세기 후 바울과 디모데(딤후 1장 초반 참조)에서 볼 수 있듯이, 우리는 세대 간 연결이 지닌 힘을 충분히 이해할 수 있다. 젊은 여성 의사에게 본보기가 되고 영감을 주는 은퇴한 여성 의사, 직업에 대한 하나님의 부르심을 지속적으로 증언하는 숙련된 목수, 그리고 교회와 말씀, 예배 공동체의 의미를 깊이 사랑하며 살아온 목회자는 젊은이와 노인 모두에게, 특히 젊은이에게 목회 직분에서 기쁨과 목적을 발견할 가능성을 보여 주는 본보기이다.

그러나 우리는 특정 롤모델뿐 아니라, 한두 세대 아래 사람들의 삶에 영향을 미치는 연로한 이들의 본질적인 영향력도 이야기할 수 있다. 의사로서 다음 세대를 믿고 축복하며 그들이 의사가 되든 안 되든 상관하지 않는 의료인, 사회 복지에 부름받은 젊은이를 특별히 기뻐하는 목회자, 지역 내 신진 예술가를 축하하는 사업 지도자 등이 그렇다. 이들은 대체로 조부모 역할을 하는 연장자로서, 다음 세대를 믿고 축복하며 그들의 일을 기뻐하는 동시에, 필요하다면 부드러운 경고를 건네는 존재이다. 예컨대 할아버지와 아버지가 모두 의사라 자신도 당연히 의사가 될 거라 생각하는 젊은이는 적어도 자신이 그 직업에 부당하게 의무감을 느끼고 있지는 않은지 함께 고민할 연장자가 필요할 수 있다.

그래서 나는 젊은이에게 묻는다. 당신 삶에 있어서 단순히 특정 직업 내의 롤모델이 아니라, 지혜와 축복의 근원이 되며 분명하고 용기 있게 하나님의 부르심을 잘 분별하도록 격려해 주는 연장자 혹은 어른은 누구인가? 그리고 교회 공동체가 거의 한 세대의 연령대로만 구성되어 세대 간 교류의 힘이 결여되어 있다면, 중요한 무언가가 결핍된 것은 아닐까?

좋은 대화의 은혜

이 모두는 소명과 일, 직업에 대해 깊이 있고 격려하는 대화를 나눌 능력을 의미한다. 그러한 대화는 예배의 공동 경험과 초월적인 만남을 반영하며, 풍부하고 세밀한 신학에 기반을 둔다. 또한 공동체 내에서 존경받는 삶의 모델과 본보기에 의해 영감을 받고, 무엇보다 소망으로 가득하다.

이를 위해, 공동체는 궁극적으로 교회 전체나 기독교 전문 대학 전체가 아니라 소수의 사람들로 귀결된다고 할 수 있다. 진정한 공동체에서 각 개인은 최소한 세 사람과 긴밀한 연결과 정기적인 대화를 나눈다. 이들 중 한 명은 이상적으로는 우리보다 한 세대 연장자인 원로다. 나머지 두 명은 우리와 같은 성별이며, 혈연보다 더 가까운 대화의 동반자다. 그들은 우리를 알고, 삶과 일, 직업의 전환기를 이해하도록 돕는다. 그들은 우리와 함께 공동체 안에서 참여하는 이들이기도 하지만, 동시에 공동체의 경험을 집중시켜 은혜가 깃든 삶과 일, 전환에 관한 대화를 이끌어 낸다. 그리고 우리를 격려한다.

주

01 우리는 자기 삶의 청지기

1) Wendell Berry, "Toward a Healthy Community: An Interview with Wendell Berry," *Christian Century* 114, no. 28 (1997): 912.
2) Gary D. Badcock, *The Way of Life* (Grand Rapids, MI: Eerdmans, 1998), 30.

02 우리가 하는 일의 의미

1) Matthew B. Crawford, *Shop Class as Soulcraft: An Inquiry into the Value of Work* (New York: Penguin, 2009); 매슈 크로퍼드, 『손으로, 생각하기』, 윤영호 역, 사이, 2017.
2) Bruce K. Waltke, *The Book of Proverbs: Chapters 15-31* (Grand Rapids, MI: Eerdmans, 2005), 529.
3) Waltke, *Proverbs*, 521.
4) Waltke, *Proverbs*, 523.
5) John Calvin, *Institutes of the Christian Religion 3.10.6*, trans. Henry Beveridge (Grand Rapids, MI: Eerdmans, 1979); 장 칼뱅, 『기독교 강요』.

03 마음과 행위의 일치

1) Parker Palmer, *The Active Life* (San Francisco: Harper & Row, 1990), 64-68; 파커 파머, 『일과 창조의 영성』, 홍병룡 역, 아바서원.
2) David Kiersey and Marilyn Bates, *Please Understand Me: Character and Personality Types* (Del Mar, CA: Gnosology Books, 1984); 데이비드 커시, 메릴린 베이츠, 『성격을 읽는 심리학』, 정혜경 역, 행복한마음.
3) Brian J. Mahan, *Forgetting Ourselves on Purpose: Vocation and the Ethics of Ambition* (San Francisco: Jossey-Bass, 2002), 114.
4) Mahan, *Forgetting Ourselves on Purpose*, 120.
5) Peter Block, *The Answer to How Is Yes: Acting on What Matters* (San Francisco: BerrettKoehler, 2002), 4-7.
6) Block, *The Answer to How Is Yes*, 137.
7) Block, *The Answer to How Is Yes*, 22.

8) Block, *The Answer to How Is Yes*, 1.
9) Block, *The Answer to How Is Yes*, 79, 86–88, 21.
10) David Whyte, *Crossing the Unknown Sea: Work as a Pilgrimage of Identity* (New York: Riverhead, 2001), 132–35.
11) Whyte, *Crossing the Unknown Sea*, 165.
12) Henri Nouwen, *The Road to Daybreak* (New York: Doubleday, 1988), 3; 헨리 나우웬, 『데이브레이크로 가는 길』, 최종훈 역, 포이에마.

04 삶의 단계별로 보는 소명

1) Maynard Solomon, *Mozart: A Life* (New York: HarperCollins, 1995).
2) 이 단락의 이전 초안에서는 "부모로부터 잘 독립하면 다음 전환은 더 쉽고 자연스러울 것이다."라고 했다. 하지만 이 장을 수정하면서 적어도 내게는 중년기의 전환이 전혀 더 쉬워지지 않았음을 깨달았다! 그리고 이제 노년기로의 전환 또한 앞선 전환만큼이나 도전적임을 알게 되었다.
3) Ralph Waldo Emerson, "Self-Reliance," in *Selected Essays, Lectures and Poems of Ralph Waldo Emerson*, ed. Robert E. Spiller (New York: Washington Square Press, 1965), 241.
4) Jackson Bate, *Samuel Johnson* (New York: Harcourt Brace Jovanovich, 1975), 235.
5) Maxine Hancock, "The Chafing Collar: George Herbert's Uncomfortable Vocation," *Crux* 38, no. 3 (2002): 2.
6) Tim Stafford, *As Our Years Increase* (Grand Rapids, MI: Zondervan, 1989), 62–64.

05 소명을 추구하는 네 가지 자세

1) Thomas Merton, *New Seeds of Contemplation* (London: Burns & Oates, 1961), 16; 토마스 머튼, 『새 명상의 씨』, 오지영 역, 가톨릭출판사.
2) Simone Weil, *Gateway to God*, ed. David Roper (New York: Crossroad, 1982), 83.
3) Parker Palmer, *Let Your Life Speak: Listening for the Voice of Vocation* (San Francisco: Jossey-Bass, 2000), 48–49; 파커 파머, 『삶이 내게 말을 걸어올 때』, 홍윤주 역, 한문화.

06 소명을 방해하는 요소

1) James Fowler, *Becoming Adult, Becoming Christian* (San Francisco: Harper & Row, 1984), 103; 제임스 파울러, 『인간의 성숙과 그리스도인의 성숙』, 장윤석 역, YK북스.
2) Fowler, *Becoming Adult, Becoming Christian*, 104 파울러, 『인간의 성숙과 그리스도인의 성숙』.
3) A. W. Tozer, *The Pursuit of God* (Harrisburg, PA: Christian Publications, 1948), 114; 에이든 토저, 『하나님을 추구함』, 이영희 역, 생명의말씀사.
4) Maynard Solomon, *Mozart: A Life* (New York: HarperCollins, 1995), 285-305.
5) Parker Palmer, *The Active Life* (San Francisco: Harper & Row, 1990), 66; 파커 파머, 『일과 창조의 영성』, 홍병룡 역, 아바서원.

07 네 가지 유형으로 보는 소명

1) Henri J. M. Nouwen, *Reaching Out: The Three Movements of the Spiritual Life* (New York: Doubleday, 1975), 27; 헨리 나우웬, 『영적 발돋움』, 이상미 역, 두란노.
2) Annie Dillard, *Teaching a Stone to Talk: Expeditions and Encounters* (New York: Harper & Row, 1982), 11-16; 애니 딜라드, 『돌에게 말하는 법 가르치기』, 김선형 역, 민음사.
3) 통찰력 있는 작가이자 한때 제네바 주교였던 프랑시스코 살레지오는 다음과 같은 영적 훈련을 제안했다. "모든 행동에서 정의롭고 공정하라. … 항상 자신을 이웃의 입장에, 이웃을 자신의 입장에 두어라. 그러면 바르게 판단할 수 있을 것이다. 당신이 물건을 살 때는 파는 사람의 입장을, 팔 때는 사는 사람의 입장을 생각해 보라. 그러면 정의롭게 사고팔 수 있을 것이다." Francis de Sales, *Introduction to the Devout Life*, trans. John K. Ryan (New York: Doubleday, 2003), 203.
4) H. R. Rookmaaker, *Art Needs No Justification* (Downers Grove, IL: InterVarsity Press, 1978); 한스 로크마커, 『예술과 기독교』, 김헌수 역, 한국기독학생회출판부.
5) 여기서 내가 예로 생각하는 것은 한스 우르스 폰 발타자르의 작업과, 그의 신학적 미학에 관한 글이 지닌 힘과 깊이이다. 다음 책을 보라. Hans Urs von Balthasar, *The Glory of the Lord: A Theological Aesthetics* (New York: Crossroad, 1991).
6) 다음 책의 결론을 참고하라. Lewis Hyde, *The Gift: Creativity and the Artist in the Modern World* (New York: Vintage Books, 2007), 356-64; 루이스 하이드, 『선물』, 전병근 역, 유유. 빌 워터슨(Bill Watterson)의 『캘빈과 홉스』(*Calvin and Hobbes*)만큼 홀

룡한 예시는 없을 것이다. 그래서 E. J. 박의 한 에세이가 내 눈길을 끌었다. 그는 워터슨이 캘빈과 그 유명한 호랑이 친구를 상업화하지 않기로 한 이야기를 전한다. (티셔츠도, 영화도, 머그컵도 없었다.) 워터슨에게는 매우 수익성이 높은 사업이었을 텐데도 말이다. 오히려 박은 워터슨의 말을 인용한다. 워터슨은 이렇게 말했다. "인기 덕분에 터무니없이 비싼 잡동사니를 팔아치우기 시작한다면, 그 아이와 호랑이의 순진함을 누가 믿겠는가? … 그 캐릭터들이 광고판에 나서서 장사꾼 노릇을 하는데, 만화 속의 솔직한 관찰을 누가 믿어 주겠는가?" 박은 자기 작품에 충실한 예술가에 대해 이야기한다. E. J. Park, "The Tale of Two Kitties: Lovers of Aslan Should Heed the Warnings from the Creator of Hobbes," *Christianity Today*, February 1, 2006, 68–70.

7) Rainer Maria Rilke, *Letters to a Young Poet*, trans. Stephen Mitchel (New York: Vintage Books, 1984), 6; 라이너 마리아 릴케, 『젊은 시인에게 보내는 편지』.

8) Richard John Neuhaus, *Freedom for Ministry* (San Francisco: Harper & Row, 1979), 228.

9) Wendell Berry, *Jayber Crow: A Novel* (Washington, D.C.: Counterpoint, 2000), 43; 웬델 베리, 『포트윌리엄의 이발사』, 신현승 역, 산해.

10) Craig Dykstra, *Initiatives in Religion 9*, no. 1 (2001): 1–2, 15.

08 소명을 살아내는 용기

1) Paul Tillich, *The Courage to Be* (New Haven, CT: Yale University Press, 1952), 4.
2) Tillich, *Courage to Be*, 14.
3) W. Jackson Bate, *Samuel Johnson* (New York: Harcourt Brace Jovanovich, 1975), 3–4.
4) Parker Palmer, *The Courage to Teach: Exploring the Inner Landscape of a Teacher's Life* (San Francisco: Jossey-Bass, 1998), 35–38; 파커 파머, 『가르칠 수 있는 용기』, 이종인, 이은정 역, 한문화.
5) James R. Horne, *Mysticism and Vocation* (Waterloo, ON: Wilfrid Laurier University Press, 1996), 58.

09 늘 배우며 나아가는 삶

1) Peter M. Senge, *The Fifth Discipline: The Art and Practice of the Learning Organization* (New York: Doubleday, 1990), 142.
2) Mary Catherine Bateson, *Peripheral Visions: Learning Along the Way* (New York: HarperCollins, 1994), 83.
3) Sharan B. Merriam and M. Carolyn Clark, *Lifelines: Patterns of Work, Love and Learning in Adulthood* (San Francisco: Jossey-Bass, 1991), xi, 1.
4) Merriam and Clark, *Lifelines*, 1, 3.
5) Peter F. Drucker, *Managing the Non-Profit Organization* (New York: HarperCollins, 1990), 223; 피터 드러커, 『비영리단체의 경영』, 현영하 역, 한국경제신문사.
6) C. S. Lewis, *Surprised by Joy* (London: Collins, 1955), 143; C. S. 루이스, 『예기치 못한 기쁨』, 강유나 역, 홍성사.
7) Bateson, Peripheral Visions, 74-75.

10 소명과 함께 짊어지는 십자가

1) John Ralston Saul, *Reflections of a Siamese Twin: Canada at the End of the Twentieth Century* (Toronto: Viking, 1997), 26.
2) Victor Emil Frankl, *Man's Search for Meaning: An Introduction to Logotherapy*, trans. Ilse Lasch, 3rd ed. (New York: Simon & Schuster, 1984); 빅터 프랭클, 『죽음의 수용소에서』, 이시형 역, 청아출판사.
3) Stephanie Golden, *Slaying the Mermaid: Women and the Culture of Sacrifice* (New York: Harmony Books, 1998), 233-34.
4) Golden, *Slaying the Mermaid*, 234.
5) Parker Palmer, "On Minding Our Call—When No One Is Calling," *Weavings 9*, no. 3 (1996): 18-19.
6) Palmer, "On Minding Our Call," 22.

11 조직 안에서 실현되는 소명

1) 피터 센게와 그의 동료가 만든 자료만큼 유익한 자원은 많지 않다. 특히 다음 두 권이 주목할 만하다. Peter M. Senge, *The Fifth Discipline: The Art and Practice of the Learning Organization* (New York: Doubleday, 1990)와 그 후속작 *The Fifth Discipline Fieldbook: Strategies and Tools for Building a Learning Organization* (New York: Doubleday, 1994). 이 책들은 개인이 조직 안에서 성장하는 다양한 관점과 실천법을 제시한다. 센게와 그의 동료가 강조하듯, 우리는 체계적으로 사고해야 한다. 우리는 자신을 하나의 시스템, 즉 전체적이고 복잡한 네트워크 안에 있는 존재로 바라볼 때 효과적이다. 센게의 작업이 특히 가치 있는 이유는, 조직 안에서 일하는 모두를 위해 쓰였기 때문이다. 물론 리더십과 경영진이 중요한 역할을 한다. 하지만 우리가 공동의 노력을 통해 성장하려면 어떤 요소가 효과적인 조직을 만드는지 우리 모두 알아야 한다. 이후에 이어지는 많은 원칙도 두 책의 통찰에 부분적으로 기반하고 있다.
2) G. K. Chesterton, *Introduction to Charles Dickens, David Copperfield* (London: J. M. Dent, 1907), xii.
3) William A. Smalley, "My Pilgrimage in Mission," *International Bulletin of Missionary Research 80*, no. 318 (1991): 70-73.
4) James Fowler, *Becoming Adult, Becoming Christian* (San Francisco: Harper & Row, 1984), 109; 제임스 파울러, 『인간의 성숙과 그리스도인의 성숙』, 장윤석 역, YK북스.

12 개인과 공동체 사이, 중심 잡기

1) 5장에서 설명했듯이 '하루 휴식'과 '진정한 안식일의 쉼'의 구별에 주목하라.

13 개인의 소명을 위한 공동의 비전

1) 거룩함을 증진하는 것에 대해 더 알고 싶다면 다음 책을 보라. Gordon T. Smith, *Called to Be Saints: An Invitation to Christian Maturity* (Downers Grove, IL: InterVarsity Press, 2013); 고든 스미스, 『온전한 성화』, 박세혁 역, 국제제자훈련원.

사명선언문

너희가 흠이 없고 순전하여……세상에서 그들 가운데 빛들로
나타내며 생명의 말씀을 밝혀 _ 빌 2:15-16

1. 생명을 담겠습니다
만드는 책에 주님 주신 생명을 담겠습니다.
그 책으로 복음을 선포하겠습니다.

2. 말씀을 밝히겠습니다
생명의 근본은 말씀입니다.
말씀을 밝혀 성도와 교회의 성장을 돕겠습니다.

3. 빛이 되겠습니다
시대와 영혼의 어두움을 밝혀 주님 앞으로 이끄는
빛이 되는 책을 만들겠습니다.

4. 순전히 행하겠습니다
책을 만들고 전하는 일과 경영하는 일에 부끄러움이 없는
정직함으로 행하겠습니다.

5. 끝까지 전파하겠습니다
모든 사람에게, 땅 끝까지, 주님 오시는 그날까지
복음을 전하는 사명을 다하겠습니다.

서점 안내

광화문점 서울시 종로구 새문안로 69 구세군회관 1층
02)737-2288 / 02)737-4623(F)

강남점 서울시 서초구 신반포로 177 반포쇼핑타운 3동 2층
02)595-1211 / 02)595-3549(F)

구로점 서울시 동작구 시흥대로 602, 3층 302호
02)858-8744 / 02)838-0653(F)

노원점 서울시 노원구 동일로 1366 삼봉빌딩 지하 1층
02)938-7979 / 02)3391-6169(F)

일산점 경기도 고양시 일산서구 중앙로 1391 레이크타운 지하 1층
031)916-8787 / 031)916-8788(F)

의정부점 경기도 의정부시 청사로47번길 12 성산타워 3층
031)845-0600 / 031)852-6930(F)

인터넷서점 www.lifebook.co.kr